Ansgar Walk • Im Land der Inuit

Ansgar Walk

Im Land der Inuit

Arktisches Tagebuch

Mit Farbfotografien von
Ansgar und Ulrike Walk

PENDRAGON

Die Deutsche Bibliothek - CIP-Einheitsaufnahme
Walk, Ansgar:
Im Land der Inuit: Arktisches Tagebuch
Ansgar Walk. – Orig.-Ausg. – Bielefeld: Pendragon Verlag, 2002
[Fotografien: Ansgar und Ulrike Walk]
ISBN 3-934872-21-2

All unseren Freunden in Nunavut gewidmet

Unsere Bücher im Internet:
http://www.pendragon.de

Aktualisierte und erweitere Neuauflage
Originalausgabe
Veröffentlicht im Pendragon Verlag
Günther Butkus, Bielefeld 2002
© by Pendragon Verlag 2002
Alle Rechte vorbehalten
Fotos: Ansgar und Ulrike Walk
Umschlag: Michael Baltus, Bielefeld
unter Verwendung eines Fotos von Ansgar Walk –
„Ijitsiaq Peters Familie auf Winterreise in traditioneller Karibukleidung"
Lektorat: Guido Heidrich
Druck: Druckerei Hans Gieselmann, Bielefeld
ISBN 3-934872-21-2
Printed in Germany

Inhalt

TEIL 2
NUNAVUT, DAS LAND DER INUIT

TEIL 3
ANHANG

Vorwort

Das arktische Tagebuch „Im Land der Inuit" wurde niedergeschrieben, als meine Frau (Ricky) und ich im Frühsommer 1995 - vom 8. Juni bis 7. Juli - erstmals in scheinbar nur schwer erreichbare Landstriche im Nordosten Kanadas bis zur Packeisgrenze reisten. Wir wollten mehr über die Menschen erfahren, die mit der Besiedelung der Arktis eine der außergewöhnlichsten menschlichen Leistungen vollbracht hatten - über die Inuit, „Wesen mit Seele", wie die Eskimos sich selbst bezeichnen. Zwar waren wir der Sprache der Inuit, Inuktitut, nicht mächtig, doch erfüllte sich unsere Hoffnung, wir könnten uns auf Englisch ausreichend verständigen. Den wesentlichen Anstoß zur Publikation des Buches gab die Erfahrung, daß es uns mit dem persönlichen Kennenlernen vieler Inuit während dieser Reise mehr und mehr zu einem gesellschafts- und nicht zuletzt auch umweltpolitischen Anliegen wurde, die Ureinwohner der kanadischen Arktis in Deutschland bekannter zu machen. Insbesondere wollte ich ihre Probleme beim unvermittelten Übergang von tradierten Lebensformen in ein Dasein darlegen, das vom Stil westlicher Industriegesellschaften geprägt ist: Es ging letztlich darum, einen Prozeß zu schildern, der auch uns zu einiger Selbsterkenntnis führte.

So ist es nicht beim einfachen Berichten von Selbsterlebtem geblieben und auch nicht beim bloßen Schildern und fotografischen Illustrieren einer großartigen, weithin noch unverfälschten Naturlandschaft, die wegen der klimatischen Bedingungen und eines verhältnismäßig geringen Stands der Erschließung noch wenig vom Tourismus berührt ist und daher bislang recht individuelles Reisen erlaubt. Beim Beschreiben der arktischen Tier- und Pflanzenwelt und beim Erzählen von unseren Begegnungen und den Gesprächen mit den Ureinwohnern des Landes war es überdies nicht meine Absicht, einen allgemeinen Führer für

Reisen in die Arktis zu verfassen - wenn ich auch manche Hinweise und Anregungen einfließen ließ. Mir kam es vielmehr in erster Linie darauf an, in größerem Zusammenhang auf die Lebensbedingungen der Inuit in einem modernen Industriestaat einzugehen, auf ihre Hoffnungen und Wünsche nach mehr Eigenständigkeit in einem Gebiet, das ab 1999 zu einem neuen kanadischen Territorium namens Nunavut, d. h. „Unser Land", werden sollte. Zugleich wollte ich mit diesem Reisebuch um Verständnis für die Belange der Arktisbewohner werben, die den vor ihnen liegenden Weg in die Zukunft nicht allein und aus eigener Kraft bewältigen können, sondern dazu auch der Mithilfe von außen bedürfen. Hierauf gehe ich vor allem im Teil 2 ausführlich ein.

Seit dem ersten Erscheinen des Buches 1996 sind mehr als fünf Jahre vergangen. Meine Frau und ich haben uns inzwischen ein Dutzend Mal zu verschiedenen Jahreszeiten wochenlang im Land der Inuit aufgehalten. Nunavut als Inuit-Territorium ist am 1. April 1999 Wirklichkeit geworden. Die meisten der seinerzeitigen Aussagen über dieses Land sind jedoch noch immer gültig. Die vorliegende umfassend revidierte Neuausgabe mit nunmehr 96 Fotos hat dennoch gegenüber dem ursprünglichen Text Veränderungen im Aufbau erfahren: Die aktualisierten Darlegungen zu Nunavut wurden, wie schon angeklungen, als ein in sich geschlossener und auf Fakten aufbauender Teil dem überwiegend eigene Erlebnisse berichtenden Teil 1 angefügt. Korrekturen des Tagebuchtextes erfolgten überall dort, wo aufgrund inzwischen neuer Entwicklungen und entsprechender Daten Ergänzungen notwendig wurden. Solche Erweiterungen wurden typografisch hervorgehoben.

In den Anhang sind eine Kartenskizze mit der Reiseroute und vor allem eine mir unerläßlich scheinende Zusammenfassung von im allgemeinen Sprachgebrauch viel verwendeter, aber doch oft schwer zu lesender Wörter in Inuktitut, der Inuit-Sprache, aufgenommen.

Teil 1
Arktisches Tagebuch 1995

AUFBRUCH ZU DEN INUIT

Erster Tag in Kanada: Von Toronto nach Montréal • Beweggründe und allgemeine Vorbereitungen für eine Reise in die Arktis zu den kanadischen Inuit

Mittwoch, 7. Juni

Toronto Pearson Airport. In langer Reihe warten gelandete Maschinen am Rande des Flugfelds darauf, an den ziehharmonikaförmigen „Fingern" festzumachen; die aber bleiben noch von abzufertigenden Flugzeugen besetzt. Ein ungewöhnlich heftiges Gewitter über legt den Flugbetrieb lahm. Der Flug Toronto - Montréal, Beginn unserer Reise ins schöne Land der Inuit, Nunatsiaq, fängt so mit einstündiger Verspätung an. Danach gelangen wir jedoch rasch und ohne Probleme nach Montréal (Dorval Airport), von wo wir früh am nächsten Morgen in die Arktis aufbrechen wollen.

In früheren Jahren waren wir nur aus beruflichen Gründen nach Kanada gekommen, vor allem in die Metropole Toronto, oder hatten ausgewählte Reiseziele, etwa die Rocky Mountains oder die Niagara-Fälle, von den USA aus besucht. Zu einer Reise, die uns das ganze Land mit seiner unermeßlichen Weite näherbringen sollte, brachen meine Frau und ich dagegen erstmals im Vorjahr auf, im Herbst 1994. Wir benutzten die Eisenbahn von Vancouver in British Columbia bis Halifax in Nova Scotia und ließen uns so vom Pazifik zum Atlantik quer durch den nordamerikanischen Kontinent fahren. Nebenbei besuchten wir, die Reise in Winnipeg unterbrechend, auch den nördlichsten Ort Kanadas, zu dem noch Bahngleise verlegt sind - Churchill an der Hudson Bay.

In Winnipeg und Toronto stießen wir auf ein uns bis dahin unbekanntes Kunstgebiet, das uns zu unserer Überraschung ganz in seinen Bann zog - moderne Kunst der Inuit. Nicht nur dies: Wir nahmen gleich drei Steinskulpturen und umfangreiche Kunstliteratur mit nach Hause. Und noch während des Aufenthalts in Kanada dachten wir schon über eine weitere Reise nach. Der Grund: Wir wollten natürlich mehr über die Künstler erfahren, deren Steinskulpturen uns so faszinierten, und über die Art und Weise, wie sie ihre Kunst ausübten. Und wir fanden, das gehe nicht, ohne sie in ihren angestammten Lebensräumen aufzusuchen. Unbekannte, auf den ersten Blick sogar unerreichbar scheinende Landstriche im Norden Kanadas müßten wir dabei für uns erschließen, eine erfreuliche Zugabe. Nach unserer Rückkehr machten wir uns gleich wieder ans Planen, und die Wintermonate waren unversehens ausgefüllt mit intensiven Überlegungen möglicher Reisedetails, vor allem aber mit dem Lesen einschlägiger Literatur und dem gezielten Auswerten von Videofilmberichten über die Arktis. Irgendwann kamen allerdings auch Bedenken auf. Bei der vorigen Reise waren wir schon weit in den Norden bis zur Tundra vorgedrungen und hatten Churchill erreicht, die Polarbärenhauptstadt „am Rande der zivilisierten Welt" - so empfanden wir es jedenfalls. Wollten wir nun wirklich weiter nach Norden zu „womöglich noch abenteuerlicheren Zielen" aufbrechen? Dort herrschte ja wohl nur noch kalte Wüste? Doch wo und wie ließ sich mehr darüber erfahren?

Sucht man etwa nach einer klaren Abgrenzung der Arktis oder des Nordpolargebietes, dann begegnet man unterschiedlichen Auffassungen. Wurde ursprünglich die südliche Grenze einfach durch den nördlichen Polarkreis (66,3° n. Br.) gekennzeichnet, so werden heute eher klimatische und vegetationsgeografische Kriterien, unter anderem die Juli-Isotherme von 10° C und die Baumgrenze, zur Abgrenzung herangezogen. Wir selbst haben schließlich pragmatisch entschieden, daß für uns die Arktis an der Baumgrenze und zu Beginn der Tundra mit ihren Permafrostböden anfängt. Aber wollten wir tatsächlich dorthin reisen? Wir wollten!

Einfach war es nicht, uns die notwendigen Einzelkenntnisse über das Reisen in die kanadische Arktis zu beschaffen. Auf den Tischen der Buchhandlungen lagen zwar viele prächtige Bildbände, aber wir konnten ihnen nur eingestreute Teilinformationen entnehmen, die uns bei weitem nicht genügten. Die ebenfalls in großer Zahl erhältlichen Kanada-Reiseführer widmeten den arktischen Regionen auch nur ein paar und zudem wenig informative Seiten. So mußten wir uns im wesentlichen mit einer Werbebroschüre, dem „Explorers' Guide" für Kanadas Nordwest-Territorien, zufrieden geben. Eher zufällig fanden wir dann noch ein erst kurz zuvor herausgekommenes schmales Reisetaschenbuch über die Arktis (Kanada und Grönland), das immerhin die wichtigsten Hinweise enthielt. Ein spezielles Handbuch über Baffin Island konnten wir dagegen erst während der Reise in Iqaluit erwerben.

Sehr schnell haben wir allerdings erkannt, wie sehr das Reisen in der Arktis von Faktoren bestimmt wird, die sich deutlich vom Gewohnten unterscheiden. Witterungs-, Klima- und Lichtbedingungen beeinflussen Kleidung, Zeiteinteilung und Verkehrsmöglichkeiten derart, daß unser mitteleuropäisch geprägtes Vorausplanen zwar für uns persönlich unumgänglich bleibt, daß wir aber zugleich rasches Improvisieren und dann wieder unendliche Geduld mit in das Planraster einbeziehen müssen. Hatten wir im Frühsommer des Vorjahres Reisedetails über Kanadas Süden binnen Stunden über Telefax klären und festlegen können, so schien nun in den (bis in den März hinein dauernden) Wintermonaten eine Art Winterschlaf ausgebrochen zu sein, den wir uns zunächst kaum erklären konnten. Antworten auf Telefaxanfragen (die waren immerhin möglich) trafen, wenn überhaupt, nur spärlich und erst nach wochenlangem Warten ein. Viel später erhielten wir eine Erklärung dafür: Inuit schreiben nur ungern, haben sie doch traditionell nie schriftlich miteinander kommuniziert. Ende März entschuldigte sich Lynda Gunter, die sich als Mitinhaberin der Touristikagentur Frontiers North (heute eine Teilgesellschaft von International Wildlife Adventures) in Winnipeg einmal mehr als kompetente Organisatorin

13

bei der Vorbereitung und Realisierung unserer nicht ganz alltäglichen Pläne erwies, daß viele der örtlichen Organisatoren zu dieser Zeit auf dem Land außerhalb der Siedlung seien. Daher sei es schwierig, von ihnen Zusagen zu erhalten. „Auf dem Land - on the land", schrieb sie, eine Formulierung, die wir zunächst nicht recht verstanden, herrschte dort doch tiefer arktischer Winter. Unbeirrt von all diesen Erfahrungen hielten wir allerdings an unserem klaren Ziel fest: Wir wollten uns ein Gebiet erschließen, das ab 1999 ein neues Territorium sein und Nunavut heißen sollte - Nunavut, „unser (der Inuit) Land".

Wichtig für das Festlegen von Details war zunächst die Antwort auf die Frage, in welcher Jahreszeit wir diesmal auf Kanadatour gehen wollten. Hinsichtlich der Temperaturen wäre die Sommerzeit, also Juli und August, als die beste anzusehen gewesen. Doch erfuhren wir, daß dann die Tundra von Myriaden stechender Mücken beherrscht sei. Wer ist schon darauf erpicht? Der Mai würde uns im wesentlichen auf die südlichen Regionen der Nordwest-Territorien beschränken. Bezal Jesudason († 1996) in Resolute Bay, Ausstatter bekannter TV-Teams und Berater einer großen Zahl von Arktisforschern, riet uns über CRD (Canada Reise Dienst International, nunmehr in Hamburg ansässig) davon ab, so früh im Jahr in den hohen Norden zu kommen, da dort selbst Anfang Juni noch sehr niedrige Temperaturen vorherrschten. Allerdings wäre im September schon wieder wegen des niedrigen Sonnenstands mit deutlich kürzeren Tageszeiten und auch mit ersten Anzeichen des kommenden Winters zu rechnen, die Besuchsspanne mithin recht kurz.

Nun reizte es uns, von unserem Wunschziel hinsichtlich der Inuit-Kunst abgesehen, einmal wenigstens mit dem Qamutik, dem traditionellen Inuit-Schlitten, zu reisen, gleichviel, ob auf einer Ein- oder Mehrtagestour - letztere allerdings lieber mit dem Schneemobil als mit Schlittenhunden. Bei Hunden hätten wir Futter mitführen oder durch Jagen beschaffen müssen (was uns nicht lag), ganz davon zu schweigen, daß Tiere zuweilen einen eigenen Willen zeigen können. Für eine Entscheidung fehlte uns jedoch lange Zeit ein konkretes Angebot, obwohl Snow Season Trips in unserem „Explorers' Guide" ganz allgemein als empfehlenswert gepriesen wurden. Detaillierte Informationen kamen eben nur tröpfelnd und unvollständig, auch wenn wir auf erste Kontakte immer umgehend mit dem Telefaxgerät antworteten - so ist nun mal die Arktis. Snow Season Trips, so lernten wir bei dieser Gelegenheit, sind nicht etwa Wintertouren. Ganz im Gegenteil: Als beste Zeit hierfür gelten je nach Region die Monate Mai und Juni, also der Frühling im Norden mit dem Erwachen des Lebens am Rande des Eises.

„Im Norden ist die Zeit, in der Schnee das Land bedeckt, nicht auf bestimmte Monate beschränkt. Hier herrscht Freiheit - Freiheit, quer durch das Land zu reisen und über zugefrorene Flüsse und Seen. Gleichgültig ob man mit Skiern, mit Hundeteam oder Schneemobil reist: der Zugang ist zur Frühlingszeit viel leichter als im Sommer. Diese Jahreszeit wird von den Inuit bevorzugt. Dann wandelt sich die Dunkelheit des Winters in kristallines Licht, und die Temperaturen werden milder. Es ist die Zeit zu reisen, sich zu besuchen und die länger werdenden Tage arktischen Frühlings zu genießen."

(1994 Explorers' Guide)

Ende Januar erreichte uns endlich die ersehnte Nachricht: das alle wesentlichen Details umfassende Angebot von Matthew Swan, dem Leiter von Adventure Canada, Missisauga (Ontario), an seiner nur einmal jährlich stattfindenden, für Juni 1995 geplanten Frühlingstour an die Grenze des Packeises, an die Eiskante teilzunehmen. Also doch - Juni! Der Zeitpunkt stand nun fest.

Unsere auf fünf Reisewochen angelegte Route sah demnach vor, daß wir zunächst nach Toronto und von dort über Montréal nach Baffin Island flogen - nach Iqaluit und weiter nach Pond Inlet am Eclipse Sound im Norden der Insel.

Als Anschluß an die neuntägige Frühlingstour von Adventure Canada zur Packeisgrenze buchten wir Flüge über Iqaluit nach Cape Dorset und schließlich in
die Keewatin-Region, um so an die wichtigsten Stätten moderner Inuit-Kunst
zu gelangen. Auf der Rückreise wollten wir wiederum Churchill berühren, diesmal zum Erkunden der Sommerflora in der Tundra statt wie im Vorjahr der
Herbstlandschaft mit Polarbären. Unsere ursprüngliche Überlegung, dann wieder mit der Eisenbahn nach Winnipeg zu fahren, ließ sich leider nicht verwirk-
lichen. Die Schlafabteile waren schon früh völlig ausgebucht. Daher sahen wir
einen verlängerten Aufenthalt in Churchill vor und anschließend den Flug nach
Winnipeg, von wo aus wir über Calgary heimkehren wollten. Sechzehn Flug-
zeuge würden wir am Ende der Reise benutzt haben - mit mehr als zwanzig
Starts und Landungen.

Matthew Swan hatte uns eine ausführliche Liste mit detaillierten Angaben zur
notwendigen Ausstattung für die Pond Inlet-Tour beigefügt. Sogar an „Lecker-
eien oder Getränke, die sich mit der Reisegruppe teilen lassen", hatte er gedacht.
Auch hatten wir zum ersten Mal einen Gesundheitsnachweis zu erbringen. Endlich galt es „nur noch", die entsprechenden Gegenstände zu beschaffen.

Unsere Liste wies am Ende immerhin etwa 45 Positionen auf - ohne die nicht
geringe Foto-, Fernglas- und Walkman-Recorder-Ausrüstung, nebst Filmen und
Tonbandkassetten. Wir schildern hier nicht unsere ersten Irrwege, auf denen
wir allemal viel gelernt hatten. Zu guter Letzt fanden wir einen Trekking-Fach-
mann, ohne den wir uns wohl wesentlich schwerer getan hätten. Er hatte sich
gerade an der Ausrüstung einer Grönland-Expedition beteiligt und konnte so
auf jüngste Erfahrungen zurückgreifen. Wir bekamen jedenfalls alles Notwendige von ihm bei bester Beratung. Outfitting-Fragen ließen sich so zwei Monate
vor unserer Abreise im wesentlichen abhaken.

Schon früh hatten wir ein Programm zur körperlichen und geistigen Vorbereitung begonnen und setzten es bis zuletzt mit steigender Intensität fort.

Selbstverständlich erarbeiteten wir uns auch ein umfassendes Bild über das Zielgebiet, wirtschaftliche und soziale Belange eingeschlossen (ein Grundsatz übrigens, dem wir jede unserer Reisen unterwerfen). Nur so konnten sich fundierte Gespräche führen lassen, denn Berührungen mit den Bewohnern des Reiselandes sollten nicht nur auf oberflächliches Fragen und halbe Antworten beschränkt bleiben.

Nördliche Breitengrade

Grad n. Br.	Nordamerika (Kanada, USA)	Europa (m. Grönland), Asien
N-Pol 90°00'		
83°45'		Grönland N (Dänemark)
83°30'	Ellesmere Island N	
81°45'		Franz Josef Land N (Rußland)
81°20'		Severnaja Zemlja N (Rußland)
80°35'		Spitzbergen N (Norwegen)
~ 78°30' (~ 104° w.L.)	**Nördlicher Magnetpol** nach IGRF 1995	
77°25'		Qaanaaq (Grönland) Novaja Zemlja N (Rußland)
76°25'	Grisefiord (nördl.-kanad. Siedlg.)	Spitzbergen S
73°45'	Bylot Island N	Upernavik (Grönland)
72°45'	Pond Inlet	Lena-Delta (Rußland)
71°50'	Barrow (Alaska N, USA)	
71°10'		Nordkap (Norwegen) Wrangel-Insel (Rußland)
Polarkreis N 66°30'	Repulse Bay (Kanada)	Kangerlussuaq (Grönland) Island N
65°50'	Wager Bay	Tasiilaq (Ost-Grönland)
64°15'	Baker Lake, Cape Dorset	Nuuk (Grönland) Reykjavik (Island); Namsos
63°45'	Iqaluit	Island S; Trondheim
62°50'	Rankin Inlet	Røros
61°10'	Arviat	Sognefjord, Lillehammer
60°00'		Grönland S; Oslo, Bergen
58°45'	Churchill	Stavanger, Kragerø, Moss

Frühling an der Packeisgrenze

Nach Iqaluit • Zwischenlandungen in Hall Beach, Iglulik und Nanisivik • Endlich in Pond Inlet • Nächtliche Eisbergbesteigung • Schlittenreise zur Eiskante • Zeltcamp auf dem Meereseis unter der Mitternachtssonne • Narwale • Polarbärbesuch • Warum Polarbären so melancholisch wandern • Vogelfelsen im Nebeln • Stürmische Fahrt entlang der Küste • Ruhetag in Pond Inlet • Iqaluit, seit 1999 Hauptstadt von Nunavut

Donnerstag, 8. Juni

Flughafen Montréal Dorval. Schon bei der Sicherheitskontrolle und mehr noch im Warteraum für unseren Abflug nach Iqaluit, ehemals Frobisher Bay, hat sich die Atmosphäre gegenüber gestern, als wir von Europa hierher flogen, merklich verändert. Einige Reisende tragen Embleme von Ölfirmen auf ihren Overalls und führen entsprechendes Handgepäck mit sich. Unter den Wartenden fallen uns Gesichter mit mongolischem Einschlag auf - es sind Inuit.

Der Flieger, den wir uns neugierig durchs Fenster ansehen, ist zwar vom wohlbekannten Typ Boeing 737. Vor den Tragflächen ist jedoch eine überdimensionale Klappe nach oben aufgeschlagen. Von Hebebühnen wird eine riesige Palette nach der anderen, mit Packnetzen zusammengezurrt, in den Rumpf geschoben. Fliegen wir in einer Cargo-Maschine? Zu Fuß überqueren wir das Flugfeld und steigen die Leiter zur Eingangsöffnung unter dem Flugzeugheck hoch. Unsere Sitzplätze in Reihe 15 sind fast ganz vorn im Passagierteil; er ist zugunsten des Cargo-Raumes des Fliegers eingeengt und auf relativ wenige Plätze beschränkt.

Die Maschine der Canadian North Airlines fliegt uns von Montréal in etwa drei Stunden nach Iqaluit, von wo sie ihre Reise über Nanisivik nach Resolute Bay (Qausuittuq) auf Cornwallis Island fortsetzt. Unser Sitznachbar ist Klimaforscher, Amerikaner aus Massachusetts, mit dem Ziel Ellesmere Island, wo er den Sommer über bleiben wird. Natürlich kennt er Bezal Jesudason und auch dessen Frau Terry, die Outfitter in Resolute. Im hohen Norden kennt offenbar jeder die beiden. Die meiste Zeit fliegen wir über den Wolken. Nur manchmal, wenn die dichte Decke mit ihren sich auftürmenden weißen Ballen aufreißt, gelingt uns ein kurzer Blick auf die Tundralandschaft dort unten: schwarzbraune bergige und zerklüftete Landflächen, vielerorts noch schneeüberzogen oder mit Schneeresten an den Nordhängen, und große Seen mit ausgedehnten Eisschollen. Schließlich erblicken wir unter uns das Meer - die Hudson Strait, die Nord-Québec und Baffin Island trennt. Dann taucht wieder Land unter uns auf. Wir haben Baffin Island erreicht, heute die Heimat von etwa 15% der gesamten kanadischen Inuit-Bevölkerung. Beim Anflug über die in gleißendes Licht getauchte, eisbedeckte Frobisher Bay fällt uns schließlich zur Rechten ein grellgelbes Flughafengebäude mit markantem Lotsenturm auf. Die Boeing setzt nahezu erschütterungsfrei auf. Wir sind in Iqaluit angekommen und setzen zum ersten Mal den Fuß auf das Land der Inuit.

In der Empfangshalle wird mit einer reichhaltigen Ausstellung für Inuit-Kunst geworben. Wir finden sie sehr eindrucksvoll und haben so etwas auf einem Flughafen nicht erwartet. Eine junge Frau spricht uns auf Schwäbisch an; sie hat uns als Deutsche erkannt. Kerstin ist Kanadierin geworden und will mit ihrem Mann Touren durch den Norden organisieren (*Jahre später werden wir ihrem Mann persönlich begegnen - als Kopilot auf einem unserer zahlreichen Flüge nach Cape Dorset*). Wir plaudern ein bißchen über Deutschland, dann eilt sie zurück zum Flieger. Ihr heutiges Ziel ist Nanisivik.

Am Abfertigungsschalter der First Air-Fluggesellschaft befreien wir uns von unserem Gepäck. Wir geben die zwei hoch aufgepackten Rucksäcke und einen großen Aluminiumkoffer nach Pond Inlet auf. Dabei wird uns in freundlichem, aber sehr bestimmtem Ton erklärt, daß wir aus Platzgründen nur kleinstes Handgepäck in die Kabine mitnehmen können. Unser wie ein Augapfel gehüteter Fotorucksack, der problemlos in Jets mitgeführt werden kann, ist viel zu groß für unseren nächsten Flieger, eine Turbo-Prop-Maschine vom Typ Hawker Siddeley 748. So müssen wir ihn schweren Herzens mit aufgeben, beflaggt mit großen FRAGILE-Anhängern. Immerhin erhalten wir dazu das Versprechen, die Crew werde ihn gewiß gut verwahren.

Baffin Island ist zwischen Grönland und der östlichen Festlandküste Kanadas gelegen - mit rund 508 000 Quadratkilometern die größte Insel des kanadischen Archipels und die fünftgrößte der Erde, etwa der Ausdehnung Spaniens vergleichbar. Iqaluit, nunmehr Hauptstadt des Territoriums Nunavut, wächst unverhältnismäßig rasch, und die Einwohnerzahl hat sich binnen weniger Jahre auf über 5 000 nahezu verdoppelt; rund 70% der Bewohner sind Inuit. Die Stadt liegt etwa gleichauf mit der Südspitze Islands und der norwegischen Stadt Trondheim auf 63,8° n. Br. am Koojesse Inlet, dem hinteren Ende der Frobisher Bay, und bekam von dieser auch ihren früheren, noch auf vielen Karten verzeichneten Namen. Die Frobisher Bay dringt von der Südostspitze der Baffin-Insel fast 300 Kilometer tief ins Land und formt an ihrer Südwestflanke die Halbinsel Meta Incognita, an der Ostseite die Halbinsel Hall.

Die Region hat eine lange Geschichte. Die ersten aus dem fernen Alaska kommenden Paläo-Eskimos der Prä-Dorset-Kultur erreichten die südliche Baffin-Region schon vor rund 4 000 Jahren. Um das Jahr 1000 n. Chr. errichteten Neo-Eskimos der Thule-Kultur hier erste feste Winterbehausungen. Um diese Zeit erkundeten auch Wikinger vom benachbarten Grönland die an der Davis Strait gelegenen Ostufer der Insel. Als eigentlicher Entdecker der Insel gilt jedoch Martin Frobisher, der 1576 auf der Suche nach der Nordwestpassage in der heute seinen Namen tragenden Bucht landete, ohne allerdings bis zu ihrem hinteren Ende und damit an die Stelle der heutigen Siedlung vorzudringen. Im Zweiten Weltkrieg errichtete die US Air Force in Frobisher Bay einen Luftstützpunkt zur Truppenverlegung nach Europa (Northern Transportation) und baute den Standort schließlich 1955 im Kalten Krieg als östliches Zentrum des Frühwarnsystems DEW (**D**istant **E**arly **W**arning) aus. Viele Inuit sahen in dieser Militärstation eine Chance, ihre wirtschaftliche Situation zu verbessern. Daher wuchs die Siedlung unverhältnismäßig schnell, und der Bau einer Satellitensiedlung, Apex, fünf Kilometer weiter östlich erwies sich als nötig. In den späten sechziger Jahren wurden überdies in Iqaluit selbst viele neue Häuser errichtet, um die bis dahin wenig erfreulichen Wohnverhältnisse der Inuit zu verbessern.

Für die Menschen hier im Norden brachte die Errichtung von Militärstationen leider nicht nur die erhofften neuen Chancen. Orte mit solchen Einrichtungen halten auch vielerlei Verführungen bereit, und so kam es, daß auch und gerade in Iqaluit viele Menschen dem Alkoholismus verfielen.

1984 stimmten die Einwohner für die Umbenennung der Siedlung von Frobisher Bay in Iqaluit, „Schule der Fische". Mit dem Ausbau des Flughafens 1986 entwickelte sich die Siedlung zum wichtigsten Transportzentrum der östlichen Arktis. *Im Jahr 1997 erfolgte die Wahl zur Hauptstadt des für 1999 geplanten Territoriums Nunavut, und 2001 erhielt Iqaluit den Rang einer City.*

In Iqaluit ist alles vorhanden, was eine kleine Stadt benötigt, sogar ein Schwimmbad. Während unserer Planungsphase schien uns das alles sehr interessant zu sein, und wir hatten dementsprechend in unserem Programm für den Besuch der Stadt nach der Rückkehr von Pond Inlet und vor dem Aufbruch nach Cape Dorset ein ganzes Wochenende vorgesehen. Im Discovery Lodge Hotel war für uns ein Doppelzimmer gebucht; selbst die Bezahlung war bereits erfolgt. Wir beabsichtigten, uns im Unikkaarvik, dem regionalen Baffin-Informationszentrum, umzusehen, sollten sich hier doch großartige Darstellungen des Lebens und der Kultur in der südlichen Baffin-Region befinden, sogar ein lebensgroßes Diorama der Eiskante über und unter Wasser und die überdimensionale marmorne Skulptur eines Trommeltänzers. Vor allem aber wollten wir den hiesigen Inuit-Künstlern bei ihrer Arbeit zusehen und das Nunatta Sunaqutangit Museum mit seiner Sammlung traditioneller und moderner Serpentinarbeiten aufsuchen. Daneben standen auch mehrere kleine Inuit-Galerien auf dem Besuchsplan.

Dr. Elke Nowak, seinerzeit als einzige Inuktitut-Lehrbeauftragte in Deutschland am Institut für Linguistik der Universität Stuttgart tätig (*nunmehr an der TU Berlin*), hatte uns den Besuch einer „kleinen, feinen Galerie", deren Besitzer Webster heißen, empfohlen. Sie hatte uns außerdem den Hinweis gegeben, Guy Vachon - „ein ganz netter Kerl" - bei Qairrulik Outfitting zu besuchen. Er werde uns, wenn es seine Zeit erlaubte, gewiß mit dem Boot nach Qaumaarvit, einem historisch interessanten, nur wenige Kilometer entfernten Platz, fahren. Während unserer winterlichen Telefax-Kontaktaktion mit verschiedenen Veranstaltern hatten wir in der Tat auch einen Faxwechsel mit Guy. Er hatte uns gute und ausführliche Vorschläge gemacht, dabei jedoch empfohlen, früher oder später als im Juni zu kommen, da gerade dieser Monat in der Gegend um Iqaluit wegen der Eisverhältnisse für einen Land- oder Wassertrip wenig geeignet sei. Wir hatten uns deshalb überlegt, auf einem schmalen Fußpfad entlang der Bucht nach Apex zu wandern: Um die Zeit unseres Besuchs hätte man, das lasen wir, eine wunderbare Sicht auf das Packeis. Würde sich ein neuartiger Anblick, anders als in Pond Inlet, ergeben? Hinter Apex beginnt der Tar Inlet Trail, der einzige mit Inuksuit markierte Weg an der Nordostflanke der Frobisher Bay entlang.

Inuksuit (in der Einzahl Inuksuk, wörtlich übersetzt: „wie ein Mensch") sind Steingebilde, über deren ursprünglich meist mythische Bedeutung noch immer verhältnismäßig wenig bekannt ist. Reisenden dienten sie als Wegweiser; sie waren Landmarken zum Wiederfinden von Vorratsstellen, Warnhinweise auf gefahrvolle Plätze und Erinnerungszeichen an Orten, an denen sich Ungewöhnliches ereignet hatte; bei der Karibujagd lenkten sie das Wild zu den Jägern hin.

Wir hatten vor, dem Pfad ein Stück zu folgen. Auf ihm zu wandern soll sich, auch das entnahmen wir unseren Informationsschriften, die Chance bieten, ein Schauspiel besonderer Art zu sehen: den gewaltigen Gezeitenstrom von South Baffin Island mit bis zu dreißig Meter hohem Tidenhub.

Wie gesagt, wir wollten ein Wochenende in Iqaluit zubringen. Doch dann kam alles anders: Für unsere Reise durch das Land der Inuit hatte unsere Agentin Lynda Gunter viele Vorarbeiten geleistet und Verbindungen zu qualifizierten Operators geknüpft. Alles Nötige war vereinbart. Doch nun wurden wir fünf Tage vor unserem Abflug nachts aus dem ersten Schlaf gerissen. Mit einem Telefax unterbreitete uns Lynda die Idee, zwei oder drei Tage früher als geplant nach Cape Dorset zu kommen, um einem „historical event", wie sie schrieb, einem historischen Ereignis beizuwohnen. Dieses Ereignis war der Besuch des deutschen Bundeskanzlers Helmut Kohl, der als Gast des kanadischen Premierministers Jean Chrétien im Anschluß an ein gerade zu jener Zeit in Halifax zu Ende gehendes G-7-Gipfeltreffen nach Cape Dorset kommen werde. David Patrick, seinerzeit noch für die Wirtschaftsentwicklung von Cape Dorset zuständig und nun außerdem für unser Wohl verantwortlich, war mit der Organisation des Staatsbesuchs mit großem Empfang und einem Gang durch die Gemeinde beauftragt. Er hatte sich gemeinsam mit Lynda ausgedacht, uns als offiziell eingeladene Gäste an dem Staatsbesuch teilnehmen zu lassen. Natürlich waren wir von dieser Idee sofort hellauf begeistert, und innerhalb vierundzwanzig Stunden war alles entsprechend umgebucht. Sogar einer Sicherheitsprüfung waren Ricky und ich per Telefax unterzogen worden. Iqaluit aber wurde bei solchen Plänen auf den Rang einer Durchgangsstation zurückgestuft.

8. Juni, 13 Uhr

An unserem heutigen Zwischenstopp in Iqaluit hat sich durch den kommenden Staatsbesuch nichts geändert. Uns bleibt wie geplant eine guten Stunde Zeit bis zum Start unseres Fliegers Richtung Pond Inlet. So bummeln wir durch die Stadt und erhalten erstmals Eindrücke einer Inuit-Siedlung. Wir schlendern in herrlichem Sonnenschein bei etwa +10° C auf staubigen Straßen zum Ortszentrum. Wir wundern uns über die vielen Stoppschilder an Straßenkreuzungen, wo kaum ein Auto vorbeikommt (*an jenem Tage jedenfalls; inzwischen ist alles anders geworden*). Wir erblicken zum ersten Mal die typischen Holzhäuser der Arktis - Wohngebäude, die wie auch fast alle anderen Bauten wegen des Permafrosts auf niedrigen Pfählen stehen und uns in allen Inuit-Siedlungen wiederbegegnen werden. Wir staunen über grellweiße fensterlose, allenfalls mit Bullaugen versehene Baukolosse, in denen Schulen oder Gesundheitszentren untergebracht sind. Alle Menschen, denen wir begegnen, grüßen uns freundlich, ja auffallend fröhlich. Am Strand der Bucht stapfen wir auf das zu dieser Jahreszeit noch erstaunlich feste Eis und schütteln den Kopf darüber, daß hier so viele „Hundefelle" herumliegen - auf unserer weiteren Reise lernen wir, daß es Teile von Karibufellen waren, die als Schlittenpolster gebraucht wurden (als Karibu, ein ursprünglich indianisches Wort, wird das nordamerikanische Rentier bezeichnet; sein Vorkommen war von entscheidender Bedeutung für das Überleben der Inuit).

Dann aber brechen wir unseren Rundgang ab, denn es ist nun hohe Zeit, zum Flugplatz zurückzugehen. Auf dem Rückflug würden wir hoffentlich etwas mehr Zeit haben und einige Gebäude gezielt aufsuchen können. In der Flughafenhalle treffen wir auf eine Reisegruppe, deren Kleidung der unseren ähnelt: Percy aus Kanada, Herb, Phil und Joel aus den USA, Bob und Janet aus England. Sie sind unsere von Ottawa her angereisten Partner bei der Frühlingstour über das Meereseis zur Packeisgrenze. Die Begrüßung ist so herzlich, als kennten wir uns schon lange.

Inzwischen ist es drei Uhr nachmittags geworden. Unser Flug wird aufgerufen. Eine Sicherheitsüberprüfung findet nicht statt. Erfreulicherweise kennt man diesbezüglich hier im Norden noch keine Probleme, und nur die Düsenjets werden als gefährdet angesehen. Wir gehen über das Flugfeld zu einer bereitstehenden zweimotorigen Turbo-Prop-Maschine, steigen die Stufen der Gangway zur hinteren Kabinentür hinauf. Vor offenstehender Toilette begrüßt uns freundlich ein junger Purser und weist darauf hin, wir sollten uns möglichst weit nach vorn setzen, da die Maschine sonst zu hecklastig für den Start sei. Daß unser Flieger nur über zehn Sitzreihen, vierzig Plätze, verfügt, nimmt uns nun schon nicht mehr wunder. Auch hier werden möglichst viele Transportgüter mitgenommen - weiter nach Norden. Selbst in der Toilette ist Staugut zu sehen, u. a. Coca-Cola-Dosen für die Bordverpflegung. Die notwendigen Ansagen erfolgen auf Englisch und vom Tonband in Inuktitut. Unsere HS 748 hebt nach längerem Anlauf ab und schwebt kurz darauf über einer fast geschlossenen Wolkendecke, die fürs erste nur wenige Durchblicke erlaubt. Die Zeit für einen schmackhaften Lunch ist gekommen, den uns der junge Purser serviert. Er macht Ricky und mir gegenüber ein paar deutsche Anmerkungen - er ist Pole und in Danzig aufgewachsen.

Nach einiger Zeit reißen die Wolken auf, und wir sehen unter uns eine ausgedehnte Wasserfläche. Ein Blick auf die Landkarte belehrt uns: Es ist der Amadjuak Lake. Wenig später überfliegen wir das Wildschutzgebiet „Great Plain of Koukdjuak", das durch eine Vielzahl kreisrunder Wassertümpel charakterisiert ist (wir konnten bislang nicht herausfinden, wie sich diese gebildet haben) und die größte Gänsekolonie der Welt beherbergt. Dann erreichen wir die Meeresküste und kreuzen den nördlichen Polarkreis und fliegen nun mit weitem Blick über die noch eisbedeckte Fläche des Foxe Basin. Mit kleinen und größeren Eisaufbrüchen gleicht sie einer Mondlandschaft. Dazwischen zeigen sich größere Flächen freien Wassers. Der Rand einer flachen Insel taucht auf, und wir bestaunen die floralen, von den Gezeiten hervorgerufenen Sandstrukturen am Strand. Dann wieder Meer, und schließlich in der Ferne eine neue flache Küstenlinie. Bald darauf beginnt die Maschine den Sinkflug und setzt unter Aufwirbeln graubrauner Wolken weich auf der Staubpiste von Hall Beach (Sanirajak, „entlang der Küste gelegen") auf.

Nach gut zwei Stunden Flugzeit sind wir also auf der Halbinsel Melville gelandet. Die Landschaft ist auch hier sehr flach und der Boden sandig. Im Frühjahr soll das Foxe-Becken bei Minustemperaturen bis in den Mai hinein noch ganz zugefroren sein, so daß man über das Eis Schlittentouren zum Nachbarort Iglulik unternehmen kann.

Die Siedlung Hall Beach entstand mit der Einrichtung einer Station des militärischen Frühwarnsystems im Jahr 1955. Heute leben hier etwa 500 Menschen. Wie uns erzählt wird, ist deren Alltag durch die in der Militärstation Dienst leistenden Soldaten nicht nur positiv beeinflußt worden (Alkoholprobleme).

Da wir dreißig Minuten Aufenthalt haben, bittet der Purser uns Passagiere, die Maschine zu verlassen - eine Sicherheitsmaßnahme, die während des Auftankens bei allen Zwischenstopps hier im Norden üblich ist. Mit Interesse beobachten wir junge Mütter, die ihre Kleinen in der Kapuze ihres Amautiq, der typischen Inuit-Frauenkleidung, mit sich tragen. An solchen Anblick werden wir uns bald gewöhnen, fürs erste aber überwiegt noch der Eindruck des Exotischen. Wir genießen die frische Luft im Sonnenschein, schauen uns das kleine Flughafengebäude an und gehen ein Stück in Richtung Frühwarnstation, deren charakteristische Silhouette mit der runden Kugel, im Volksmund als „Golfball" bezeichnet, sich gleich hinter dem Flugplatz gegen die Sonne abzeichnet.

Nach Iglulik (postalische Schreibweise: Igloolik), weiter nördlich auf einer

27

kleinen vorgelagerten Insel gelegen, beträgt die Flugzeit weniger als zwanzig Minuten. Wir fliegen in geringer Höhe die Küste entlang, haben rechts hinaus weite Sicht auf das überwiegend eisbedeckte Meer. In Iglulik, dem vom Flugfeld aus nicht einsehbaren „Platz der Häuser", wird der Flug erneut eine halbe Stunde unterbrochen. Wieder steigen wir aus und sehen diesmal mit Staunen dem Treiben unserer Besatzung zu. Erst jetzt fällt uns auf, daß unser Flieger von zwei Pilotinnen gelenkt wird, die nun kräftig Hand anlegen, um eine Anzahl Sitzbänke aus der Transportraumklappe der Maschine zu hieven; auch unser junger Purser greift zu. Werden wir beim Wiedereinsteigen überhaupt noch Sitzplätze haben? In der Tat ist der Passagierraum nun kurz geworden und hat nur noch sechs Sitzreihen.

In den Sommermonaten 1999 und 2001 haben wir Iglulik insgesamt drei Wochen lang besucht, und wir sind sicher, noch weitere Male wiederzukommen. Denn es ist eine in vieler Hinsicht interessante Siedlung.

Die Insel wird seit mehr als 2 000 Jahren von Inuit bzw. deren Vorfahren besiedelt, und die Ortschaft mit inzwischen etwa 1 200 Einwohnern ist für arktische Verhältnisse recht groß. Als erste Europäer, die hier landeten, gelten die Besatzungen der beiden Schiffe „Fury" und „Hecla", die unter dem Kommando von William Edward Parry auf der Suche nach der Nordwestpassage 1822 auf der kleinen Insel überwinterten. Wie aus Erzählungen von Elders (ältere Siedlungsbewohner mit reichem Erfahrungsschatz) hervorgeht, soll ein rachsüchtiger Schamane die Schiffe von Iglulik vertrieben und beschworen haben, daß nie wieder weiße Männer über das Meer hierher gelangen würden. Sieht man von einigen Kurzbesuchen der einen oder anderen Arktisexpedition ab, sollte es in der Tat mehr als hundert Jahre dauern, ehe sich Außenstehende dauerhaft in der Region niederließen: Um 1930 etablierte sich eine römisch-katholische Mission und einige Jahre danach ein Posten der Hudson's Bay Company. 1950 wurde eine architektonisch bemerkenswerte katholische Kirche erbaut - bemerkenswert, weil sie aus Stein errichtet wurde, was eine für arktische Siedlungen ungewöhnliche Bauweise darstellt. Das Gebäude erwies sich im Laufe der Zeit jedoch als zu klein und vor allem als nicht ausreichend beheizbar. Gottesdienste finden inzwischen längst in einer neuen Holzkirche statt; die steinerne Kirche soll in Kürze abgerissen werden. Erst 1959 entstand auch eine anglikanische Mission.

Aus den angeführten Jahreszahlen läßt sich unschwer erkennen, daß die Iglulik-Region im Vergleich mit anderen Inuit-Siedlungen erst spät in den Einfluß der euro-kanadischen Kultur geriet. Iglulik hat sich daher trotz Wachstums und Vordringens von Einflüssen der Moderne wesentliche Elemente seiner Tradition bewahrt und wurzelt noch heute verhältnismäßig tief in der überlieferten Inuit-Kultur.

Heute ist der Ort als Ausgangspunkt für Schlitten- und Bootstouren bekannt. Wenn im Frühsommer die zwischen der Baffin-Insel und der Halbinsel Melville verlaufende Fury and Hecla-Straße noch zugefroren ist und Grönlandwale auf ihrer Wanderung durch die Hudson- und Fox-Straße sowie das Foxe-Becken auf ein Durchkommen nach Norden zum Lancaster-Sund warten, herrschen im Nordosten von Iglulik ideale Bedingungen, diese riesigen Meeressäuger von der Eiskante aus zu beobachten. Zur gleichen Zeit liegen etwa achtzig Kilometer im Südosten in der Gegend der Manning Islands Hunderte von Atlantik-Walrossen in kleinen Gruppen auf treibenden Eisschollen und lagern nach dem Schmelzen des Eises in Massen auf den Inseln. Wir haben das 1999 mit Staunen erlebt und brachten eine reiche Fotoausbeute mit nach Hause.

Im Jahr 2001, als wir noch einmal die Grönlandwale beobachten wollten, war das Eis zwei Wochen früher als erwartet aufgebrochen, und wir kamen zu spät - die Wale waren bereits nach Norden entschwunden. Getröstet hat uns eine neuerliche reiche Ausbeute von Walroßbildern.

2001 fanden wir endlich auch Zeit, einen katholischen Gottesdienst in der Siedlung zu besuchen, zelebriert von einem über 80jährigen französisch-stämmigen

Oblatenpater, der die Gemeinde seit über 35 Jahren betreut und fließend Inuktitut spricht.

Wichtig war uns diesmal zudem ein Treffen mit den Filmemachern vom ISUMA-Institut: Sie hatten den fast dreistündigen Film „Atanarjuat" gedreht, dem in Cannes im selben Jahr die Goldene Palme verliehen wurde. „Isuma" bedeutet „Denke nach!". Wie Norman Cohn, Kameramann und einziger Nicht-Inuk des Gründerteams von ISUMA, uns gegenüber ausführte, unterscheiden sich die Probleme der Inuit früher und jetzt grundsätzlich nicht von denen anderer Völker; nur der Umgang mit solchen Problemen ist anders. Auch die Inuit kennen alle Arten menschlicher „Sünden", Neid, Mord usw., und ISUMA zeigt mit der Story des Films „Atanarjuat" das Verhalten bei und den Umgang mit solchen Problemen.

Nachdem wir uns 1999 über einen eigentümlichen, an eine fliegende Unter-tasse erinnernden Rundbau des „Igloolik Research Centre" gewundert hatten, das während unseres Aufenthalts leider nicht geöffnet war, hatten wir 2001 Erfolg: Wir konnten mit dem Koordinator des Forschungszentrums, John MacDonald, ein sehr informatives Gespräch führen und das Gebäude besichtigen. Die Anregung, in der Arktis 1975 eine solch ungewöhnliche Architektur zur Geltung zu bringen, stammt von Jean Chrétien, dem seinerzeit für die Nordwest-Territorien zuständigen Minister und inzwischen langjährigen Premierminister von Kanada. Das dem Nunavut Research Institute zugehörige und mit dem Nunavut Arctic College ver-bundene Zentrum bietet den verschiedensten Forschungsprojekten Hilfestellung und ist eine interdisziplinäre Einrichtung, wie sie so oder ähnlich auch in Deutschland (meist im Verbund mit Universitäten) bekannt ist. John MacDonald selbst führt mit kenntnisreichen älteren Inuit, den „Elders", Interviews, um Legenden, histori-sche Begebenheiten und aus der Tradition gewonnene Erfahrungen vor dem Vergessen zu bewahren. Bekannt wurde er durch sein kürzlich publiziertes, sehr instruktives Buch „The Arctic Sky - Inuit Astronomy, Star Lore, and Legend (Der arktische Himmel - Astronomie, Sternkunde und Legenden der Inuit)".

8. Juni, spätnachmittags

Wir fliegen weiter Richtung Norden: Nach dem Abheben blicken wir wieder hinunter auf das Meer und erkennen bald die zwischen der Melville-Halbinsel und Baffin Island gelegene Fury and Hecla-Straße am nördlichen Ausgang des Foxe-Beckens. Die Landschaft unter uns wird jetzt immer zerklüfteter, weist schroffe Berghänge mit senkrechten Steinpalisaden und tiefe Schluchten auf, in denen sich Schnee- und Eisreste lange halten. Kleine, schon offenes Schmelzwasser führende Flüsse schlängeln sich auf noch gefrorene Seen zu. Schließlich landen wir auf der Staubpiste des Nanisivik Air Terminal und befinden uns somit wieder auf Baffin Island - im Norden der Borden-Halbinsel. Der Flugplatz liegt auf halber Strecke zwischen den Ortschaften Nanisivik (dem „Ort, wo sich Dinge finden lassen") und Arctic Bay (Ikpiarjuk, die „große Hosentasche"). Die beiden Siedlungen sind durch eine 21 km lange Autostraße verbunden, dem einzigen echten Highway in der Arktis. Gegründet von der Nanisivik Mines Ltd. im Jahre 1974 ist Nanisivik die jüngste Gemeinde von Nunavut und hat wenig mehr als 300 meist junge weiße Einwohner. Es ist im Gegensatz zu Arctic Bay trotz des Inuktitut-Namens keine Inuit-Siedlung. Hier werden Zink und Blei abgebaut. Die Luft ist sprichwörtlich bleihaltig und läßt praktisch keinen Pflanzenwuchs zu. Inzwischen neigen sich die Erzvorräte jedoch zu Ende, und der Aufwand für den Abbau von immer weniger erzhaltigem Material steigt. Damit ist die Schließung der Mine absehbar.

Wieder haben wir einen Aufenthalt von 35 Minuten zum Be- und Entladen der Maschine. Wir stehen auf einem höher gelegenen Plateau. Gleich am Flugfeld beginnt eine Staubstraße, die hinunter zu einer in der Ferne sichtbaren Bucht führt. Beim Wiedereinsteigen gesellt sich Aryeh zu uns, ein Israeli, der von einem Abstecher zur Siedlung Grise Fiord kommend mit uns an die Meereseiskante reisen will. Unsere Gruppe besteht nunmehr aus neun Personen im

Alter zwischen 35 und 72 Jahren, wie sich aus den späteren Gesprächen ergibt.

Bald nach dem Abflug gegen acht Uhr, dem letzten Start vor der Landung in Pond Inlet, gewinnt die Landschaft unter uns zusehends an Großartigkeit. Braune Berge, schroffe Steilhänge, verschneite Täler; das schräg einfallende Sonnenlicht bildet reiche Kontraste. Bald ragen die Gebirgszüge höher auf. Die Kuppen sind fast ganz mit Schneeverwehungen bedeckt; weich fließende Linien und Flächen, soweit das Auge reicht. Im reinen Weiß unberührten Schnees zeichnen sich schlängelnde Wasserrinnsale ab. Eine Uferlinie läßt sich erkennen, bläulichweiß abgesetzt, und anschließend eine geschlossene weiße Meereseisfläche, der Eclipse Sound, und daraus emporragende wunderschöne weiße Kristallblöcke festgefrorener Eisberge. Wir lassen Borden Peninsula hinter uns. Wenig später taucht vor uns ein neues Ufer auf, der Rand einer braun-marmorierten Landschaft. Sinkflug, der Schatten unseres Fliegers gleitet über den Grund, weiches Aufsetzen auf einer Staubpiste. Wir haben jedes Zeitgefühl verloren: Es ist mittlerweile schon neun Uhr abends geworden, und sechs Stunden Flug liegen hinter uns. Blendend steht die um diese Jahreszeit nicht untergehende Sonne über dem nordwestlichen Horizont und wirft lange Schatten.

Auf dem Flugfeld begrüßen uns unsere Tourorganisatoren Matthew Swan und seine Mitarbeiterin Christine Cuyler. Wir sind am Ziel unseres Fluges angekommen - in Pond Inlet oder Mittimatalik, „wo Mittimata sich befindet", wie die Inuit ihre Siedlung nennen.

Baustil und Farbe machen das Flughafengebäude
zu einem der vielen Wahrzeichen von Iqaluit.

Futuristisch anmutender Bau in einer Inuit-Siedlung:
das Forschungszentrum in Iglulik

Ausgediente römisch-katholische Steinkirche von 1950 in Iglulik

Traditionelle Kleidung wird fast nur noch zu besonderen Anlässen getragen:
Karibu-Amautiq. (Iglulik)

Dreispitz-Steinbrech (Saxifraga tricuspidata)

Adam, unser Inuit-Guide, hält auf einer Treibeisscholle
Ausschau nach Walrossen. (Iglulik)

Beim Abtauchen wird die Fluke des Grönlandwals sichtbar.
(Fury and Hecla Strait)

Grönlandwal an der Eiskante (Fury and Hecla Strait)

Im Foxe Basin liegen zu Anfang des Sommers Hunderte von Walrossen
einzeln und in Gruppen auf den treibenden Eisschollen.

Walroßmutter mit Jungem (Foxe Basin)

Vergangenheit und Gegenwart: Stolz zeigt uns ein Inuit-Junge
in der Nähe von Iglulik Relikte aus der Thule-Zeit.

Pond Inlet im Schein der Mitternachtssonne, überragt von
verschneiten Berggipfeln der 25 Kilometer entfernten Insel Bylot

An der Nordküste von Baffin Island liegen die verwitterten
Gräber zweier deutscher Seeleute, vermutlich Walfänger.
(im Hintergrund jenseits des Meeresarmes: Bylot Island)

Purpur-Steinbrech (Saxifraga oppositifolia), die „Blume von Nunavut"

Von Bylot Island schweift unser Blick über das von Spalten
durchzogene Meereseis zur Nordküste von Baffin Island.

Die Gezeiten türmen Preßeis auf und lassen breite Spalten entstehen,
die nur mit besonderer Vorsicht zu überqueren sind.

Eingangs der Nordwestpassage am Nordrand von Baffin Island, mitten in der angestammten Heimat der nördlichen Baffin-Inuit (der Tununirmiut) gelegen, hat der Ort Pond Inlet seinen Namen von einem schmalen Meeresarm, der den sich zwischen den Inseln Baffin und Bylot ausdehnenden Eclipse Sound mit der Baffin Bay verbindet. Die Inuit-Siedlung hat den Verwaltungsstatus „Hamlet", was wörtlich übersetzt zwar Weiler bedeutet, aber für eine mit diesem Status ausgezeichnete Gemeinde bestimmte Rechte beinhaltet. *Der Ort zählt heute (2002) etwa 1 200 Einwohner mit einem Inuit-Anteil von rund 95%.* Er zieht sich an einem nordwestlich abfallenden Uferstreifen entlang; im Südwesten bildet der hier mündende Salmon River eine natürliche Grenze.

Dem Auge bietet sich ein weiter Blick auf die Gletscher und steil aufragenden Klippen der etwa 300 Quadratkilometer großen Insel Bylot, die sich 25 Kilometer entfernt auf der Nordseite des Meeresarmes aus dem Polarmeer erhebt. 80% von Bylot Island werden von einer gewaltigen, über 2 000 Meter hohen Eiskappe mit einer Vielzahl noch unbenannter Gletscher bedeckt. Dauerhafte Ansiedlungen von Menschen gibt es dort nicht. Dafür ist die Insel eines der größten Vogelrefugien der Welt und nunmehr Teil des kürzlich eingerichteten Sirmilik Nationalparks. Während der Südostteil der Insel durch steile, palisadenartig aufsteigende Felsen charakterisiert wird, ist die Südwestecke eher flach und langgestreckt.

Das Zusammentreffen der Ozeanströmungen von Baffin Bay und Lancaster Sound führt zu besonderem Nahrungsreichtum und verleiht daher der Gegend um Pond Inlet den Rang einer idealen Oase für arktische Vögel und Meeressäuger. Vor allem Bylot Island hat sich zur Sommerheimat einer beständigen und reichhaltigen Seevogelwelt entwickelt; für bestimmte Arten liegen hier sogar die größten Brutkolonien der Erde. Dann nisten auf der Insel etwa fünfzig Vogelarten. Im Vergleich mit tropischen Regionen mag man das als bescheiden ansehen. Bezieht man jedoch die während des Frühlings, vor allem aber im Juni erfolgenden Wanderungsbewegungen vieler anderer Landvögel mit ein, dann zeichnet sich diese Gegend eben doch als eines der vielfältigsten Vogelparadiese aus. Der flache Südwesten der Insel beherbergt im Sommer etwa ein Drittel aller Schneegänse der Welt. Über vierzigtausend Dickschnabellummen und an die siebentausend Dreizehenmöwen mit ihren unverwechselbaren schwarzen Beinen nisten dann auf den Palisadenklippen im Osten. Zu den in großer Zahl vorkommenden Arten zählen überdies Schwarzlummen, nordische Sturmvögel, Prachteiderenten neben anderen Eiderentenarten, Eismöwen, Küstenseeschwalben, Schmarotzerraubmöwen und kleine Krabbentaucher aus den riesigen Kolonien des nahen Lancaster Sound.

Vielleicht haben wir etwas Glück: Dann werden wir sogar einen besonders typischen Vogel der Arktis entdecken: die strahlend weiße Elfenbeinmöwe, „zart, scheu und von wahrhaft heiterer Schönheit", wie Matthew schwärmend schrieb.

Während der Eisschmelze breitet sich die Fläche offenen Wassers immer mehr aus und bietet Algen und Zooplankton einen idealen Nährboden. Hiervon profitiert eine Vielfalt von Fischarten, so auch der zahlreich auftretende Polardorsch und der arktische Wandersaibling, ein zur Familie der Lachse gehöriger Fisch, dessen festes Fleisch uns persönlich besser als Lachs und Seeforelle mundet. Es entstehen auf diese Weise reiche Nahrungsgründe - nicht nur für die Vogelwelt, sondern auch für verschiedene Robbenarten, etwa die Bartrobbe und die Ringelrobbe, die ihrerseits wiederum Eisbären als bevorzugte Nahrung dienen.

Mehr noch: In diesen Gewässern ist ein ganz außergewöhnlicher Meeressäuger beheimatet, der zu den Gründelwalen gehörige Narwal. Während des Spätsommers kommt mehr als die Hälfte aller Narwale der Welt zur Koluktoo Bay am Rande des Eclipse Sound. Im Vergleich mit dem Grönlandwal ist der Narwal zwar deutlich kleiner, doch zeichnet er sich durch einen eigenartigen, spiralförmig gewundenen Stoßzahn aus Elfenbein aus, der zuweilen an die drei Meter aus der Oberlippe hervorragt. Über die Bedeutung dieses Artmerkmals sind sich die Zoologen bislang noch nicht im klaren; vermutlich spielt es beim Aufbau der sozialen Hierarchie eine gewisse Rolle. In Europa glaubte man jahrhundertelang, der Stoßzahn des Narwals sei das Horn des legendären Einhorns, und die Besitzer eines solchen „Wunderhorns" konnten wegen seiner vermeintlichen Zauberkraft sogar Könige psychologisch unter Druck setzen.

In ihrer langen Entwicklungsgeschichte haben die Wale ihre warmblütige Lebensweise nie aufgegeben. Gegen Kälte sind sie durch eine bis zu zehn Zentimeter dicke Speckschicht, den sog. „blubber", isoliert. Die bedeutendsten körperlichen Anpassungen erfolgten bei der Sinneswahrnehmung in einer überwiegend von akustischen Reizen bestimmten Umwelt und bei der Sauerstoffspeicherung. Akustisch verständigen und orientieren sich die Narwale (wie übrigens auch ihre nahen Verwandten, die Weißwale oder Belugas) durch ihre „Gesänge", wie die von ihnen ausgesandten Schallwellen von uns Menschen empfunden werden. Den Sauerstoff speichert der Narwal auf eine Weise, die ihn befähigt, beim Tauchen etwa fünfzehn Minuten lang von seinem Vorrat zu zehren: rund 10% bleiben in der Lunge, je rund 40% gehen in das Blut und in das Muskelgewebe, die restlichen 10% in andere Gewebearten. Im Blut wird der Sauerstoff wie beim Menschen von Hämoglobin gebunden, im Muskelgewebe von Myoglobin, welches das Muskelfleisch wie bei allen Meeressäugern dunkel färbt. Das Blut nimmt wenig Stickstoff auf, so daß beim Auftauchen nicht die für uns Menschen typische Taucherkrankheit entsteht. Die Atemluft wird dann aus den Lungen explosionsartig ausgestoßen - der Wal „bläst".

Mit einigem Glück kann man übrigens in diesen Gewässern noch andere Meeressäugetiere antreffen: den Weißwal oder Beluga, wie der Narwal zur Gattung der Gründelwale zählend, vielleicht sogar den Grönlandwal, den Buckelwal und das Walroß.

Für die Gegend um Pond Inlet lassen sich durch das Auswerten vieler archäologischer Grabungsstätten mehr als 4 000 Jahre ununterbrochener Besiedlung nachweisen. Historisch belegt ist, daß die Bucht im Jahr 1820 von Europäern angesteuert wurde, zuerst von William Edward Parry, einem der neueren Erforscher der Arktis. Doch dürften wohl schon vor ihm schottische und amerikanische Walfänger an diesem Ort aufgekreuzt sein; während des ganzen 19. Jahrhunderts waren sie jedenfalls häufig anwesend.

Hier am 73. Breitengrad, etwa 200 Kilometer nördlicher als das europäische Nordkap, soll sich uns nun also Gelegenheit bieten, eine noch immer abgelegene Gemeinde kennenzulernen, der eine der imposantesten Szenerien der kanadischen Arktis zugeschrieben wird.

Die Temperaturen betragen in der Pond Inlet-Region Anfang Juni üblicherweise zwischen minus und plus 10° C, und es ist mit leichten bis mäßigen Winden zu rechnen. Wahrscheinlich werden wir unter recht angenehmen Bedingungen reisen, bei klarem blauem Himmel mit wenig oder gar keinem Wind. Allerdings ist es nicht ungewöhnlich, auf einer Tour wie der von uns geplanten unterschiedlichste Witterungsbedingungen zu erleben - an einem einzigen Tag vielleicht Sonnenschein, Nebel, Wind, Schnee und Regen.

Was soll's: Wenn wir die Empfehlungen der Bekleidungs- und Ausrüstungsliste beachten, werden wir wohl für jedes Wetter gerüstet sein. Wir bereiten uns auf das Schlimmste vor und hoffen auf das Beste! Unter Führung erfahrener Inuit werden wir zu drei bis vier Personen auf je einem Qamutik sitzen. Unter Qamutik versteht man einen traditionellen Inuit-Schlitten, dessen Holzteile mit Riemen oder Seilen statt mit Nägeln verbunden und zusammengehalten werden, wodurch höchste Flexibilität bei der Fahrt über das oft holprige Meereseis gewährleistet ist. Nicht selten ist auf den Qamutiks noch eine hölzerne, oben offene Kabine zum Schutz gegen Wetterunbilden montiert.

Unseren gesamten Proviant, Gerätschaften und Ausrüstung führen wir überall hin mit uns und schlagen unser Camp auf dem Meereseis oder den umgebenden Inseln auf. Diese Art im Winter und Frühling zu reisen hat im Land der Inuit eine Jahrtausende zurück reichende Tradition. Allerdings setzen wir heute zum Ziehen von Schlitten statt des ursprünglichen Hundegespanns das Schneemobil ein, das von unseren Inuit-Führern aus Pond Inlet gelenkt wird. Eine Schlittenreise gilt als bemerkenswert bequem. Natürlich müssen wir uns warm verpacken und hüllen uns dazu fast in die gesamte Kleidung und sogar in Schlafsäcke und Karibufelle, wenn zusätzlicher Kälteschutz erforderlich wird.

Seit nomadische Jäger die Region bewohnen, ist die von den heutigen Inuit eingeschlagene Route zur Packeisgrenze bekannt. Und während wir auf dem Meereseis dahingleiten, werden um uns herum die scharfen und schroffen Gebirgsspitzen von North Baffin Island zeitlos emporragen. Bei solchen Reisen durch eine sich immer wieder verwandelnde Landschaft müssen allerdings auch wir flexibel und bereit sein, geplante Routen kurzfristig zu ändern.

Unterwegs dürften sich uns die verschiedensten Hindernisse entgegenstellen. So müssen wir Eisspalten mit offenem Wasser entlang fahren, die einige hundert Meter bis zu mehreren Kilometern lang sein können, bis wir endlich einen geeigneten Übergang finden. Oder wir stoßen auf Preßeisbarrieren, die sich unter Druck bilden, wenn große Eisschollen zusammenstoßen und Eiswände aufrichten. Gelegentlich dürfte es sich auch als notwendig erweisen, abzusteigen und die Zugmaschinen und Schlitten über solche Hindernisse zu wuchten.

Da wir uns selbst versorgen, können wir, einmal von Pond Inlet aufgebrochen, das Camp aufschlagen, wo immer es uns gefällt. Gewöhnlich schlafen wir dann zu zweit oder zu dritt in einem Zelt, das genug Kopffreiheit zum Stehen hat. Wir werden mit Schaumgummimatten versorgt. Unter die von uns mitgebrachten Schlafsäcke und Schlafuntermatten gelegt, sollen sie vor der Kälte von unten schützen. Für außergewöhnliche Kältesituationen sollen wir Heizgeräte zum Wärmen ins Zelt gestellt bekommen, doch werde sich das meist nicht als nötig erweisen. Wir verfügen ferner über ein großes MacPherson-Küchenzelt, in dem zehn Personen auf Klappstühlen bequem Platz für das gemeinsame Mahl finden sollen, was sich allerdings in der Realität als Illusion erweisen wird. Und schließlich errichtet unsere Begleitmannschaft sogar in jedem Camp eine tragbare Toilette - arktischer Luxus! Mitarbeiten ist zwar nicht obligatorisch, doch kann man das Leben in Camps am besten erfahren, wenn man es gemeinsam gestaltet. Das Errichten und Abbauen von Zelten, das Zubereiten der Mahlzeiten und das Aufräumen gehört grundsätzlich zu den Aufgaben unserer Begleiter. Hand mit anzulegen beschleunigt jedoch den Gesamtablauf, ruft ein dankbares Lächeln hervor und ist nicht zuletzt eine exzellente Weise, mit neuen Freunden eine harmonische Zeit zu verbringen.

Jeden Tag und wo auch immer möglich werden wir zur Erhaltung unserer Beweglichkeit kürzere Wanderungen unternehmen oder vielleicht auch einen Eisberg erklettern. Diese physische Aktivität gilt im allgemeinen nicht als anstrengend. Wenn unser Pond Inlet-Trip dennoch als mäßig schwer bewertet wird, so geschieht das, weil wir auf ein Reisen in kalter Umgebung vorbereitet sein müssen. Beachtet man allerdings die vom Veranstalter mit der Kleidungs- und Ausrüstungsliste gegebenen Empfehlungen, dann ist mit nennenswerten Erschwernissen oder gar Problemen nicht zu rechnen.

Die vermutlich bedeutsamste Quelle von Unannehmlichkeiten auf unserer Tour dürften kalte Füße sein. Schließlich verbringen wir sehr viel Zeit auf dem Eis, und da sind die Füße am ehesten betroffen. Die von den ortsansässigen Inuit bevorzugte Fußbekleidung besteht aus einem Paar hoher Gummistiefel, „hipwaders" oder „wellies" genannt, mit Filzfutter und mehreren Paar wollener Socken. Wir haben uns dementsprechend (zusätzlich zu unseren stabilen und warmen Wanderstiefeln) spezielle wasserdichte Winterstiefel der empfohlenen Marke Sorrel besorgt und dazu ausreichend warme Socken eingepackt.

Die Sonne geht hier an der Nordküste von Baffin Island von Anfang Mai bis

Mitte August nicht völlig unter. So werden wir unter der Mitternachtssonne durch die unübertroffen schöne Landschaft rund um Pond Inlet - nach Bylot Island und zur Packeisgrenze - fahren und dabei schon gleich zu Beginn unseres Reiseprogramms einen Höhepunkt erleben. Je nach der Härte des Winters und der Zeit des Frühlingsanbruchs wird die Packeisgrenze „irgendwo zwischen einer Halbtages- und mehr als einer Ganztagesreise" östlich von Pond Inlet liegen (die Inuit beschreiben Entfernungen durch Zeitangaben). Unterwegs streifen wir womöglich einige traditionelle Inuit-Jagdcamps und eine Grabstätte europäischer Walfänger am Eclipse Sound.

Bei dieser Reise nach Osten über den Button Point auf Bylot Island hinaus, der zusammen mit dem wenige Kilometer weiter nordöstlich gelegenen Cape Graham Moore die Südostspitze der Insel bildet, soll sich uns - so bekundete die uns vorab übersandte Programm-Informationsschrift - „die wahre Schönheit dieser Gegend entfalten", die Matthew Swan in seinem Adventure Canada-Journal so beschreibt:

„17. Juni 1990, 3:00 Uhr morgens. Cape Graham Moore, Bylot Island: Dies muß der richtige Platz für ein Camp in der Arktis sein. Vor einer Stunde berührte die Sonne für nur acht Minuten den Horizont. Danach wird uns dieses rosa und blaue Licht für weitere vier Stunden umhüllen, bevor uns die Sonne wieder ganz überflutet. Nach Süden können wir die Gletscher sehen, die sich von Baffin herab in die gefrorene See ergießen. Genau östlich in der Baffin Bay zeigt der dunkle Himmel das offene Wasser der Packeisgrenze an. Heute früh sahen wir sechs Narwale und einen Polarbären und die vielen Vögel: fast betäubend verdunkeln den Himmel Tausende von Dreizehenmöwen und Dickschnabellummen, wie sie über uns von den Brutklippen hinter Button Point hinwegziehen. Und nach Norden können wir wenigstens fünfzehn Eisberge von Mietshausgröße zählen, zweifellos von der grönländischen

Küste stammend, hier ‚geparkt' im Küsteneis, wartend auf den Eisaufbruch in einigen Wochen. Morgen werden wir mit dem Schneemobil auf die Spitze eines dieser Eisberge fahren. Von diesem Camp aus kann ich 45 Meilen weit in drei Himmelsrichtungen sehen. Dies macht einem die eigene relative Bedeutung in der Struktur der Dinge klar. Es ist eine großartige Landschaft; die Natur hat hier die Macht, einen demütig zu machen."

8. Juni, letzte Stunden des Tages

Matthew hat alles gut vorbereitet. Nach unserer Ankunft in Pond Inlet wird unser Gepäck ohne viel Aufhebens auf zwei offene Trucks verladen, die es zum Hotel transportieren. Wir Reisenden aber wandern gemeinsam vom Flugplatz hinunter zu unserer Unterkunft, dem der Toonoonik Sahoonik Co-op gehörenden Sauniq Hotel. Beim Eintreten bittet man uns freundlich, die Innenräume nur in Strümpfen oder Hausschuhen zu betreten und die Straßenschuhe im Vorraum abzulegen. So geschieht es zum ersten Mal, daß wir uns in voller Montur niederbeugen und die Schuhriemen von den Stiefelhaken abwickeln. Im Laufe unserer Reise werden wir noch besondere Routine für solche Prozeduren erlangen: Man betritt Inuit-Wohnungen grundsätzlich nur in Strümpfen. Wir fühlen uns an frühere Jachtaufenthalte erinnert. Wenig Zeit bleibt uns, den Reisestaub zu entfernen; wir sind ja spät dran, und ein Willkommensdinner ist längst für uns bereitgestellt. Dann lernen wir unsere Inuit-Führer kennen: Elijah, den „Chef", Peter den Älteren, Thomassie und Peter den Jüngeren, Elijahs Sohn. Wir nehmen uns vor, viel von ihren in dieser schroffen Umgebung gewonnenen Erfahrungen zu profitieren. Auch zweifeln wir nicht, daß sich während der Zeit, die wir gemeinsam in dieser einzigartigen „Schule der Arktis" verbringen, eine wundervolle Kameradschaft mit einem ruhigen, stolzen Volk entwickeln wird. Schließlich besprechen wir noch die Details für den bevorstehenden Trip, und

Matthew besucht jeden von uns in den Zimmern, um kurz unsere Reiseausrüstung zu überprüfen und noch spezielle Hinweise zu geben. Er ist von unserer Ausstattung begeistert, uns andererseits beeindruckt nachhaltig sein Verantwortungsbewußtsein.

Es ist elf Uhr vorbei, kurz vor Mitternacht, und dennoch erstaunlich warm, um 10° C. Die Sonne ist immer weiter nach Norden gewandert, und wir stapfen ziemlich leicht bekleidet hinunter ans Meer, um einen dort festgefrorenen Eisberg zu bestaunen und womöglich zu besteigen. Es wird ein langer Spaziergang. Zuerst fallen uns rote Steinbrechblüten auf - *Purpur-Steinbrech, am 1. Mai 2000 zum Blütenemblem von Nunavut erwählt.* Dann sehen wir mehrere Inuit-Familien ihre Qamutiks beladen, um die Sommertage „on the land" zu verbringen - in Zeltcamps am Meeresufer oder auch auf dem Eis nahe dem offenen Meer, um dort Narwale zu erlegen.

„On the land" – jetzt endlich beginnen wir zu verstehen, was damit gemeint ist: Mit der Formulierung „auf dem Land" drücken die Inuit eine ganze Philosophie aus, geboren aus der Tradition früherer Lebensweise. Das Wohnen in Siedlungen und das Aufnehmen einer mehr oder weniger geregelten Erwerbstätigkeit für den Lebensunterhalt sind Fakten, die sich zwangsläufig aus den veränderten allgemeinen Bedingungen in der Arktis mit der Einbindung in einen hochindustrialisierten Staat ergeben. Die damit verbundenen Annehmlichkeiten unserer westlichen Lebensweise werden selbstverständlich gern akzeptiert. Tief im Herzen der Inuit ist jedoch noch immer die Sehnsucht nach dem verlorenen Paradies lebendig, nach einem ungebundenen Leben im Camp. Darum wird das ganze Jahr über alle Freizeit genutzt, zum Jagen und Fischen in die grenzenlose Freiheit hinaus aufs offene Land zu reisen, wenn möglich für mehrere Wochen oder Monate. Camps werden üblicherweise in der Nähe von Wasserläufen oder am Meeresstrand errichtet. Sie lassen sich dort in eisfreien Zeiten nicht selten mit ATVs (**A**ll **T**errain **V**ehicles), geländegängigen Fahrzeugen mit Allradantrieb, meist aber mit dem Boot erreichen, und im Winter mit dem Schlitten. Ein Camp besteht aus mehreren Leinwandzelten oder auch aus zwei, drei Holzhütten, im Englischen „cabins" genannt, und dient Familien und deren Gästen zum gemeinsamen Aufenthalt. Qallunaat (Einzahl: Qallunaaq) - Nicht-Inuit, in erster Linie Weiße aus dem Süden Kanadas, aber durchaus auch Europäer - mögen vielleicht der Ansicht sein, das Leben verlaufe hier im allgemeinen recht chaotisch, scheinbar ohne Ordnung und ohne feste Zeiten für bestimmte Tätigkeiten, doch verkennt diese Betrachtungsweise kulturelle Traditionen, die sich zwangsläufig in der Arktis entwickelt haben: Man verrichtet nur Dinge, die einem die Witterung erlaubt oder zu denen man Lust hat. Man schläft, wenn man müde ist; man ißt, wenn man Hunger hat; und man jagt manchmal vierundzwanzig Stunden lang, ohne zum Camp zurückzukehren. On the land hört die übrige Welt auf zu existieren. Zeit verliert ihre Bedeutung. Die Menschen leben hier und jetzt, nur dem Rhythmus der natürlichen Bedingungen unterworfen. Selbst die Kinder spielen noch lange nach Mitternacht und gehen schlafen, wann es ihnen gefällt; die Eltern lassen ihnen ihren Willen. Es ist ein Leben, wie es die Inuit jahrtausendelang führten und das sie unverändert in ihrer Erinnerung bewahren. Wer Inuit verstehen will, muß sich dies immer wieder vor Augen halten.

Beim Wandern über das gefrorene Meer vor Pond Inlet kommen wir an Meuten von Schlittenhunden vorbei, die angekettet auf dem blanken Eis lagern und sich die Langeweile mit vielstimmigem gedehntem Geheul vertreiben. Inuit-Schlittenhunde wiegen durchschnittlich etwa 30 Kilogramm. Hier auf dem Eis finden wir sie in allen möglichen Farben und Größen. Das Wort „Husky" stellt eine Verballhornung von „Eskimo" dar und charakterisiert keine einheitliche Rasse. Ein eigentümliches Gefühl beschleicht uns, als wir, über das Eis auf das

Meer hinaus wandernd, uns im mitternächtlichen Sonnenlicht immer weiter vom Ufer entfernen und endlich unseren Eisberg erreichen. Er ist nicht sehr hoch, vielleicht zehn Meter, und läßt sich ohne Mühe erklimmen.

Eisberge bestehen aus Süßwasser: Wenn sich Gletscher ins Meer vorschieben und dabei von ihren Zungen gewaltige Eisbrocken wegbrechen und donnernd ins Wasser niederstürzen, ein als „Kalben" bezeichneter Vorgang, dann ist das ihre Geburtsstunde. Dagegen ist die Eisdecke, die im Spätherbst beim Zufrieren des Meeres entsteht, und das sich daraus beim sommerlichen Aufbrechen bildende Treibeis salzhaltig. Der Salzgehalt macht Meereseis biegsamer als Süßwassereis, zugleich aber auch weniger stabil, weshalb beim Betreten der Meereseiskante (Floe Edge) besondere Vorsicht geboten ist.

Wir blicken zurück und werden durch den wundervollen Anblick der an der Baffin Island-Küste hingestreckten Siedlung mit dem ihr vorgelagertem Preßeis belohnt, einem breiten Gürtel aus von den Gezeiten zerdrückten und immer wieder neu geformten Eisbarrieren, im Hintergrund (und jenseits des Meeresarms) überragt von den Gebirgszügen der Insel Bylot.

Noch immer heulen die Hunde. Auf einem kleinen Umweg wollen wir am Ufer entlang zum Hotel heimkehren, doch zwingen uns Schmelzwasserrinnen wieder in weitem Bogen aufs Eis hinaus, bis wir endlich festen Boden, will sagen, die staubige Straße, unter die Füße bekommen. Kleine Kinder vor den hölzernen Stelzenhäusern lachen uns an und bitten, sie zu fotografieren. ATVs, von freundlich grüßenden Frauen oder Männern gesteuert, brummen an uns vorbei und ziehen lange Staubwolken hinter sich her. Gegen ein Uhr in der Frühe fallen wir todmüde ins Bett. Draußen spielen noch immer Kinder, wir hören sie lachen.

Freitag, 9. Juni

Obwohl die eurokanadische Kultur längst das Leben in den nördlichen Siedlungen bestimmt, hat Pond Inlet (hierin Iglulik vergleichbar) den unmittelbaren Bezug zu seiner Vergangenheit mehr als die meisten anderen Gemeinden beibehalten. Die Menschen haben viel von den Traditionen ihrer Vorfahren, den Tununirmiut, bewahrt und sind heute dafür bekannt, erfahrene und geschickte Arktisführer zu sein. Nach kurzem Schlaf stellen wir unser Gepäck für die Tour zusammen und deponieren nicht benötigte Teile im übrigens offen zugänglichen Lagerraum des Hotels bis zu unserer Rückkehr. Draußen herrscht zwar scheinbar milde Luft, das Thermometer zeigt +6° C, dennoch kleiden wir uns für die Schlittenreise warm an. Der Fahrtwind ist nicht zu unterschätzen. Mit all unseren warmen Sachen schützen wir uns gegen eindringende Kälte und Wind, setzen Lichtschutzbrillen und ohrenschützende Kopfbedeckungen auf, tragen unsere schweren Stiefel mit zwei Paar dicken Socken.

Beim Gang im hellen Schein der Morgensonne hinunter zu den Reiseschlitten sehen wir Pond Inlet durch unsere dunklen Lichtschutzgläser in verwandeltem Licht. Unsere Inuit-Führer haben inzwischen vier Qamutiks zur Reise vorbereitet, einen davon als Gepäckschlitten, und ihre Schneemobile mit Doppelseilen vorgespannt. Die Schlitten sind etwa vier Meter lang und dreißig Zentimeter hoch. Aufgebaut sind sie aus zwei breiten, fünf bis sechs Zentimeter dicken hölzernen Kufen, die vorn nach oben gebogen und mit Kunststoffstreifen für besseres Gleiten belegt sind, und aus einer Vielzahl eng stehender Querlatten, alle Teile mit starken Perlonseilen stramm verknüpft. Die Schneemobile werden durch zwei parallele skiförmige Kufen vorn gelenkt und von einer breiten Mittelraupe angetrieben; es sind ein- oder zweizylindrige Zweitakter.

Jetzt ist auch Sabrina, die für unser leibliches Wohl sorgen soll, zu uns gestoßen. Sie ist eine Schwester von Thomassie und übt erstmals einen solchen

Job aus. Mit liebenswürdigem Lächeln erklärt sie uns, sie wolle sich deshalb besonders anstrengen, unsere Anerkennung zu finden. Wir sind nun neun Tourteilnehmer aus verschiedenen Teilen der Welt, begleitet von Matthew und Christine, vier Inuit-Führern und der Köchin.

9. Juni, gegen 12 Uhr

Es ist Mittag geworden, als wir zu je Vieren in die mit Schlafsäcken und haarenden Karibufellen ausgelegten Schlittenboxen steigen. Wir fühlen uns sofort wohl in unserer fahrbaren Heimat.

Unser Schneemobil zieht an, ein kurzer Ruck, und wir gleiten über das verschneite und an manchen Stellen schon schmelzende, mit breiten Wasserlachen überzogene Eis, zunächst Richtung Nordosten um den Uferhügel von Pond Inlet herum, dann nach Osten in etwa zwei Kilometern Abstand von der Baffin-Küste, die südlich von uns aus der Eisfläche emporsteigt. Im Norden ragen die Felswände von Bylot Island mit vorgelagerten Eisbergen in den Himmel. Die Zunge des Kaparoqtalik-Gletschers erstreckt sich von dort bis hinunter zum gefrorenen Meer. Das Eis ist einigermaßen eben und der darauf liegende Schnee weich. Dennoch heben sich unsere Schlittenkufen immer wieder ab und knallen dann zurück aufs Eis.

Auf einmal beobachten wir, wie der führende Elijah die Fahrtrichtung im rechten Winkel nach Norden verläßt. Was ist da los? Gleich darauf erkennen auch wir die drohende Eisspalte vor uns, die Elijah zur Richtungsänderung gezwungen hat. Sie ist viel zu breit für ein Überqueren mit dem Schlitten. Wir blicken von der bläulichgrauen Eiskante in klares schwarzes Meerwasser von nicht abschätzbarer Tiefe und drehen bei, nehmen in gebührendem Abstand die Richtung nach Norden. Nach mehreren Kilometern erreichen wir endlich eine Stelle, wo sich die Öffnung merklich verengt und ein Überqueren zuläßt. Elijah hat bereits sein Schneemobil vom Schlitten abgekoppelt. Er fährt nun einen weiten Bogen, steigert das Tempo und prescht im rechten Winkel über die Spalte im Eis. Wir werfen ihm die Schleppseile des Schlittens zu. Sie werden wieder angekoppelt, Elijah gibt Gas, und wir schieben den Schlitten an: Problemlos gleitet er mit Insassen und Fracht hinüber. Noch dreimal wiederholt sich solche Prozedur, dann setzen wir die Reise fort. Nach einer guten Stunde steuern wir das Ufer von Baffin Island an. Oberhalb des Küstenstreifens ragen zwei Kreuze zum Himmel, unser erstes Ziel. Wir sind nur etwa zehn Kilometer Luftlinie von Pond Inlet entfernt und schon mehr als zwei Stunden unterwegs. Jetzt wird uns verständlich, warum die Inuit Entfernungen in Zeiteinheiten angeben, beispielsweise „das Camp ist zwei Tage weit entfernt." Hier ist vieles fremdartig, und es gelten andere Maßstäbe als im Süden.

Wir sind froh, aussteigen und uns dehnen zu können. Durch das Sitzen und vor allem das Abwehren von Eisstößen verspannen sich leicht die Muskeln. Über flaches Uferpreßeis stapfen wir an Land und klettern aufwärts über mächtige Schneebarrieren, die manchmal unter unseren Tritten nachgeben und das Bein bis zum Rumpf einbrechen lassen. Schließlich erreichen wir schneefreie Tundra. Sie ist mit großen Felsbrocken übersät. Dazwischen breiten sich moosige und wasserdurchzogene Morastflächen aus (sie werden hierzulande als „muskeg" bezeichnet, ein Wort, das in keinem Lexikon zu finden ist). Wir freuen uns über jede noch so winzige Stelle mit purpurrot aufblühendem Steinbrech. Am Rand einer kleinen Hochebene, mit Blick auf das Meer, liegen die zwei Gräber, deren Kreuze wir schon von unten gesehen hatten. Sie bergen deutsche Walfänger. Flechten zieren die Steine rund um die Gräber. Die Namen auf den beiden Holzkreuzen sind nach bald neun Jahrzehnten nur noch schwer zu entziffern.

Drunten bei den Schlitten hat Sabrina inzwischen heißen Tee und Sandwiches zubereitet: Lunchtime. Die Sonne strahlt vom wolkenlosen Himmel und läßt uns einmal mehr das Zeitgefühl verlieren, als wir wieder aufbrechen. Wenig später öffnet sich vor uns erneut eine Spalte im Eis und zwingt uns noch viel weiter nach Norden als beim ersten Mal. Wir fahren auf Bylot Island zu, dessen Felsen immer schroffer vor uns aufragen, rauschen durch riesige Wasserlachen, die von den Antriebsraupen der Skidoos aufgewirbelt werden. Die Fahrer stehen auf den Trittbrettern, um nicht allzu naß zu werden. Wir bewundern sie, wenn sie sich lachend zu uns umdrehen, um unser Befinden zu erkunden. An der schmalsten Stelle des Meeresarmes, er ist hier etwa zehn Kilometer breit, nähern wir uns erstmals Bylot Island, umfahren aufgetürmtes Packeis und einen Eisberg und empfinden es schließlich als sehr erholsam, nach langer Fahrt die Beine wieder auf festem Boden zu vertreten. Die Insel ist an dieser Stelle schon in der Uferregion recht bergig, und selbst ein kleiner Spaziergang bietet gute Aussicht auf die Umgebung. Zum Landesinnern hin vergrößern sich die Chancen, wildlebende Tiere wie Polarfüchse, Schneegänse, Schnee-Eulen, Wanderfalken, Jagdfalken und auch Rauhfußbussarde zu sichten. Doch solche Wanderungen sind erst für die kommenden Tage vorgesehen. Jetzt geht die Fahrt erneut weiter nach Osten, vorbei an der langgestreckten Landzunge von Button Point und einigen Schutzhütten - in den letzten 4 000 Jahren ein traditioneller Platz für Eingeborenen-Camps. Dann bleibt Bylot Island hinter uns zurück. Wir entfernen uns immer mehr und fahren jetzt auf die Weite des Meereseises hinaus. Während einer kurzen Pause beschließen unsere Inuit-Führer, noch heute an die Eisgrenze vorzustoßen.

An der Eiskante versammeln sich mit nahendem Eisaufbruch, der sich weiter drinnen im Eclipse Sound gewöhnlich erst später im Juli vollzieht, wegen des reichen Nahrungsangebots mehr und mehr Tiere. Darunter befinden sich vor allem Meeressäuger, die dem zurückweichenden Eis zu ihren sommerlichen Nahrungsgründen und Brutstätten weiter im Norden folgen. Am Rande des Meereseises bietet sich somit die beste Chance, Wale, Robben und Eisbären, manchmal auch Walrosse zu sichten. Trotz solch guter Voraussetzungen sind wir uns allerdings darüber im klaren, daß Anwesenheit und Bewegung aller arktischen Tiere nicht vorhersagbar sind. Mit Sicherheit sind im Juni Robben und Scharen von Vögeln anzutreffen. Auch Narwale dürften sich beobachten lassen. Sollten wir zudem noch Polarbären, Buckelwale, Belugas oder Walrosse zu Gesicht bekommen, dann sind wir, wie Matthew uns erklärte, „der Bonuskategorie beigetreten".

„Bu-bump, bu-bump, bu-bump!" Die Fahrt wird immer schneller und ruppiger. In der Ferne türmt sich eine weiße, stark zerklüftete Barriere auf. Das muß das Packeis sein! Plötzlich sehen wir offenes Wasser. Es liegt glatt und völlig ruhig zwischen der Kante flachen Eises und riesigen Trümmerfeldern hoch gedrückter Eisblöcke und Eisschollen. Eine Robbe schaut aus dem Wasser zu uns her, taucht weg und äugt dann von anderer Stelle aus neugierig nach uns. Wir treffen auf ein Inuit-Zeltcamp. Die Jäger waren erfolgreich und haben einen Narwal erlegt. Narwalhaut, Maktaaq, so erzählen sie uns, ist sehr knusprig und schmeckt nach frischen Nüssen. Sie hat eine höhere Vitamin-C-Konzentration als Zitrusfrüchte. Die nicht nutzbaren Reste des Kadavers finden wir wenig später an der Eiskante unweit des Platzes, an dem wir unser Camp errichten. Eine Einladung für Polarbären, ihre Mahlzeit in Blickweite unseres Camps einzunehmen?

9. Juni, gegen 21 Uhr

Es ist spät geworden, und hinter uns liegen mehr als 80 Kilometer Schlittenreise. Zwanzig, dreißig Meter von dem für unser Camp gewählten Platz verläuft die Eiskante, beginnt das offene Meer. Unsere Führer warnen uns davor, zu nahe an den Rand zu treten. Langsam gefrorenes Eis hat einen Salzgehalt von zwei zu einer Million Teilen, rasch gefrorenes Eis wie hier dagegen von zwanzig zu einer Million. Dieser erhöhte Salzgehalt macht das Eis zwar elastischer, dennoch müssen wir jetzt in der Schmelzzeit mit einem Abbrechen rechnen. Nicht bloß der Sturz in das eiskalte Wasser drohe, sondern die Gefahr, unter das kompakte Eis zu geraten. Dann aber sei kaum mehr auf Rettung zu hoffen. Unsere Inuit lösen die Boxen von den Schlitten, stellen einen CB-Funkmast auf (wir werden dadurch nie ohne Kontakt zur Außenwelt sein), errichten die Zelte, legen Bodenbretter und Schaumstoffmatten ein. Christine, Ricky und ich wählen uns ein Dreierzelt aus - für mich Grund zum Witzeln: „... allein mit zwei Frauen in einem Zelt!" Wir bringen die Rucksäcke unter und entrollen unsere Isoliermatten und Schlafsäcke.

Das folgende mitternächtliche Dinner unter der Polarsonne findet im Stehen statt: Eintopf, schlicht und deftig. Das Küchenzelt erweist sich doch nicht als geeignet, daß wir alle es uns darin so bequem machen können, wie uns geschildert worden war. Coleman-Kocher, Kochgerätschaften, Geschirr, Besteck, Tassen, Vorratskisten - nein, das ist das Reich von Sabrina. Wir stellen die Eßteller auf die Schlittenrahmen, löffeln das Mahl und trinken dazu heißen schwarzen Tee. Beim Spülen weichen wir das Geschirr erst in eisigen Schmelzwasserpfützen ein, die unser Camp umgeben, und scheuern es dann mit körnigem Schnee. Die letzten Feinheiten vollendet Sabrina. Elijahs Sohn Peter bemerkt als erster die drei Narwale, die kaum hundert Meter von unserer Eiskante entfernt auftauchen. Und schon sind sie wieder im Wasser verschwunden. Der nächtliche Besuch kommt für uns unerwartet, und wir haben unsere Fotogeräte noch nicht vorbereitet. Elijah lächelt nachsichtig ob unserer Aufregung. Er erinnert uns daran, daß die Narwale beim Tauchen einen etwa viertelstündigen Rhythmus haben, wir versäumten deshalb nichts, sie kämen wieder hoch. Wir rennen zu den Zelten. Elijah behält recht. Ganz nahe tauchen sie wieder auf. Wir können das Einhorn erkennen und das Blasen sehen und hören, dann verschwinden sie mit mächtigem Schwanzschlag wieder in der Tiefe. Wir warten.

Plötzlich neue Aufregung: Peter hat weit hinten im Packeis einen Polarbären entdeckt, der langsam näher trollt, den mächtigen Kopf mit der Nase witternd in den Wind erhoben. Er nimmt Richtung auf den Narwalkadaver und macht sich daran zu schaffen. Nach einer Weile hat er anscheinend kein Interesse mehr und wendet sich ab, trottet langsam davon, immer wieder neugierig zu uns herüberäugend, entzieht sich schließlich im Packeisgebirge unseren Blicken. Die Inuit erzählen in einer ihrer vielen schönen Legenden, warum Polarbären in so melancholisch wirkender Weise wandern:

„Ein Polarbär hat sich in eine junge verheiratete Frau verliebt. Er warnt sie davor, ihrem Mann von ihren heimlichen Zusammenkünften zu erzählen, denn der werde ihn sonst töten wollen. Als ihr Mann jedoch bei der Jagd auf Polarbären erfolglos bleibt, sagt sie ihm aus Mitleid, wo ihr Liebhaber sich versteckt hat. Aber der Polarbär hat mitgehört, was sie ihrem Mann zugeflüstert hat. Er verläßt seinen Lagerplatz, bevor der Jäger sich naht, und schleicht zum Iglu der Frau. Schon hebt er seine gewaltigen Tatzen, um es zu zerstören und die Frau zu töten, doch dann fühlt er sich wegen des verräterischen Verhaltens seiner Geliebten mehr von Trauer als von Wut überwältigt. Er läßt die Tatzen sinken und wandert einsam und schweren Schrittes davon.“

Die Narwale sind inzwischen auch verschwunden und wohl weitergezogen. Nur ein paar kleine schwarzweiße Gryllteisten (Schwarzlummen) sind noch wach. Es ist halb zwei, als wir bei -5° C in die Schlafsäcke kriechen. Der Schein der Mitternachtssonne durchleuchtet die Zeltwand. Einer unserer Inuit-Führer hat die Bärenwache übernommen und steht Gewehr bei Fuß vor unseren Zelten. Wir hören das Ächzen und Knarren des von Ebbe und Flut bewegten Eises. Das läßt uns beim Einschlafen an das Nordpolarmeer unter uns denken, und ein seltsames Gefühl beschleicht uns beim Gedanken an die Tiefe des Wassers. Irgendwann erschallt der Ruf „Bär, Bär!", doch dringt er nicht tief genug ins Bewußtsein, reißt uns nicht mehr aus der Tiefe des Schlafes hoch.

Samstag, 10. Juni

Arktischer Luxus: Wir haben ein Toilettenzelt mitgebracht, ein großes blaues Plastiktuch, das über ein Drahtgestell gehängt wird. Das Gestell hält dem Wind nicht stand, fällt immer wieder in sich zusammen. Die abziehenden Inuit-Jäger aus der Nachbarschaft überlassen uns deshalb ihr dreiseitiges, nach oben offenes Toilettengebäude - weiß gestrichene, mit Scharnieren verbundene Sperrholzplatten. Darin stellen wir einen Emailleeimer auf - in der ganzen Arktis bezeichnenderweise „honey-bucket", Honigeimer, genannt - hängen einen Müllsack hinein und legen eine einigermaßen passende, mit Deckel versehene Emaillebrille darauf. Man muß etwas balancieren, um das Gleichgewicht zu halten. Ricky tauft das Gebilde White House, Weißes Haus; wer dorthin geht, „is visiting the President – besucht den Präsidenten." Heute am frühen Morgen hebt der Sturm das Weiße Haus hinweg. Einsam sitze ich in der Weite des Meereeises auf einem Eimer. Ricky lacht Tränen, als sie mich entdeckt, doch hat sie leider keinen Fotoapparat zur Hand.

Die morgendliche Körperpflege vollzieht sich rasch und unkonventionell: körnig-eisiger Schnee eignet sich vorzüglich für jede Art der Reinigung, das Rasieren entfällt.

Im Zelt hat die Temperatur über Nacht den Gefrierpunkt überstiegen - menschliche Wärme. Draußen ist der Himmel bedeckt, die Inseln Bylot und Baffin verhüllt dicker Nebel, und die Außentemperatur liegt bei 0° C. Es ist ein typisch amerikanisches Frühstück, das uns Sabrina bereitet: „Ham and eggs". Wir essen stehend im Freien. Danach steigen wir auf unsere Schlitten, verlassen das

Zeltcamp und fahren im Nebel bei geringer Sicht etwa 30 Kilometer zur Ostküste von Bylot Island, nördlich von Cape Graham Moore. Auf der Eisoberfläche hat sich viel Schmelzwasser gesammelt. Es ist leicht überfroren und klirrt unter den Schlittenkufen. Wir wundern uns, mit welch sicherem Instinkt unsere Inuit-Führer den Weg finden und Wasserspalten erkennen. Irgendwann wird das Eis rauher, „rough ice"; die Kufenstöße nehmen an Wucht zu. Wieder skandiert einer: „Bu-bump, bu-bump!", andere fallen mit ein. Wir scheinen uns der Küste zu nähern, doch ist vor lauter Nebel nichts zu erkennen. Die Fahrzeit dehnt sich. Da zeichnet sich zu unserer Linken aus dem Nebel heraus die Kontur einer Felswand ab. Wir gleiten an der Küste entlang nach Norden, hören das Kreischen von Vögeln. Dann verbessert sich auf einmal die Sicht, und wir halten an den Palisadenklippen einer steil aus dem Meereseis aufragenden Felswand.

10. Juni, mittags

Dies ist einer der Höhepunkte unseres Floe Edge Trips: Tausende Dreizehenmöwen nisten in den Felsspalten, ein wundervolles Schauspiel des Schnäbelns und des An- und Abfliegens von ganzen Vogelschwärmen. Eine Kakophonie von Vogelstimmen bricht aus den vielen Felsvorsprüngen über uns hervor. Die untersten Brutstätten liegen etwa sechs Meter über der Eisoberfläche, doch breiten sich Nester an einigen Stellen auf über dreihundert Meter nach oben aus. Zwischen einigen Felsspalten hängen dicke Taue herunter, hinterlassen von Eiersammlern, die sich daran abseilen. Einige Zeit beobachten wir die Vögel vom Sockel des Kliffs und nehmen dabei auch „Niederschläge" in Kauf. Schließlich verzehren wir unser Mittagsmahl und brechen danach zu einem nahe gelegenen Eisberg auf, den wir erklettern wollen. Als wir die äußeren Eisbarrieren des Eisbergs auf schmalem Schneepfad überstiegen haben, gelangen wir an einen Binnensee, den Schmelzwasser inmitten des Eises gebildet hat.

Solche Eisberge treiben während des Sommers von Grönland herüber an die Ostküste von Bylot Island, wo sie bei hereinbrechender Winterkälte von der zufrierenden See festgehalten werden. Sie bleiben „geparkt" und warten auf den nächsten Eisaufbruch. Dann schicken Wind und Wellen sie schließlich auf die lange Reise nach Süden. Fast alle Eisberge, die wir in dieser Gegend sehen, stammen von grönländischen Gletschern, die 90% aller Eisberge der nördlichen Hemisphäre hervorbringen. Obwohl die Eisberge sich mächtig vor uns auftürmen, läßt sich nur ein Bruchteil von dem erkennen, was in Wirklichkeit unter der Eis- oder Wasseroberfläche liegt. Bedeckter Himmel, alles weiß in Weiß, für gute Fotos fehlen leider die Kontraste.

Doch müssen wir weiter, können nicht auf Lichtverbesserung warten, und erreichen nach kurzer Fahrt einen steil emporragenden Felsen mit Nistplätzen von Dickschnabellummen, einer Alkenart. Draußen über der Meereseisfläche zeichnen sich weitere Eisberge ab. Wir nähern uns auch ihnen und klettern ein Stück an ihnen hoch.

Das Wetter ändert sich. Es wird windig und klart auf. An den Felswänden von Bylot Island hängt eine blasse Sonne, immer wieder von Wolken eingehüllt, ein Bild von unwirklicher Schönheit. Hier, rund 50 Kilometer jenseits des 73. Breitengrads, haben wir den nördlichsten Punkt unserer Reise erreicht und wenden. Es ist hohe Zeit, zu unserem Zeltcamp zurückzukehren. Seltsam, schon nach einem Tag empfinden wir dieses als unser Zuhause.

10. Juni, abends

Inzwischen ist es fast unmerklich Abend geworden. Bleiches Licht zwischen den Wolken im Nordwesten deutet Sonne an, verschwindet wieder. Grau in Grau. Wir sind hungrig. Sabrina bereitet uns zur Feier des Wochenendes einen exzellenten Fisch - Wandersaibling. Morgen wird uns Matthew verlassen, ein guter

Anlaß, ein Abschiedsfest auf dem Eis zu feiern, mit Champagner, Wunderkerzen und allerlei Mummenschanz, bei dem selbst der Kopf des toten Narwals eine Rolle übernehmen muß. Schließlich beginnt es zu regnen, mit Schnee vermischt. Wir Qallunaat ziehen uns ins trockene, mit dem Coleman-Kocher gewärmte Küchenzelt zurück. Die Jüngeren beginnen Lieder zu singen; der Abend zieht sich hin. Draußen im eisigen Nieselregen stehen unsere Inuit-Führer, unbeweglich, geduldig. Ein, zwei Grad über Null. Sie schlafen nicht im Zelt, sondern finden ihr Nachtlager in den zugedeckten Schlittenboxen. Wo sollen sie trocken werden? Herb, Aryeh, Ricky und ich empfinden diese Situation zunehmend unerträglich, und so ziehen wir uns zurück, machen Platz im Küchenzelt.

Sonntag, 11. Juni

Beim Frühstückskaffee erzählt Aryeh, nach Mitternacht sei noch ein Polarbär vorbeigekommen, bis etwa fünfzig Meter an unsere Zelte heran, doch Elijah habe, ungeschützt gegen Regen und Wind vor unseren Zelten stehend, mit seiner Büchse unseren Schlaf bewacht.

An der Packeiskante lassen sich in den kurzen Wochen vor dem sommerlichen Eisaufbruch traditionelle Aktivitäten der Eingeborenen beobachten. Es ist die Zeit der „Frühjahrsernte". So bezeichnen die Inuit das Jagen von Meeressäugern nach dem langen arktischen Winter. Sie sind übrigens die einzigen Ureinwohner Nordamerikas, die noch eine aktive Jagdkultur pflegen. In der Gegend um Pond Inlet und auch in einer Reihe anderer Siedlungsgebiete auf Baffin Island ist das Jagen nach wie vor eine wichtige Quelle der Nahrungsbeschaffung. Wir waren deshalb darauf gefaßt, mit eigenen Augen zu sehen, wie eine größere Zahl von Walen und vor allem Robben zum Nutzen der Gemeinschaft getötet und verarbeitet wird. In der heute wieder strahlenden Morgensonne besucht uns ein Inuit-Jäger auf seinem Schneemobil. Er hat mit seiner Winchester 5.6 eine junge Ringelrobbe erlegt, die er auf einem Qamutik hinter sich festgebunden hat. Wir betrachten seine Beute und können uns bei allem Verständnis für die Notwendigkeit des Jagens eines gewissen Mitleids mit der wehrlosen Kreatur nicht erwehren. Dennoch werden wir beim Lunch das Fleisch kosten. Und es wird uns schmecken!

Gegen halb neun Uhr naht sich erneut unser Polarbär, macht sich an den Narwalresten zu schaffen, trollt sich dann wieder und verschwindet im Packeis. Die Narwalreste ziehen Scharen von Möwen an. Plötzlich taucht ein Sturmvogel auf; die Eleganz seines Fliegens mit den langen, schmalen Schwingen beeindruckt uns. Küstenseeschwalben und Schmarotzerraubmöwen lassen danach nicht lange auf sich warten. Wir erleben eine Kunstflugparade nach der anderen über dem Eis.

Am späten Vormittag fahren wir mit den Schlitten am Packeisrand entlang nach Südosten in der Hoffnung, Inuit bei der Jagd zu beobachten. Wir kommen an ein Zeltcamp, doch liegen die Jäger nach nächtlicher Anstrengung noch in tiefem Schlaf. Langsam zieht sich der Himmel wieder zu, und wir lassen uns zu unserem eigenen Camp zurückbringen, trösten uns mit Kaffee und Saibling-Suppe, probieren gekochtes Robbenfleisch. Dann aber entschädigen uns Narwale, die in geringer Entfernung von uns auftauchen, für die erfolglose Fahrt zum Nachbarcamp. Wir stehen fasziniert an der Eiskante, beobachten stundenlang das Treiben an der Wasseroberfläche und bekommen erstmals richtig kalte Füße.

Die am Morgen von uns aufgesuchten Jäger haben sich inzwischen zur Heimfahrt nach Pond Inlet entschlossen und kommen bei uns vorbei. Auf einem der Qamutiks ist ihr Jagdkanu vertäut. In ihm macht es sich nun Matthew bequem. Er will in Pond Inlet die Morgenmaschine nach Süden erreichen, und wir winken ihm zum Abschied noch lange nach. Dann aber kriechen wir in den Schlafsack, um uns zu wärmen, und schlafen bis zum Dinner: Schweinerippchen à la Sabrina. Als wir aufstehen, reiben wir uns die Augen: Da steht doch leibhaftig Matthew, von dem wir vermutet hatten, er sei schon über alle Eis-Berge. Die Jäger hatten ihre Heimreise nur wenige hundert Meter entfernt einfach unterbrochen, weil sie plötzlich Lust überkam, einen Narwal zu jagen. Wir machen uns zu Fuß auf, nach ihnen zu schauen. In der Tat hatten sie auf einen Narwal geschossen, doch war er ihnen in die Tiefe des Meeres entkommen, und nun warten sie mit Frauen und Kindern vergebens darauf, daß er sich wieder zeige. Wir stehen eine Stunde oder mehr bei ihnen herum und reden mit ihnen über Sonnenbrillen und warme Kleidung, über Verwandtschaften und das Wetter, über Fotografien und vor allem über das Jagen: „Work is only for people who don't know how to hunt - Arbeit ist nur etwas für Menschen, die nichts vom Jagen verstehen." Dieses Credo schmückt sogar die Baseballkappe eines der Jäger.

Da setzt Schneefall ein, und nun brechen sie endgültig auf - mit Matthew im Boot. Sie werden - wie wir bei der Rückkehr nach Pond Inlet erfahren - bis drei Uhr in der Frühe unterwegs sein. Wir aber wandern zu unserem Camp zurück und starren noch lange von der Eiskante ins offene Meer. Während Peter der Jüngere oben auf der Kuppe der höchsten Packeisscholle steht und nach Polarbären Ausschau hält, warten wir auf Narwale.

Montag, 12. Juni

Während unseres Schlafes sind zwei Zentimeter Neuschnee gefallen. Wir brechen unser Zeltcamp ab, als vorletztes Teil den CB-Funkmast und das Weiße Haus zum Schluß: „Letzter Aufruf zum Besuch des Weißen Hauses!" Dann setzt sich der Schlittenkonvoi in Bewegung. Noch immer fallen ein paar glitzernde Schneeflocken. An der Stelle, wo der Narwal gestern nachmittag der Jagdgruppe entkommen war, sehen wir im Wasser einen dunklen Körper treiben - einen Narwal, tot. Polarbären und Vögel werden sich daran gütlich tun.

Wir steuern die Südostspitze von Bylot Island an. Heute können wir unser Ziel schon von weitem erkennen, die Berge vor uns zeigen scharfe Konturen. Peter der Ältere steuert unser Schneemobil. Als er eine Eisspalte umkurvt, schleudert unser Qamutik, neigt sich zusammenbrechend plötzlich ein Stück zur Seite und stoppt knirschend. Wir hangeln uns aus dem umgestürzten Sitzkasten und betrachten den Schaden. Eine Kufe ist umgeknickt. Peter zeigt ein beruhigend fröhliches Gesicht und bedeutet uns, den Qamutik an der beschädigten Seite anzuheben. Er packt die Kufe an, ruckt einmal kräftig und renkt sie einfach wieder ein. Wir schauen ihn fragend an: „Alles okay?" Er meint lachend, wir könnten nun ruhig wieder einsteigen: „Okay!" Nun verstehen wir, wie vorteilhaft es ist, die Schlittenteile mit Seilen und nicht mit Nägeln, Schrauben und Leim zusammenzufügen.

Neben einer Flußmündung gehen wir in der von Cape Graham Moore und Button Point begrenzten Bucht an Land. Die Felsblöcke ringsum sind dicht mit Flechten bedeckt. Die Tundra wirkt grau. Das Gelände zieht sich sanft einen Hang hinauf und bietet dann einen weiten Blick über die Hochebene zu verschneiten Bergen im Hintergrund. Unsere Inuit bleiben mit den Schlitten auf dem Eis zurück, und während wir die Tundra inspizieren und dabei auf Relikte ehemaliger Behausungen aus der Zeit der Thule-Kultur und alte Tierknochen stoßen, errichten sie am Strand das Küchenzelt und die CB-Funkstation. Hier oben ist die Landschaft zwar karg, doch unbeschreiblich reizvoll. Der Pflanzenwuchs erinnert jetzt im Frühsommer an den Vorfrühling in den Alpen. Wir freuen uns über jede Blüte: hier ein Fingerkraut, dort ein Steinbrech. Joel ist auf Umwegen zur anderen Flußseite gelangt. Er zieht seine zu flachen Stiefel aus und watet barfuß durchs eiskalte Wasser zurück. Wir haben jetzt richtig Hunger. Sabrina hat uns eine sehr schmackhafte Karibusuppe bereitet.

12. Juni, nachmittags

Neue Eisspalten überquerend fahren wir nun um den Button Point herum weiter nach Westen. Bald erreichen wir an einer Flußmündung den heutigen Übernachtungsplatz. Gletscherartige Schneebretter säumen das Flußbett. Solange unsere Inuit-Führer das Zeltcamp aufbauen, verschaffen wir uns etwas Bewegung. Bald erweist sich, daß wir für den Aufstieg hinter unserem Camp zu warm bekleidet sind, und wir legen deshalb unterwegs ein paar Kleidungsstücke deutlich sichtbar auf einem höheren Felsblock ab, um sie auf dem Rückweg wiederzufinden.

Irgendwann lassen wir uns zu fünft mitten in der Tundra um einen Wassertümpel herum nieder und sehen mit Freude, wie ein Schneeammer-Pärchen um uns herumhüpft, und lauschen dem fröhlich klingenden Gezwitscher der beiden.

Nach einem opulenten Karibu-Dinner aus Karibu-Chops, Bohnen und Reis, dazu gebratene „Eskimo Potatoes" (Wurzelstöcke des Alpen-Süßklees) sucht sich Sabrina ein paar geeignete Steine zusammen und führt uns Geschicklichkeitsspiele vor: Sie wirft die Steine im Wechsel in die Luft und fängt sie auf, ein Jonglieren, wie wir es in alten Filmen über Inuit gesehen hatten. Dann machen wir uns, der vorausgegangenen Erfahrung wegen nun leichter bekleidet, nochmals auf und beginnen, den gleich hinter unserem Camp aufsteigenden Bergrücken zu erklimmen. Auf dem Gipfel - unser Höhenmesser zeigt 250 Meter Seehöhe - weht zwar ein kalter Wind. Doch werden wir für die Mühen des Aufstiegs durch einen großartigen Blick auf das zugefrorene, mit Schattenzeichnungen überzogene Meer und die gegenüberliegenden, in mildes Abendlicht getauchten Schneeberge von Baffin Island entschädigt. Zu mitternächtlicher Stunde in solchem Licht unterwegs zu sein, bleibt uns unvergeßlich.

Herb und ich sind die beiden Ältesten der Gruppe. Die Jüngeren sind schon nach unten vorausgeeilt und suchen die Wärme im Küchenzelt. So ergibt es sich, daß wir beiden beim Abstieg allein sind und auf persönlich Erlebtes zu sprechen kommen. Herb ist 72jährig und noch immer berufstätig: Als er sich gerade „aufs Altenteil" zurückziehen wollte und schon alle Weichen gestellt hatte, sah er sich plötzlich vor die Aufgabe gestellt, für seinen durch Unfall schwerstbehinderten Sohn vorzusorgen – an einen Ruhestand kann er nicht denken.

Dienstag, 13. Juni

Der Himmel ist von Wolken bedeckt, Nebelschwaden hängen an den Bergen, und in der Luft flimmern winzige Eiskristalle. Von Osten weht ein beißend-kalter durchdringender Wind. Das Thermometer ist deutlich unter Null gesunken. Beim Frühstücken, wie immer im Stehen vor den Zelten, dringt feuchte Kälte durch die Kleider. Fröstelnd packen wir unsere Sachen, rollen die Zelte ein und steigen in die dick ausgelegten Schlittenboxen. Über dem Eis liegt wieder Neuschnee. Wir fahren an der Südküste von Bylot entlang weiter nach Westen, rumpeln über rauhe Eisflächen. Steil ragen zu unserer Rechten die Uferfelsen und -klippen empor. Dann halten wir an. Hoch über uns ist eine breite weiße Bahn von Vogelexkrementen unterhalb einer Felsspalte zu sehen, der Bruthöhle von Gerfalken. Wir glauben durch Ferngläser und Telekameras etwas zu erkennen, das wie Vogelgesichter aussieht. Unsere Inuit sind von der Anwesenheit der Falkenmutter überzeugt und lassen eigenartige Lockpfiffe hören. Der Wind wird noch beißender. Wir beginnen richtig zu frieren. Als die Vögel aber im Verborgenen bleiben, verlieren wir schließlich die Geduld und steigen wieder in unsere Schlitten.

Gegen Mittag erreichen wir eine windgeschützte kiesbedeckte Bucht. Bei der Lunchzubereitung übertrifft Sabrina sich selbst mit ihren Kochkünsten: Erst speisen wir geräucherten Wandersaibling, danach Spaghetti mit Tomatensoße. Beim Kaffee beraten wir, wie es weitergehen soll. Eigentlich hatten wir vor, heute noch den Fuß des Narsarsuk-Gletschers anzufahren, doch fingen wir über CB-Funk eine wenig erfreuliche Nachricht auf: Sturmwarnung. Schon spüren auch wir, wie der eisige Ostwind an ungeschützten Stellen zusehends mehr auffrischt und droht, unsere über das Eis gleitenden Qamutiks umzustürzen. So entschließen wir uns, die Fahrt für heute abzubrechen und auf das Abflauen des Sturms zu warten.

13. Juni, nachmittags

Unsere Führer beginnen, die Zelte aufzuschlagen, und wir Qallunaat wollen versuchen, den Gletscher auf dem Landweg zu erreichen, zumal Christine zu wissen glaubt, daß es sei in einer guten Stunde zu schaffen sei. Wieder unternehmen wir einen Aufstieg, diesmal über die End- und Seitenmoränen eines verschwundenen Gletschers. Wir sind zu acht: Aryeh, Percy, Joel, Christine, Bob und Janet, Ricky und ich. Die Sonne bricht durch die dunklen Wolken. Auf einer hochgetürmten Moräne stehend sehen wir einen großen unter uns ausgebreiteten See mit langgezogenen Eisresten und von hohen Bergen umsäumt - ein grandioser Anblick. Über von Wasser durchzogene Morastflächen bewegen wir uns vorsichtig abwärts, Schritt um Schritt den Boden abtastend. Beim Näherkommen erkennen wir dann etwas verblüfft, daß der See völlig ausgetrocknet ist. Zurückgeblieben ist der mit Sand und Steinen übersäte Untergrund des abgeschmolzenen Gletschers, von flachen Schmelzwasserbächen unterspült und durchzogen. Das Überqueren des Steingewirrs mit unseren Gummistiefeln und weichen Waterproofs ist mühsam. Selbst die kleinen Wasserrinnsale zu überwinden fällt schwer, denn die Steine in den Bächen sind glitschig. Schon ist eine Stunde vergangen, und wir kommen nur langsam voran. Am Ende der Grundmoräne lassen wir einen kleinen Fluß links liegen und klettern über die angrenzenden Felsen nach oben. Schließlich lassen wir uns müde auf Steinblöcken nieder.

Bob und Janet, die beiden Engländer, kommen auf ihre Heimat zu sprechen. Beim Nachfragen erweist es sich, daß sie aus Rochdale nahe Manchester stammen; das ist die Partnergemeinde unserer Heimatstadt. Christine zaubert eine kleine Flasche deutschen „Jägermeister" und winzige Plastikbecher aus der Tasche - unversehens stoßen wir mitten in der Arktis auf gute Freundschaft der beiden Städte an.

Wer aber weiß, wie weit es noch zum Gletscher ist? Aryeh hat bereits aufgegeben. Joel, uns beim Klettern wie immer voraus, ist längst außer Sicht- und Rufweite, und Christine macht sich an seine Verfolgung. Noch scheint die Sonne, doch an den südlicher gelegenen Bergen beginnen schwarze Wolken mit Schneesturm zu drohen. Percy und wir Städtepartner entschließen uns zur Umkehr. Christine und Joel kommen Stunden nach uns ins Zeltcamp zurück: Auch sie haben den Gletscher nicht erreicht. Es schneit. Die Temperatur liegt unter 0° C. Unweit vom Camp läßt sich eine Schar Schneegänse nieder.

Mittwoch, 14. Juni

Die Berge ringsum sind von Schnee überzuckert. Die Sonne blinzelt fahl aus den Wolken hervor und verschwindet wieder. Der steife Ostwind hält unvermindert an, treibt seltsam rund geformte weiße Wolkenzüge an den Baffin-Bergen vorbei, ein ganz ungewöhnlicher Anblick. Die Wetterverhältnisse zwingen uns, den Aufbruch hinauszuschieben, und wir haben nun Zeit und Gelegenheit, uns mit dem Skidoo-Fahren anzufreunden. Auch ich lasse mir die nötigen Handgriffe zeigen und fahre los, erst langsam, dann immer rascher. Ich empfinde ein nicht zu beschreibendes Gefühl des Gleitens und Schwebens, als ich diese Maschine mit wechselnden Geschwindigkeiten über das glitzernde Meereseis jage und weit draußen meine Kurven drehe. Kein Wunder, daß die Inuit an diesen technischen Geräten mit solcher Freude hängen.

Unvermittelt bessert sich das Wetter. Wir brechen rasch auf und fahren weiter an der Bylot-Südküste entlang nach Westen, nochmals an sich auftürmenden, wie verwunschen scheinenden Klippen und dem gewaltigen Narsarsuk-Gletscher vorbei, der doch sehr viel weiter als gedacht vom Platz unseres letzten Camp entfernt ist. Unterhalb des weiter westlich gelegenen Kaparoqtalik-Gletschers gehen wir über von den Gezeiten aufgeworfenes Preßeis nochmals an Land.

14. Juni, nachmittags

Es ist drei Uhr geworden und längst Lunchtime. Während Sabrina letztmals ihre Kochkünste zeigen möchte und in ihrem an windgeschützter Stelle kurzerhand erstellten Küchenzelt verschwindet, verteilen wir uns im Gelände. Ricky und ich verfolgen die Spiele eines Schneeammer-Pärchens; das eigenartige Zwitschern der beiden Vögel hat unsere Aufmerksamkeit erregt. Erst machen die beiden sich an den Ufereisschollen zu schaffen, dann fliegen sie zu den Felsen, hüpfen höher und höher. Schließlich verschwinden sie hinter einer Steinkante.

Wir bekommen Eintopf mit Karibufleisch - einfach köstlich. Noch einmal helfen Ricky und ich beim Geschirrspülen und schwenken Teller und Tassen in Schmelzwasser auf dem Eis. Ein ausgebleichtes Stück Narwalgerippe beschäftigt Christine; sie zerteilt und verschenkt es als Souvenir. Trotz des kalten Windes genießen wir die Sonnenstrahlen und nehmen nun Abschied von Bylot Island. Auf den geplanten Besuch der noch weiter im Westen gelegenen Hoodoos, seltsamen Steinformationen, denen die Ureinwohner geisterhafte Kräfte zuschrieben, müssen wir leider wegen des noch immer starken Windes verzichten.

Wir treten unsere Rückreise nach Pond Inlet an und packen uns dazu fest in Schlafsäcke und Decken, da wir den direkten Weg nach Süden über das Eis nehmen und dem schneidenden Ostwind trotzen müssen. Nur noch die Sonnenbrillen mit Nasenschutz sind von der Balaclava unbedeckt, und die warmen

Mützen mit Ohrenschützern sind tief über den Kopf gezogen. In den wenigen Tagen seit unserem Reisebeginn hat sich die Oberfläche des Eises wesentlich verändert. Riesige Schmelzwasserlachen breiten sich aus. Wir umfahren sie nicht, sondern müssen, Wassermassen und Eisstückchen hochwirbelnd, hindurch. Ruppige Eisstufen lassen die Qamutik-Kufen aufschlagen; das „Bu-bump" wird immer stärker. Ricky sitzt mir gegenüber und stemmt ihre Schuhsohlen gegen die meinen. So können wir die schlimmsten Stöße abfedern. Bewundernswürdig ist für uns die Antriebsleistung der Schneemobile unter solchen Bedingungen. Unsere Inuit-Führer haben die Schäfte ihrer Gummistiefel hochgezogen, und dennoch steigt das Wasser immer wieder über deren oberen Wulst. Sie verziehen aber keine Miene und sind unverändert fröhlich und lächeln uns zu, wenn sie nach hinten blicken.

Auf einmal ist ein Gespann zurückgeblieben, Peter der Jüngere, der uns als letzter mit dem Gepäckschlitten folgt. Wir halten an, und Elijah koppelt seinen Qamutik ab und jagt zurück, weiter und weiter. Wir verfolgen ihn mit dem Fernglas, sehen ihn sich einem Punkt in der Ferne nähern; schließlich verschmelzen die beiden Punkte zu einem. Wir warten lange, und der Wind nimmt wieder zu. Dann sehen wir etwas sich bewegen. Ein dunkler Punkt wird größer und größer. Elijah hat den Gepäck-Qamutik im Schlepp, Peters Schneemobil ist quer daraufgebunden. Sein Motor springt nicht mehr an. Da Elijah mit seinem Polaris über das stärkste Schneemobil verfügt, koppelt er nun noch seinen Qamutik an und fährt so mit zwei Anhängern weiter, gefolgt von Peter dem Älteren mit seinem Gespann.

Percy, Christine, Ricky und ich haben uns heute Thomassies Fahrkünsten anvertraut. Doch als der nun ebenfalls am Anlaßseil zieht, rührt sich nichts. Thomassie zieht wieder und nochmals am Anlaßseil, doch der Motor bleibt stumm. Nur der Oststurm rauscht in unseren Ohren. Die anderen Gespanne entfernen sich mehr und mehr, entschwinden langsam im eisigen Glast. Wir stehen verlassen auf der weiten Eisfläche, hinter uns die sonnenbeschienenen dunklen Berge und Gletscher von Bylot Island, vor uns die schneebedeckten Nordhänge von Baffin Island, um uns herum nur Meereseis und Schmelzwasser im grellen Licht der tiefer sinkenden Sonne. Wir bleiben dick verpackt in der Schlittenbox sitzen und versuchen so wenig wie möglich Wärme zu verlieren, denn der Abend naht, und wir wissen nicht, wie lange wir hier ausharren müssen. Unsere Mitreisenden wundern sich, daß ich dennoch mit nackter rechter Hand den Fotoapparat bediene. Trotz der bedenklichen Situation, in der wir uns befinden, fühlen wir uns von der atemberaubenden Schönheit der Arktis überwältigt: kalte, klare und prickelnde Luft, tiefblauer, von phantastischen Wolkengebilden durchzogener Himmel, glitzernde Pracht von Eis, Schnee und Wasser. Zu beiden Seiten der Sonne zeigen sich seltsame Lichtbrechungen an Eiskristallen in der Luft; man nennt sie Sonnenhunde, zuweilen auch Nebensonnen oder (analog zum Regenbogen) Eisbogen. Thomassie hat inzwischen, uns immer wieder liebenswürdig anlächelnd, die Zündkerze gereinigt und sich mit einem Stück Stoff bemüht, möglichst viele Stellen im Motorenraum abzutrocknen. Jetzt versucht er es nochmals, zieht am Anlaßseil, der Motor stottert ein wenig, stirbt ab. Noch einmal: da endlich jault der Motor auf, als sei nichts gewesen. Wir klatschen Beifall, und Thomassie strahlt. Die anderen Gespanne warten in weiter Ferne, und wir holen sie wieder ein.

Noch eine gute Stunde jagen wir über ruppiges Eis, dann nähern wir uns Baffin Island. Das erste Sommercamp von Pond Inlet-Bewohnern kommt in Sicht, Hunde begrüßen uns mit Gebell. Ein Schlittengespann von dort jagt hinter uns her. Man hält an, tauscht Neuigkeiten aus, trennt sich wieder. Am Abend erreichen wir im Schein der tief stehenden Sonne und bei langsam abflauendem Wind wieder das Ufer unterhalb von Pond Inlet und stapfen steifbeinig über das Preßeis an Land.

Die Kante des Meereseises zum offenen Wasser
trägt allgemein die Bezeichnung „Floe Edge".

Packeisbarrieren

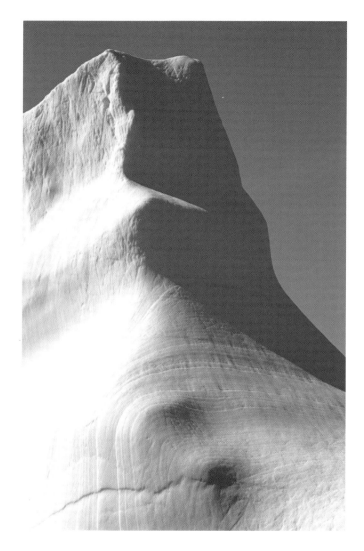

Riesige Eisberge wie dieser stammen
meist von grönländischen Gletschern.

Erfolgreiche Jagd an der Eiskante (Ringelrobbe)

Scheinbar harmlos trottet ein witternder Polarbär näher.

Mit schrillem Geschrei zanken sich Eis- und Thayers Möwen um Beute.

Camp auf Bylot Island

Rast vor der Bylot-Küste

Die Grundmoräne des abgeschmolzenen Gletschers aus Sand und
Steingeröll wird von flachen Schmelzwasserbächen durchzogen.

Qamutik-Reise auf dem Meereseis entlang der Bylot-Südküste

Fahrt über das von Schmelzwasser bedeckte Eis
zwischen den Inseln Bylot und Baffin

Abendliche Heimkehr von einer Bootstour

Junge Mütter im Amautiq, der noch immer üblichen Inuit-Frauenkleidung
(Pond Inlet)

Neue römisch-katholische Kirche (Pond Inlet),
Eclipse Sound und Bylot Island

Sommerliches Pond Inlet, dahinter Bylot Island mit seinen Gletschern

Salmon River-Mündung südwestlich von Pond Inlet

14. Juni, abends

Es ist acht Uhr geworden, als wir in unserer Unterkunft, dem Sauniq Hotel anlangen. Wir duschen rasch, ziehen uns um und gehen zum Abschiedsessen. Unsere Inuit-Führer haben sich auch frisch gemacht und die Kleidung gewechselt. Nach dem Essen übergebe ich ihnen das übliche Trinkgeld und unsere extra für sie ausgesuchten Geschenke: je zwei Campingbestecke und ein Fotobuch mit englischem Text über unsere deutsche Heimat. Dann ziehen sich alle zurück. Ricky und ich ordnen noch lange unsere Sachen. Es ist ein Uhr, als wir todmüde ins Bett fallen.

Donnerstag, 15. Juni

Der Zeitplan gewährt uns ausreichend Muße, vor unserem Abflug noch einen ganzen Tag in und um Pond Inlet selbst zu verbringen. Am Vormittag besuchen wir erst den kleinen Einkaufsladen unseres Hotels und gehen dann durch den Weiler, um uns in den beiden Supermärkten Northern und Co-op umzuschauen.

Fast überall in der Arktis und so auch hier in Pond Inlet sind die Dienststellen der Post und auch die Postschließfächer in den Supermärkten untergebracht. Auf diese Weise haben sich die Supermärkte ganz allgemein zu Treffpunkten und Nachrichtenbörsen entwickelt. Kein Wunder also, daß wir im Co-op-Markt unseren neuen Freunden Elijah, Thomassie, Peter dem Älteren und Sabrina mit ihren Enkelkindern begegnen. Mit ihrem zusätzlichen Verdienst können sie ja jetzt einkaufen.

Nach dem Lunch besuchen wir eine der örtlichen Inuit-Künstlerfamilien, den (*inzwischen verstorbenen*) Steinschneider Philip Pitsiulak und seinen Sohn Josie. Philip wurde bekannt durch seine Beteiligung an einer berühmten Marmorskulptur, dem „Trommeltänzer" im Unikkaarvik Visitors Centre in Iqaluit. Seine Frau und er erzählen uns von den Schwierigkeiten, die sich 1988 bei der Gestaltung dieses Kunstwerks ergaben. Fünf Künstler aus verschiedenen Siedlungen - Simata Pitsiulak (1956 - 2000) aus Kimmirut, Matthew und Temila Kellipalik sowie Taqialuk Nuna aus Cape Dorset, dazu er, Philip Pitsiulak aus Pond Inlet - waren daran beteiligt, den „Drum Dancer" zu gestalten, doch fanden sich diese Künstler nicht etwa an einem einzigen Ort zusammen. Der zu bearbeitende fünf Tonnen schwere Block aus pfirsichfarbenem Marmor wurde vielmehr vom Steinbruch an der Andrew Gordon Bay mit einer „Fähre" nach Cape Dorset verschifft, dort roh bearbeitet und dann mit einem kleinen zweimotorigen Transportflugzeug nach Kimmirut zur Fertigstellung geflogen - ein sehr aufwendiges Unternehmen. Beim Lufttransport nach Iqaluit, dem endgültigen Standort der Skulptur, geschah dann das Unglück: Das Kunstwerk wurde beschädigt, und die ganze Arbeit mußte wiederholt werden.

Wir bitten Philip, uns eine seiner neueren Arbeiten zu zeigen, doch er erklärt uns, er bringe seine Skulpturen nach der Fertigstellung immer sofort zum Verkauf in die Co-op. So verabschieden wir uns und gehen nochmals zum Co-op-Supermarkt, wo wir uns Philips neueste Steinskulptur zeigen lassen - eine recht große Bärin mit ihrem Jungen, leider zu schwer, um sie mit uns zu nehmen. Aus dem kunsthandwerklichen Angebot des Supermarkts erwirbt Ricky jedoch ein Inuit-Frauenmesser, ein Ulu.

Christine regt an, noch einen Ausflug zum nahen Salmon River zu unternehmen, doch Ricky und ich bleiben mit Aryeh im Hotel zurück. Aryeh, heute Israeli, wurde 1946 in Hofgeismar geboren. Seine Eltern überlebten eine KZ-Inhaftierung. Wir sprechen ausführlich über Deutschland und Israel und das besondere Verhältnis, das unsere Staaten und Völker zueinander haben. Nach dem Abendessen ist es Zeit, endgültig Abschied zu nehmen - für diesmal naht unsere letzte Nacht in Pond Inlet.

Zum Salmon River aber wanderten wir zwei Jahre später, als wir uns während eines Twin Otter-Fluges, der uns bis zum Tanquary Fiord (Ellesmere Island) führte, wieder in Pond Inlet aufhielten und dann auch unsere damaligen Inuit-Führer wiedersahen.

Freitag, 16. Juni

Nach dem Frühstück werden wir mitsamt unserem Gepäck auf der Ladefläche zweier Transportfahrzeuge zum Flugplatz verfrachtet. Nur Aryeh bleibt noch in Pond Inlet. Er hat vor, mit Elijah und Peter dem Älteren ein paar Tage zur Jagd zu gehen. Die Inuit haben es ihm angetan, vor allem hinsichtlich ihres Verständnisses für Technik. Am liebsten würde er einen Inuk als Mechaniker nach Israel anheuern. Am Flugplatz wollen wir noch ein gemeinsames Erinnerungsfoto aufnehmen. Als wir einen freundlich dreinblickenden jüngeren Mann im Overall darum bitten, willigt er ein und lacht gutmütig, als wir ihm alle unsere Kameras vor die Füße legen. Jeder bekommt so sein persönliches Foto mit eigenem Apparat. Danach stellt er sich uns als Pilot unseres Fliegers vor. So ist die Arktis! Wir starten um 7:45 Uhr, sehen unter uns die Siedlung, das vereiste Meer, auf der anderen Seite Bylot Island und den Kaparoqtalik-Gletscher, danach den Salmon River, der sich südwestlich von Pond Inlet ins Meer ergießt. Bald sind wir in den Wolken, doch währt es nicht sehr lange, und wir setzen auf dem von Nebelschwaden eingehüllten Flugfeld von Nanisivik auf. Dann folgt der Flug nach Süden, doch unter uns sind immer nur Wolken und nichts von der Landschaft zu sehen. Schließlich durchstößt der Flieger die Wolkendecke, und da öffnet sich unerwartet der Blick auf eine Siedlung. Wir landen auf der Piste von Iglulik. Danach fliegen wir über Hall Beach nach Iqaluit zurück. Mit an Bord ist nun ein schwerkranker Inuk in Begleitung einer Krankenschwester. Es ist zwei Uhr nachmittags, als wir im Flughafengebäude ankommen.

16. Juni, nachmittags

Iqaluit. Am Flughafen herrscht geschäftiges Treiben. Vieles deutet darauf hin, daß ein großer Empfang bevorsteht. Sollten etwa die Staatsgäste schon erwartet werden? Dann erfahren wir aber, daß der Kanadier Richard Weber (38) und der russische Thoraxchirurg Mikhail Malakhov (43) von einer Nordpoltour zurück erwartet werden. Das Empfangsgebäude ist allerdings bereits für den Staatsbesuch geschmückt, und die Nationalflaggen sind aufgezogen. Irgendwie paßt dazu, daß wir kombinierte Pins mit deutschem und kanadischem Emblem stolz an unseren Hemdkragen tragen - hier in Kanada wird das übrigens als ganz natürlich angesehen und eine nationalistische Absicht nie unterstellt.

Air Baffin heißt die Fluglinie, die an diesem Freitagnachmittag die knapp 400 Kilometer lange Strecke nach Cape Dorset bedient. Wir geben das Gepäck am Schalter auf, auch den Fotorucksack; wir haben ja hinzugelernt.

Beim Flug nach Norden vor neun Tagen konnten wir uns nur einen kurzen ersten Eindruck von der Stadt verschaffen; heute nehmen wir uns etwas mehr Zeit. So fahren wir erst einmal mit dem Taxi ins Ortszentrum zum Besucherzentrum Unikkaarvik. Es wurde 1991 in einem sehr ansprechenden Gebäude nahe am Strand eingerichtet. Beim Eintreten fällt uns sofort die mehr als lebensgroße marmorne Skulptur des Trommeltänzers ins Auge, an deren Gestaltung neben anderen Inuit-Künstlern ja auch der uns aus Pond Inlet persönlich bekannte Philip Pitsiulak mitwirkte; der südkanadische Bildhauer George Pratt hatte die künstlerische und organisatorische Leitung des Projekts. Die etwa eine Tonne schwere Skulptur, das erste überlebensgroße Werk von Inuit-Künstlern, ist ausgezeichnet gelungen. Auf einer Tafel lesen wir dazu: „Wo immer Menschen in der Arktis aus besonderem Anlaß zusammenkommen, finden Trommeltanz und Throat Singing statt. Tanzen und Singen tragen zur Unterhaltung bei, sie überliefern aber auch Kenntnisse, Historie und Legenden. Der Trommeltänzer symbolisiert Unikkaarvik Visitors Centre, den ‚Platz, wo Geschichten erzählt werden'." Eine junge Mitarbeiterin der Baffin Tourism Association, eine Nicht-Inuk, ist außerordentlich zuvorkommend und stellt uns eine Menge gutes Informationsmaterial über Baffin Island zusammen. In einem Teil des Informationszentrums werden sehr anschaulich Lebensweise und Kultur in der südlichen Baffin-Region gezeigt. Dabei fällt uns als weiteres bedeutendes Kunstwerk, ein großer Wandbehang mit einer Darstellung der traditionelle und der moderne Lebensstil der Inuit, auf; er wurde von Künstlerinnen in Pangnirtung gewebt.

In einem renovierten früheren Gebäude der Hudson's Bay Company gleich nebenan ist das Nunatta Sunaqutangit Museum untergebracht. Es beherbergt eine reichhaltige Sammlung von Inuit-Kunst, die wir uns gern näher angesehen hätten, doch sind die Ausstellungsräume zu überheizt. Jedenfalls sind wir solche Temperaturen nicht mehr gewöhnt, geraten in Schweiß und entfliehen gleich wieder ins kühle Freie.

Ein paar Schritte entfernt stoßen wir wieder auf das weiße Gebäude der Grundschule, Nakasuk Elementary School, das uns schon beim ersten Aufenthalt wegen seiner eigenartigen, fast fensterlosen Gestaltung besonders aufgefallen war; es wurde vom selben Architekten entworfen, der den Rundbau des „Igloolik Research Centre" ausführte. Unweit davon fällt uns ein blaues (*neuerdings weißes*), einem Iglu nachempfundenes Haus auf (*es wird in den nachfolgenden Jahren bis 1. April 1999 dem seinerzeitigen Interim Commissioner of Nunavut, Jack Anawak, als Bürogebäude dienen*).

Nun wenden wir uns einem ebenfalls igluförmigen strahlend weißen Kuppelbau mit hochgezogener Spitze zu, der von einem Gemeindemitglied entworfenen und ausschließlich von Inuit erbauten anglikanischen Kirche St. Jude. Das Innere ist mit Ausnahme des Altarraums schlicht. Ihn aber schmücken wundervolle Wandbehänge mit christlichen Motiven und Darstellungen aus dem traditionellen Leben der Inuit. Von der mit violettem Tuch ausgeschlagenen Altarrückwand hebt sich ein schlichtes Kreuz aus Narwal-Stoßzähnen (Elfenbein) ab. Generell ist die Ausstattung des Altarraums von Qamutik-Formen geprägt, so die als aufrecht stehender Schlitten gestaltete Kanzel und die Brüstung. Die Polster zum Niederknien bestehen aus Robbenfell; kunstvoll ausgeführter Beschnitt hat Verzierungen entstehen lassen. Der mit einem Elfenbeinkreuz geschmückte Taufstein, eine Stiftung von Englands Königin Elizabeth II, besteht aus Steatit und hat die Form eines Qulliq, der traditionellen steinernen Öllampe.

Wir treten aus der Kirche wieder ins Freie und sind geblendet vom Sonnenlicht. Rasch gehen wir noch bei der Redaktion von „Nunatsiaq News" vorbei, der zweisprachigen Inuit-Wochenpresse, wo wir verschiedene Nummern mit der Vorankündigung des Kanzlerbesuchs auf Baffin Island erhalten. Der deutsche Bundeskanzler ist hier hoch angesehen, und die Inuit erhoffen sich seine Unterstützung im Hinblick auf ihre Pelzhandelsanliegen an die Europäische Union.

Während wir am Flughafen darauf warten, zu unserem Flieger geführt zu werden, beobachten wir das Treiben um uns herum. Flugzeug um Flugzeug wird abgefertigt, die Wartehalle leert sich. Da steht auf einmal ein junger Mann in seltsamer Aufmachung vor uns, im Thermoanzug mit Batman-Design, schwarzer Sehschlitz-Augenmaske und weitem Umhang einer Fledermaus gleichend. Umstehende klären uns auf. Er nennt sich Polarman. Seit früher Jugend geistig behindert hat er sich eine Scheinwelt aufgebaut und fühlt sich als Superman, der jüngere Kinder vor vermeintlichen Gefahren beschützen muß. In Iqaluit hat man sich längst an die Anwesenheit des jungen Mannes gewöhnt. Uns wird er bei späteren Aufenthalten in Iqaluit noch öfter begegnen.

KINNGAIT-IMPRESSIONEN

Flug nach Cape Dorset • Zu Gast bei einer Inuit-Familie • Inuit-Kunst und erste Kontakte zu Künstlern • Kanzlerbesuch in Cape Dorset • Insel Mallikjuaq, ein „historischer Park" • Talilayuk-Legende • Inuit-Künstlerin Kenojuak im Film • „Metamorphose eines Polarbären" • Abschied von Cape Dorset • Über die Insel Southampton zur Westküste der Hudson Bay

16. Juni, nachmittags

Iqaluit Airport. Auf dem Flugfeld erwartet uns eine kleine zweimotorige Propellermaschine vom Typ Piper. Sie hat sechs Passagierplätze, doch mit Ricky und mir geht nur noch ein Inuk durch den kleinen Nebenausgang der Flughafenhalle aufs Flugfeld und klettert über zwei Stufen mit in die Kabine, in deren hinterem Teil der Pilot schon alles Gepäck hinter Netzen verstaut hat. Wir rollen zur Startbahn, warten eine landende Maschine ab und heben nach kurzem Anlauf ab, beim Flug gen Westen nach Cape Dorset nun mit der Sonne im Gesicht. Unsere Maschine fliegt viel tiefer als der Boeing-Jet, der uns aus dem Süden hierher gebracht hatte, und auch weniger hoch als die nach Pond Inlet benutzte Turbo-Prop-Hawker. So lernen wir die arktische Landschaft aus unterschiedlichen Höhen kennen. Wir überfliegen erst die Frobisher-Bucht, danach die teilweise noch schnee- und eisbedeckten, von Gletschern geschliffenen Berge der Insel. Noch bleiben wir über Baffin Island. Zur Linken erkennen wir dann im gleißenden Sonnenlicht das Meer, die Hudson Strait.

Wir sind nun eine gute Stunde geflogen, und der Pilot setzt zur Landung an. Vor uns zeichnet sich durch die Fenster seiner zum Passagierraum offenen Kanzel gebirgiges Land ab, darauf eine dünne gerade Linie - die Landebahn von

Cape Dorset. Die Ortschaft liegt auf einer der kleinen Inseln, die der Foxe-Halbinsel im Süden vorgelagert sind. Ein kurzer Schwenk, wir setzen auf und sind auf Dorset Island gelandet, rollen erstmals zum Empfangsgebäude. Es wird uns im Laufe der kommenden Jahre immer vertrauter werden.

Kinngait, „hohe Berge", nennen die Inuit ihre Siedlung nach dem im Süden dominierenden Bergrücken, und Peter Pitseolak berichtet in seinem Buch „People from Our Side" von Sikusiilaq, „wo kein Eis auf dem Meer entsteht". Gemeint ist die weitere Umgebung von Cape Dorset, wo Strömungen das Meer selbst in härtesten Wintern stellenweise nicht zufrieren lassen und sogenannte Polynyas bilden.

Cape Dorset: Anläßlich seiner Erkundung der Baffin-Südküste benannte Luke Foxe 1631 die in die Hudson Strait vorspringende Insel nach seinem Dienstherrn Edward Sackville, Earl of Dorset. Die Insel hat einer ganzen Kultur - der Dorset-Kultur - den Namen verliehen, als dort der Anthropologe Diamond Jenness 1925 seine Suche nach einer untergegangenen Paläo-Eskimo-Kultur mit Erfolg krönen und nachweisen konnte, daß die Region seit Jahrtausenden besiedelt ist. Luke Foxe blieb offensichtlich lange Zeit der einzige Europäer, der hier an Land ging. Erst zweihundert Jahre später kamen gelegentlich Walfänger an diese Küste, um mit den Ureinwohnern Handel zu treiben. 1913 entstand ein Posten der Hudson's Bay Company, abkürzend als „The Bay" oder HBC bezeichnet. The Bay kam meist mit den ersten Weißen vor den Missionaren, weshalb HBC scherzhaft auch mit „Here Before Christ!" übersetzt wird.

Die genauere Erkundung der Tier- und Pflanzenwelt und die Kartografierung begannen erst in den zwanziger Jahren und zogen sich bis 1940 hin. Eine erste, römisch-katholische, Kirche wurde 1938 erbaut, doch schon 1960 wieder geschlossen, nachdem die Inuit 1953 eine anglikanische Kirche errichtet hatten, die überwältigenden Zuspruch fand. Im Jahr 1950 bekam Cape Dorset eine der ersten Schulen auf Baffin Island. 1962 wurde die öffentliche Verwaltung und - verhältnismäßig spät - 1965 eine Abteilung der **R**oyal **C**anadian **M**ounted **P**olice (RCMP) etabliert. Der Verwaltungsstatus „Hamlet" wurde der Siedlung 1982 verliehen. Heute leben in Cape Dorset etwa 1200 Einwohner, davon mehr als 1000 Inuit.

Den Grundstock für die Bedeutung von Cape Dorset auf dem Kunstsektor legten James Houston und seine Frau Alma, die sich 1951 hier für ein Jahrzehnt niederließen und das ungewöhnlich große Potential an künstlerischer Begabung und Kreativität bei den Inuit erkannten. Sie förderten das Gestalten von ausdrucksvollen Skulpturen. Als Rohstoffe dienen u. a. Serpentin („Schlangenstein", Steatinit) und Serpentinit (Serpentinschiefer) sowie Dolomit (Calcium-Magnesium-Carbonat), Quarz (Siliciumdioxid) und andere Gesteinsarten wie Marmor (Calziumcarbonat), selten der für künstlerische Figuren zu weiche Steatit („Speckstein"). Sie stammen überwiegend von Steinbrüchen der Andrew Gordon Bay am nördlichen Ufer der Hudson Strait, von den Inuit als Taksertut, als „Ort der Nebel" charakterisiert. Vor allem aber führten die Houstons europäische Steindrucktechniken ein. Die Kunst der Lithografie oder richtiger des dem Linolschnitt ähnelnden Steinschnitts war für die Inuit neu, fand aber rasch großen Anklang und ließ diesen Kunstzweig auf nicht geahnte Weise erblühen. Als Zentrum für die Cape Dorset-Künstler entstand die von 1962 bis zur Jahrtausendwende von Terry Ryan als Nachfolger James Houstons mit großem Erfolg geleitete West Baffin Eskimo Co-operative. Ihr verdanken die Künstler, daß sie sich auch international in namhaften Galerien durchsetzen konnten, und daß heute ihre Werke in bedeutenden Museen auf der ganzen Welt zu sehen sind. Cape Dorset wird sogar bezüglich seines großen Bekanntheitsgrades auf allen Gebieten der Inuit-Kunst gelegentlich als „New York des Nordens" charakterisiert. Die künstlerischen Arbeiten vor allem sind es, die Besucher nach Cape Dorset locken. Dabei verfügt der sich über Hügel und

Täler erstreckende Ort und die ihn umgebende Insellandschaft selbst über ganz eigene Reize und Anziehungspunkte, etwa den 80 Kilometer westlich gelegenen bedeutenden Inuksuk Point, und hat Gästen daher auch in dieser Hinsicht vieles zu bieten.

Wir freuen uns jedenfalls seit langem darauf, eine Reihe von Tagen hier zu verbringen. Wir wollen mit den Künstlern und ihrem Umfeld in Berührung kommen, wollen die Quellen ihrer Kreativität kennen lernen und uns mit ihrer Arbeit auseinandersetzen. Überdies sind wir natürlich auf das „historische Ereignis" am Wochenende gespannt - schließlich ist es der erste Staatsbesuch, den wir miterleben dürfen. Auch eine musikalische Besonderheit wollen wir uns auf keinen Fall entgehen lassen, das Throat Singing, von dem Ricky bislang die Vermutung äußert, dies müsse wohl dem alpenländischen Jodeln gleichkommen.

16. Juni, gegen 17 Uhr

Wir klettern aus dem Flugzeug und werden gleich mit großer Herzlichkeit begrüßt. David Patrick, begleitet vom Manager des Kingnait Inn, schüttelt uns die Hand und erklärt, als erstes sei die wichtige Frage zu entscheiden, wo wir die drei ersten Nächte bis Montag bleiben wollen: im (seinerzeit noch) einzigen Hotel am Platze, das uns zwar den Vorteil biete, von jeglichem Familienanschluß unabhängig zu sein, dafür aber durch die dort wohnenden Saisonarbeiter vielleicht etwas unruhig sein könne, oder von Anfang an bei einer Inuit-Familie, die uns anschließend wie vorausgeplant als Gäste aufnehmen werde. David ist sehr um unser Wohl besorgt, das fällt uns sofort auf. Vor solche Wahl gestellt entscheiden wir uns selbstverständlich dafür, die ganze Zeit bei der Inuit-Familie zu wohnen. Wir sind gespannt darauf, was uns erwartet.

Während wir diskutieren, bringt der Pilot das Gepäck aus dem Flieger. Ricky fragt ihn besorgt nach unserem schweren Aluminiumkoffer, der nicht zu erblicken ist. Er zeigt sich belustigt darüber, was Ricky wohl vom Stauraum seiner Maschine denke, und hievt das gute Stück aus dem hinteren Rumpf. David und ich verstauen alles auf der Ladefläche seines Pick-up-Fahrzeugs, und dann fahren wir zu dritt in großer Eile vor die Tiktaliktaq-Festhalle - zu einer Aufführung, die wir, wie David meint, nicht versäumen dürfen. Wir kommen gerade noch rechtzeitig an, um die letzten Szenen eines Throat Singing vor diplomatischen Gästen mitzuerleben. Es ist ein spielerischer Wettbewerb, bei dem sich zwei Partner mit einer Art röchelndem, rhythmischen, monotonem „Gesang" gegenseitig zum Lachen bringen wollen; wer zuerst lacht, ist der Unterlegene. Beiläufig lernen wir Olayuk und Pootoogook kennen, Mitarbeiter von David, die uns bei Bedarf unterstützen sollen. *Olayuk Akesuk wurde übrigens im Frühjahr 1999 als Abgeordneter ins Parlament von Nunavut gewählt und im Herbst 2000 zum „Minister of Sustainable Development (Minister für nachhaltige Entwicklung)" ernannt.* Als ob das selbstverständlich wäre, werden wir anschließend zum Dinner eingeladen und können uns an Karibufleisch und Salaten sättigen.

David steht spürbar unter Zeitdruck, denn der hohe Besuch wirft seine Schatten voraus. Dennoch läßt er es sich nicht nehmen, uns eingehend anhand einer Karte die geografische Lage der Gemeinde zu beschreiben. Die Foxe-Halbinsel ragt wie ein Sporn von Baffin Island nach Westen und wird von Foxe Basin, Foxe Channel und Hudson Strait umschlossen. An der Südspitze der Halbinsel wird durch sieben Inseln, auf deren einer die Siedlung Cape Dorset liegt, eine Bucht gebildet, Tellik Inlet. Verschiedene Höhenzüge haben Cape Dorset in mehrere Ortsteile gegliedert, in das eigentliche Kinngait sowie Itjurittuq im Nordosten, Kuugalaaq im Westen und Muliujaq im Süden. Auf einer kurzen Rundfahrt durch die Gemeinde zeigt David uns dann einige bedeutende Baulichkeiten: so die beiden Supermärkte und den in Privatbesitz befindlichen Polar Supply Store (eine Art „Tante Emma-Laden"), die beiden Schulgebäude und die anglikanische Kirche mit daneben liegendem Friedhof. Auch sehen wir die Pier, wo jährlich ein- bis zweimal ein Frachtschiff mit den wichtigsten Gütern zum Überleben der Siedlung vor Anker geht, und die Gegend, von der aus man bei Ebbe das Tellik Inlet zum Mallikjuaq Park auf der Nachbarinsel durchqueren kann - dies allerdings tunlichst mit Führer, wie David warnend betont, wegen der möglichen Gefahr durch Polarbären.

Dann aber ist es soweit: Vor ihrem schmucken Siedlungshaus erwarten uns unsere Gastgeber Adamie und Ooloosie Ashevak und mit ihnen eine Kinderschar und Freunde, von dem kaninchengroßen Hundebaby Mighty ganz zu schweigen. Die Begrüßung ist durchaus herzlich, aber ein wenig abtastend. Im Vorraum des Hauses stehen alle Arten von Schuhen. Da wir seit unserem Aufenthalt in Pond Inlet mit diesem Inuit-Brauch vertraut und daher wohlerzogen sind, ziehen wir unaufgefordert unsere Trekkingstiefel aus und treten in Strümpfen ein. Susie, die junge Tochter, ist die Leidtragende unserer Einquartierung, denn sie hatte ihr Zimmer für uns zu räumen - doch bemerken wir kein Bedauern.

Ooloosie führt uns durchs Haus. Rechts vom Eingangsflur mit der Kleiderablage gelangen wir in die Küche. Sie ist mit allerlei modernen Geräten, wie Elektroherd, Backofen und Kühlschrank, sowie mit Anrichte und rundem Eßtisch versehen. Eine Tür führt nach draußen auf den großen Balkon, den „Rauchsalon". Wie Ooloosie anmerkt, ist sie sich der Schädlichkeit des Rauchens durchaus bewußt, doch kann offensichtlich keiner in der Familie dagegen ankämpfen. So ist man übereingekommen, das Qualmen wenigstens nach draußen zu verbannen. Natürlich interessiert uns auch der eigentliche Wohnbereich eines modernen Inuit-Hauses: An die Küche schließt sich ein behaglich mit Polstermöbeln, Fernseh-, Video-, Radio- und CB-Funkgerät ausgestatteter Wohnraum mit offener Durchreiche zur Küche an. Links vom Flur reihen sich aneinander das Badezimmer mit Toilette, der Waschmaschinenraum mit dahinter liegendem Vorratsraum und Susies Zimmer. Hinten links gelangt man vom Flur aus in das Zimmer für die jüngeren Kinder und rechts in das Elternschlafzimmer.

Adamie zeigt und erklärt uns schließlich den Unterbau seines Hauses: „Wegen des Permafrosts stehen alle Gebäude in der Arktis auf Pfählen. Baute man direkt auf dem Erdboden, würde der gefrorene Untergrund infolge der abgestrahlten Wärme auftauen und das Bauwerk absacken. Einmal hat jemand versucht, ohne Pfähle auszukommen - nach ein paar Wochen hing sein Haus schief in der Landschaft."

Unter dem Wohngeschoß befinden sich die Öl- und Wasservorräte. Auch lassen sich Mountain-Bikes und vielerlei Gerätschaften hier lagern. Die Häuser von Cape Dorset werden üblicherweise einmal wöchentlich durch Tankwagen mit Trink- und Waschwasser versorgt. Die Entsorgung der Abwässer geschieht dann ebenfalls mit Hilfe von Tankfahrzeugen. Sind Gäste wie wir im Haus, kann zusätzliches Wasser bezogen werden. Wir sind voll in die Familie aufgenommen und sollen uns wie zu Hause bewegen. Einen Hausschlüssel benötigen wir nicht: Inuit schließen üblicherweise ihre Häuser nicht ab, denn Diebstähle sind kaum bekannt. *Ein paar Jahre später haben wir allerdings - ausgerechnet von Adamies Mutter Kenojuak - erfahren müssen, daß dies nicht mehr uneingeschränkt gilt.*

Ooloosie, Anfang 30, spricht ausgezeichnetes Englisch und arbeitet als Dolmetscherin im Gesundheitszentrum der Gemeinde. Adamie, fünf Jahre älter, führt den Haushalt und gestaltet künstlerische Steinskulpturen. Stolz zeigt er uns seine Arbeitshütte und den im Freien stehenden Werktisch.

Die Familie unserer Gastgeber ist für unsere Begriffe nicht gerade klein zu nennen. Neben den Eltern sind im Haus fünf Kinder: Zu ihren eigenen zwei Jungen und der erwähnten Tochter Susie haben Adamie und Ooloosie noch zwei Jungen adoptiert, wobei das jüngste Kind noch im Babyalter ist. Bei den

Mahlzeiten finden sich meist noch ein Vetter und ein anderer junger Mann ein, Jimmy Mikkigak, der sich hier wie zuhause fühlt. Wie wir erst in den kommenden Jahren erfahren, sind seine Eltern die Steinschnitzer und Zeichner Oqutak und Qaunaq Mikkigak, die sich überdies durch Throat Singing einen Namen gemacht hat.

16. Juni, abends

Wir verzichten auf ein zweites Abendessen und nehmen nur einen Drink, selbstverständlich alkoholfrei mit Wasser aus Saftkonzentraten zubereitet. Dann unternehmen wir einen Abendspaziergang, auch um unsere Gastgeber nicht schon am ersten Abend zu sehr zu beanspruchen. In Pond Inlet hatten wir auf Empfehlung Peters des Älteren zwei Karibuwürste gekauft. Jetzt nach unserer Rückkehr vom Spaziergang stellt sich Ricky an den Herd und brät sie. Alle probieren und sind begeistert. „Es ist wie ein gemeinsames Essen nach der Jagd", sagen sie.

Ich zeige ihnen mein kleines Reisehandbuch, in dem ich Künstlernamen und Inuktitut-Ausdrücke notiert habe. Adamie und Ooloosie sind fasziniert. Zu allen Namen wissen sie etwas zu berichten, und sie legen uns dar, wer mit wem versippt und verschwägert ist; auch empfehlen sie die eine oder andere Ergänzung. Als sie uns dabei erzählen, Adamies Mutter sei die berühmte Kenojuak Ashevak, sind wir es, die ganz aufgeregt lauschen, denn ihren Namen haben wir schon häufig in Publikationen über Inuit-Kunst gelesen. Adamie gehört noch zu der Generation, die in einem Iglu oder Zelt, jedenfalls im Camp, zur Welt kam. Er erklärt uns das voll Stolz, denn es ist fast so etwas wie Adel. Danach müssen wir über uns erzählen, und es wird ein langer Abend.

Samstag, 17. Juni

Was frühstücken Inuit heute? Rühreier mit Speck und Toast mit Butter. David, unser Tour-Organisator, hatte für den heutigen Tag vorgesehen, daß uns Pootoogook, den sie aus unerfindlichen Gründen „Black" nennen, zu verschiedenen Künstlern führen sollte. Daraus aber wird nichts, denn Adamie und Ooloosie lassen es sich nicht nehmen, uns persönlich mit den Künstlern von Cape Dorset bekannt zu machen. Der Vetter der Familie hatte dazu einen Truck angemietet, mit dem wir - Adamie, Ooloosie, die drei kleineren Kinder, Ricky und ich - nun durch den Ort fahren.

Als erstes werden wir Ooloosies Mutter und Stiefvater, Sita und Mikisiti Saila, vorgestellt. Den Namen ihrer Mutter hatten wir schon in dem Buch „Women of the North (Frauen des Nordens)" gefunden. Sie ist die Tochter des auch international bekannten Steinschneiders Manumee Shaqu (1915 - 2000). Mikisiti, ebenfalls ein begabter Steinschneider, ist ein Sohn von Pauta Saila, der weit über die Grenzen Kanadas hinweg als führender Inuit-Künstler gilt. Wir erinnern uns: Im Hause unserer Gastgeber hatten wir schon gestern abend die großartig gestaltete Steinskulptur eines Seetauchers von Mikisiti bewundert.

Danach besuchen wir Kellypalik Qimirpik und seine Familie. Von ihm stammt die große Steinskulptur „Metamorphosis", die seit einiger Zeit unser Zuhause ziert, und er freut sich über eine mitgebrachte Fotografie seines Werks. Kelly und Adamie sind eng befreundet und haben sogar ihre Hochzeit gemeinsam gefeiert, was sie uns auf einem Foto demonstrieren. Auf unsere Anregung stellen sich die beiden Paare für eine aktualisierte Version dieses Motivs vor uns auf; die Gesichter sind inzwischen doch sehr gereift.

Wir fahren weiter. Vor seinem Haus bearbeitet Davie Atchealak gerade eine große Skulptur und läßt sich durch unsere Anwesenheit nicht weiter stören. Eine weitere Steinschnitzerin, Omalluq Oshutsiaq mit ihrer Tochter Mary, gesellt sich zu uns, und wir plaudern ein wenig. Ein paar Schritte entfernt stoßen wir auf Ashevak Tunnillie und seinen Sohn Willie, der an einem Falken aus weißem Marmor schleift. Uns sehend treten auch Ashevaks Frau und seine Mutter Tayarak aus dem Haus, denn sie haben bereits von unserem Besuch in Cape Dorset erfahren. Der Ort ist klein, und Neuigkeiten wie der Besuch von uns Qallunaat bei Adamie und Ooloosie sprechen sich schnell herum.

Abschließend besuchen wir Ooloosies Großvater Manumee Shaqu. Auch ihn treffen wir im Freien an. Er sitzt an seiner „Werkbank", einem fußhohen Lattengestell, und bearbeitet eine Steinskulptur. Der Achtzigjährige lebt allein in seinem Haus; die Kinder und Enkel versorgen ihn mit allem Nötigen. Er hat ein ausdrucksvolles Gesicht, weise und gütig. Als ich darum bitte, ihn fotografieren zu dürfen, lächelt er verschmitzt und witzelt, das lasse er nur gegen entsprechende Bezahlung geschehen. Indem ich darauf eingehe, entspannt sich ein lustiger kleiner Disput, bei dem jeder den anderen mit feinen Höflichkeiten übertrumpfen möchte, was alles von Ooloosie hin und her übersetzt werden muß.

17. Juni, mittags

Inzwischen sind wir alle richtig hungrig geworden. Ich lade daher alle Fahrtteilnehmer zum Lunch im Kingnait Inn ein, wo wir Erwachsenen uns Sandwichs bestellen; die Kinder freuen sich natürlich über Hamburger. The American Way of Life (amerikanische Lebensweise) setzt sich offenbar überall durch. Als zu den unvermeidlichen Pommes frites Ketchup auf den Tisch gestellt wird, biete ich Ooloosie die Flasche an. Sie sagt nichts, kräuselt nur die Nase leicht nach oben. Ich habe den Eindruck, sie lehnt ab, bin mir aber nicht sicher und sage ihr das. Da erklärt sie mir mit vergnügtem Lächeln, ich hätte sie gut beobachtet. Inuit würden sich viel mehr als Qallunaat durch Mienenspiel verständigen.

In der Tat habe sie mir Ablehnung signalisiert, Zustimmung werde durch leichtes Heben der Augenbrauen angezeigt.

Wir sprechen über das Leben der Inuit, über die vielen Stiefverwandtschaften, den Kinderreichtum, die häufigen Adoptionen. Kommen Kinder unehelich zur Welt und sind sie von der natürlichen Mutter nur schwer zu versorgen, dann werden sie nicht selten von verheirateten Verwandten adoptiert; das Adoptionsverfahren verläuft einfach und unbürokratisch. Wir vermeiden es, deutlich zu fragen, warum hormonelle Empfängnisverhütung, die „Pille", bei den Inuit eine so geringe Rolle spielt; noch kennen wir uns ja erst kurze Zeit. So erfahren wir leider nicht, ob fehlende Akzeptanz oder vielleicht auch mangelnde Therapietreue die Ursache ist (*eine Antwort darauf haben wir übrigens bis heute nicht erhalten*).

Adamie berichtet uns, gegenwärtig seien viele Künstler „on the land". Um sie kennenzulernen, müßten wir eben nochmals nach Cape Dorset kommen. Auch seine Mutter sei beispielsweise noch nicht vom Camp zurückgekehrt. Für sie, die bald 70jährige, sei es im Augenblick zu gefährlich, das Eis mit größeren Lasten zu befahren, und Reisen mit dem Kanu ließen sich erst wieder unternehmen, wenn das Eis weiter aufgebrochen und mehr offenes Wasser vorhanden sei.

Nach dem Lunch versuchen wir deshalb nicht länger, noch andere Künstler aufzufinden, sondern fahren in Richtung Apalooktook, wo die Landebahn verlängert wird, um auch größeren Flugzeugen das Anfliegen zu ermöglichen. An einem nahegelegenen Teich treffen wir auf Kinder im Schulalter, die bei 6° C Luft- und 4° C Wassertemperatur Schwimm- und Tauchübungen vollziehen. So ist die Arktis!

Wir ziehen es vor, Shopping zu gehen - durch den Northern Store und danach durch den Co-op-Supermarkt. Hier treffen wir erstmals auf Miaji „Mary" Pudlat (1923 - 2001), international bekannt durch ihre Steinschneidereien und

Grafiken. Bei aller physischen Zierlichkeit wirkt sie überaus bescheiden und liebenswürdig. Sie strahlt zugleich Güte und Größe aus.

Wir suchen nach Ansichtskarten, finden aber keine; hier rechnet man kaum mit Touristen. An den Anschlagbrettern wird die Bevölkerung zur Begrüßung des kanadischen Premierministers und des deutschen Bundeskanzlers eingeladen; die Besuchstour ist auf einem Ortsplan skizziert. Anscheinend befürchtet niemand einen Anschlag auf die Gäste. Adamie und Ooloosie haben offensichtlich vor, größere Ausgaben zu tätigen, was mit den Sondereinkünften durch unseren Aufenthalt in ihrem Hause zusammenhängen mag. Eine Fotokamera wechselt so den Besitzer. Neu für uns ist ein „Flow Bee"-Haarschneidegerät, mit dem Ooloosie liebäugelt. Entschuldigend merkt sie an: „Der nächste Friseursalon ist doch 300 Kilometer von hier in Iqaluit!" Augenscheinlich ist es ein wahres Wunderwerk, das in Kombination mit dem häuslichen Staubsauger arbeitet. Mit Hilfe von Abstandhaltern werden die Haare angesaugt und dann bis zur gewünschten Länge abgeschnitten, wobei das „Schnittgut" im Sauger landet. Ich greife kurzerhand mit der Bemerkung zu, das sei ein großartiges Gerät. Wir brauchten es dringend, denn wir könnten ja nicht ohne weiteres zum Friseurbesuch nach Iqaluit zurückfliegen. Allerdings sei in unserem Gepäck nicht ausreichend Platz zum Mitnehmen vorhanden, weshalb wir es „leider bei unseren Gastgebern deponieren" müßten. Ooloosie hebt die Brauen, und ein verstehendes Lächeln signalisiert ihren Dank. Zu Hause heult danach lange Zeit der Staubsauger. Während wir mit Kaffee und Tee verwöhnt werden, gilt es viele Köpfe zu verschönern.

17. Juni, abends

Eine Schwester Ooloosies kommt schließlich zu Besuch, und Ooloosie bereitet ein Festessen: Sie hat Schneegans gekocht; dazu reicht sie selbstgebackenes tagesfrisches Fladenbrot (Bannock), rohes Robbenfleisch und noch leicht gefrorenen

Robbenspeck. Derartiger Speck wird von den Inuit allgemein als Würze zum Fleisch verzehrt und scherzhaft „Eskimo-Ketchup" genannt. Vor die Wahl gestellt würden wir allerdings Steaksoße bevorzugen: Robbenspeck ist für unseren Geschmack etwas zu fade.

Inzwischen ist es acht Uhr abends geworden, und der Polar Supply Store ist noch geöffnet. So machen Adamie, Ooloosie, Ricky und ich uns dorthin auf den Weg; das Angebot soll sich deutlich von dem der großen Supermärkte unterscheiden. Zwei Rumäniendeutsche, Fred Schell und sein Bruder Dennis, haben einen typischen Kramladen aufgezogen, gemütlich und ein bißchen ramschig. Im hinteren Teil haben sich Unmengen Steinskulpturen und auch Lithografien angesammelt - die beiden Brüder kaufen den Inuit eine Menge ab, auch wenn sie die Sachen nicht sehr gewinnbringend umsetzen können. Daneben betreiben sie die örtliche Paketauslieferung, eine Autoreparaturwerkstatt und einen Fahrzeugverleih; auch unser Transportgerät vom heutigen Vormittag kam von ihnen. Damit nicht genug ist Fred überdies der Flughafenmanager und für die Fluggast- und Transportabfertigung verantwortlich. In Rickys Tagebuch finde ich dazu eine Notiz:

„Einige Zeit vor Ankunft des nächsten Fliegers kommt Fred mit seinem Truck dort an, ist nacheinander oder nebeneinander tätig als Wetterdienstler, Techniker, Flugscheinaussteller oder -prüfer, Gepäckannehmer oder -ausgeber, als Flugzeugeinweiser etc. Alles geht ohne Hektik vor sich, mit viel Humor und selbstverständlicher Hilfsbereitschaft, ohne Luxus und formelle Höflichkeit, aber mit Herzlichkeit. Die Koffer und das Gepäck überhaupt werden verständlicherweise unkompliziert behandelt: Es wird zwar nicht mit Absicht geschmissen, aber doch kräftig und schnell befördert, mithin doch ziemlich rauh behandelt, selbst wenn am Fotorucksack ein oder mehrere Anhänger mit FRAGILE baumeln. So ist die Arktis!"

In den letzten Jahren hat Fred zudem noch ein Hotel, „Polar Lodge", mit gut gehendem Restaurant in Betrieb genommen.

Mitten im Laden stehen wir auf einmal zwei Jungen gegenüber, Willie Tunnillie in Begleitung eines Freundes. Er zieht einen weißen Marmorfalken aus der Jacke und fragt schüchtern, ob der uns wohl gefalle. Selbstverständlich erwerben wir ihn, hatten wir doch am Vormittag seiner „Geburt" beigewohnt.

Leider sollte dies das letzte Mal gewesen sein, daß wir Willie begegnet sind: Er hat sich, gerade siebzehn Jahre alt, drei Monate später (im Herbst 1995) das Leben genommen. Gründe haben wir nie erfahren.

Vom Polar Supply Store sind es nur ein paar Schritte bergauf, und man erreicht das Gebäude der Polizei (RCMP). Auf dem felsigen Hang davor entdecken wir die ersten Blüten der zur „Blume der Nordwest-Territorien" gewählten Silberwurz und lesen die dort aufgestellten Gedenktafeln, die an den Inuit-Führer und Campleader Peter Pitseolak, an die „Nascopie" (ein untergegangenes Schiff der Hudson's Bay Company) und an ein paar mit dem Boot verunglückte Polizeibeamte erinnern. Heute aber können wir im Abendlicht eine herrliche Aussicht auf das noch ziemlich vereiste Tellik Inlet und die Nachbarinsel Mallikjuaq genießen.

Kurz nach neun Uhr kommt Ooloosies zweite Schwester mit Toonoo Sharky, einem Enkel von Nuna Sharky und trotz seiner erst fünfundzwanzig Jahre bereits ein preisgekrönter Künstler. Begleitet werden die beiden von einem Freund, Padlaya Qiatsuk, der nur wenig älter ist und über den doch schon in dem bekannten Buch über Inuit-Kunst „Masters of the Arctic (Meister der Arktis)" berichtet wird. Wir reden ausführlich über das von ihnen auf unterschiedliche Weise bearbeitete, von Mythen bestimmte Thema „Bird Spirit (Vogelgeist)".

Als wir wieder unter uns sind, gesteht uns Ooloosie, sie habe unserem Besuch mit Skepsis und einem gewissen Bangen entgegengesehen. Noch nie habe sie Qallunaat in ihr Haus aufgenommen und es auch diesmal nur David und seiner Frau, einer Kollegin, zu Gefallen getan. Nun aber müsse sie uns offen sagen, welche Freude es ihr und Adamie bereite, uns als Gäste bei sich zu haben. Offenbar haben wir eine Bewährungsprobe bestanden.

Auch ahnten wir nicht, daß wir Cape Dorset in den kommenden Jahren viele Male besuchen würden, um gute Freunde wiederzusehen. Der Ort entwickelte sich zu einer zweiten Heimat für uns.

Sonntag, 18. Juni

Tag des „Staatsbesuchs". Kleidung, auch zum offiziellen Lunch: „casual", also freizeitlich. „Nach dem Frühstück", so schreibt Ricky in unser Reisejournal, „haben wir erst einmal versucht, Ordnung in die Verwandtschaftsverhältnisse der Künstler zueinander zu bringen." In der Tat erleben wir zum ersten Mal, wie verflochten die Beziehungen in Inuit-Siedlungen sind. Wir dürfen uns glücklich schätzen, bei einer so eng in die „Kunstszene" eingebundenen Familie zu wohnen. Als David uns gegen zehn Uhr mit dem Wagen zum Flugplatz bringt, sagen wir ihm das. Er nickt dazu und weiß von Kunsthändlern zu berichten, die sich lange schwer taten, direkt und nicht nur über die Co-op mit den Künstlern in Kontakt zu treten und mehr als bloß Handelsbeziehungen aufzubauen.

Auf der Straße hinauf zum Flugplatz strömen viele Menschen; das ganze Dorf scheint auf den Beinen zu sein. Als wir aus dem Wagen steigen, sind schon die ersten Twin Otters mit der Vorausbegleitung und akkreditierten Journalisten gelandet. Wenig später kreist eine zweimotorige Kenn-Borek-Air-Chartermaschine über der Insel und landet pünktlich wie angekündigt um 10:35 Uhr. Helmut Kohl und Jean Chrétien werden von der Bevölkerung mit Jubelrufen begrüßt. Leger gekleidet machen sich beide zu Fuß auf den Weg hinunter ins Ortszentrum, um sie herum ein Handvoll Sicherheitskräfte, viele Presseleute und natürlich auch Inuit, vor allem Kinder. So bietet sich uns ein fröhliches und buntes Bild; ein Volksfest wird gefeiert.

„Dürfen auch zwei Deutsche Sie hier in Cape Dorset willkommen heißen?" wende ich mich an den Bundeskanzler. Seine Antwort: „Aber natürlich! Wie kommen Sie denn hierher?" Ich antworte, die Frage betont wörtlich nehmend: „Mit dem Flugzeug natürlich - wie Sie; es gibt doch keine anderen Möglichkeiten." Er lacht: „So habe ich es mit meiner Frage nicht gemeint!" Während Ricky und ich links und rechts vom Kanzler gehen, entwickelt sich daraus ein Gespräch über unser gemeinsames Interesse am Alltag der Inuit, ihrer Kultur und ihren künstlerischen Leistungen. Wir zeigen auf das hoch am Hang liegende Haus, in dem wir Gast sind, und haben das Gefühl, Helmut Kohl würde in diesem Augenblick gern unsere Arktisreise miterleben. Kanadas Premierminister Chrétien hat sich uns inzwischen von rechts genähert, offensichtlich von Kohls Dolmetscher in den Vorgang eingeweiht, und begrüßt uns beide scherzend mit Handschlag: „It's very good that you come to Cape Dorset and bring your money to our country - es ist gut, daß ihr nach Cape Dorset kommt und euer Geld in unser Land bringt!" Wir lachen alle herzlich; die Szene wird von einem Blitzlichtgewitter begleitet.

Als der Bundeskanzler sich einem Schlittenhundeteam zuwendet, bleiben wir zurück, nunmehr von deutschen und kanadischen Fernseh- und Zeitungsjournalisten neugierig nach unserem Woher und Wohin befragt. Am Rande sehen wir Adamie und Ooloosie stehen, die sich mit und über uns freuen, ein wenig stolz auf ihre Gäste.

Der Besuch nimmt seinen geplanten Verlauf, die hohen Herren gehen zu den verschiedenen Kunstwerkstätten und schließlich zum wohlorganisierten Lunch in der Festhalle mit geladenen Gästen, vorwiegend Inuit. Bundeskanzler Kohl und Premier Chrétien nehmen an der Kopftafel Platz, dazwischen die Bürgermeisterin von Cape Dorset, Akalayuk Qavavau, und Jack Anawak, *seinerzeit der*

einzige Inuit-Abgeordnete im kanadischen Bundesparlament und gegenwärtig
„Minister of Community Government and Transportation (Minister für Gemeinde-
angelegenheiten und Transportwesen)" in der Nunavut-Territorialregierung. Auf
einem großen Buffet wird Inuit-Kost angeboten: gekochtes Karibufleisch, Karibu-
Stew, Wandersaibling und Salate. Alle Gäste, auch die beiden Regierungschefs,
bedienen sich selbst. Nach dem Mahl folgen traditionelle Inuit-Darbietungen:
Throat Singing und sportliche Geschicklichkeitsspiele. Schließlich werden den
Regierungschefs kleinere Inuit-Kunstwerke als Geschenk überreicht. Die Rückkehr zum Flugplatz erfolgt mit dem eigens dazu bereitgestellten gelben Schulbus
(ich glaube, in ganz Nordamerika gibt es die gleichen typischen Schulbusse). Die
Chartermaschine mit den Besuchern hebt planmäßig um 14:40 Uhr ab.

18. Juni, nachmittags

Als irgendwann am Nachmittag ein junger Inuk kommt, werden wir uns erneut
bewußt, daß die Häuser meist nicht verschlossen sind. Ohne anzuklopfen treten Inuit-Besucher einfach ein. Klopft aber jemand an, dann ist es ein Nicht-
Inuk. Markusie Papikatuk, ein noch nicht zwanzigjähriger, doch bereits in unserer Namensliste aufgeführter junger Künstler, steht auf einmal mitten im
Zimmer, um uns einen kleinen, den Kopf nach hinten wendenden Polarbären
aus dunklem Serpentinit zu zeigen. Gesprächsweise erfahren wir, daß er Willies
Vetter ist. Da dürfen wir ihn natürlich nicht enttäuschen und erwerben die kleine Skulptur. In der Gemeinde sind wir offenbar inzwischen als Kunstinteressen-
ten recht bekannt.

Nachdem Markusie gegangen ist, fragen wir Adamie nach seiner eigenen
künstlerischen Arbeit. Da zeigt er uns einen Bären, dessen Nase abgesplittert ist.
Adamie hatte die fertige Steinskulptur zur Co-op bringen wollen; beim Anlassen des Skidoo hatte er nicht aufgepaßt, und das Unglück war geschehen.

Nun aber hat er eine Idee: Er will den beschädigten Bären „transformieren" und uns als Erinnerungsgeschenk nach Deutschland „on the other side of the world" mitgeben. Diese andere Seite der Welt hatte ihn offensichtlich sehr beeindruckt, als wir ihm am Vorabend in seinem großen Weltatlas unseren Herkunftsort zeigten. Auf das Ergebnis der „Transformation" sind wir nun sehr gespannt. Wird er es bis zu unserer Abreise schaffen?

18. Juni, abends

Ooloosie hat für den Abend wieder ein außergewöhnliches Festessen vorbereitet: Robbensuppe mit Reis, gekochtes Robbenfleisch und Karibu-Stew, dazu als Getränk wie üblich mit gefiltertem Wasser aufgefülltes Saftkonzentrat. Zu neunt sitzen wir um den Küchentisch auf allen Arten von Sitzgelegenheiten, selbst Mülleimern, einfach, aber gemütlich. Das Fleisch schneiden wir mit dem Ulu, dem typischen Inuit-Frauenmesser. Als wir unser eigenes, in Pond Inlet erworbenes Ulu an den Tisch bringen, wird es kritisch begutachtet. Und wahrhaftig, ein paar Wellen im Schliff scheinen nicht akzeptabel, weshalb sich Adamie seiner annehmen wird.

Es ist kurz vor zehn, als ein Fahrzeug vor dem Hause anhält. Es klopft; wir erkennen sofort, das müssen Nicht-Inuit sein. David erscheint mit Pat, seiner wie er aus Neufundland stammenden Frau. Sie bringen uns ein Videoband, das ihre zehnjährige Tochter beim Kanzlerbesuch aufgenommen hat. Adamie und David bearbeiten das Fernsehgerät. Es dauert eine kleine Weile, und dann können wir „the historical event - das historische Ereignis" nochmals nacherleben. Wenig später erkennen wir uns auch in den offiziellen Fernsehnachrichten wieder. Unsere Gastgeber sind ganz aufgeregt vor Begeisterung über so viel „Prominenz".

Montag, 19. Juni

Für Ooloosie hat ein normaler Werktag begonnen. Sie verläßt gegen acht Uhr das Haus, doch nicht bevor sie uns zum Frühstück köstliche Pancakes vorbereitet hat. Gegen zehn Uhr erscheint dann Pootoogook. Adamie schultert einen kleinen Rucksack mit Proviant, und wir gehen zu viert hinunter zum Ufer, wo Adamie ein Schlittengespann für die Überfahrt nach Mallikjuaq zusammenstellt. Die Insel ist viereinhalb Quadratkilometer groß und soll in einen Naturschutzpark umgewandelt werden; schon jetzt ist sie als „historischer Park" ein geschütztes Gebiet. Ricky steigt zu Adamie auf das Schneemobil, Pootoogook und ich halten uns auf der Schlittenabdeckplatte fest, und nun gleiten wir in rascher Fahrt über das in der hellen Sonne gleißende Eis des Tellik Inlets. Auf der gegenüberliegenden Seite hat sich Packeis zusammengeschoben. Wir verlassen das Gespann und klettern über Eisplatten und Steingeröll ans Ufer. Rechts von uns türmen sich zerklüftete Felsen auf. Wir steigen jedoch auf weichem Tundraboden einen sanften Hang empor und erreichen bald eine Hochfläche. Auf ihr hat sich ein See gebildet, an dessen Ufer wir die überwachsenen Überreste von steinernen Winterhäusern aus der Thule-Zeit finden, ringförmig strukturiert und mit noch gut erkennbaren Eingängen. Die Landschaft mit Hügeln, Wasser und Licht ist von überwältigender Großartigkeit. Plötzlich rauscht Flügelschlag über uns und beeindruckt uns noch mehr: Ein Schwarm Schneegänse fliegt zum nahe gelegenen See und läßt sich am Rande nieder.

Wir wandern zur anderen Seite der Insel hinüber, wo sich über den Felsen ein Inuksuk vom Meereshintergrund abhebt. Unweit davon sind kleinere Felsbrocken zu einem Kajakstand aufeinander geschichtet; er hatte die Fellbespannung von Kajaks vor der Freßlust der Schlittenhunde zu schützen. Wir steigen nun über zerklüftete Felsen, und mitten im Felsengewirr machen uns Pootoogook und Adamie auf eine Steinanhäufung aufmerksam - ein altes Grab. Durch die Spalten zwischen den Steinbrocken fällt Sonnenlicht und beleuchtet menschliche Knochen. Mein Blick fällt auf den Schädel des Toten, und eine Gänsehaut läuft mir über den Rücken.

Schweigend klettern wir weiter und suchen lange nach einer Fuchsfalle aus dem vergangenen Jahrhundert, die hier noch unverändert zu finden sein soll. Schließlich entdecken wir sie - ein steinernes Verlies, in das Köder gelegt wurden. Hatte der Fuchs den Weg hinein gefunden, dann gab es für ihn kein Zurück mehr, denn die rettende Zugangsöffnung lag für ihn unerreichbar hoch.

Pootoogook drängt. Die Flut naht, und wir müssen uns auf den Rückweg machen. Quer durch die Felsen suchen wir uns den Weg zur Südseite, an der wir gelandet waren. Noch bleibt kurze Zeit für ein Picknick, dann holt Adamie das Schlittengespann näher, und wir fahren zurück nach Cape Dorset.

„Wollt ihr heute nachmittag oder morgen früh den Kinngait besteigen?" fragt uns Pootoogook. „Besondere Bergerfahrung ist nicht nötig, jedoch einige Ausdauer und feste Wanderstiefel. Allerdings ..." Wir hören ein paar Zweifel aus seinen Worten. Ganz so einfach scheint die Sache doch nicht zu sein. Jedenfalls widmen wir den Nachmittag lieber wieder der Kunst, diesmal den Steindrucken; man soll nicht übertreiben.

18. Juni, nachmittags

David führt uns telefonisch bei Jimmy Manning ein und bittet ihn, uns die Räume zu öffnen, in denen die Lithographien und andere Druckarbeiten hergestellt werden. Jimmy ist einer der verantwortlichen Leute von West Baffin Eskimo Co-operative. Augenblicklich hat er zwar wenig Zeit, denn er ist im Begriff, für zwei Tage wegzufliegen. Dennoch stellt er sich uns für einen kurzen Rundgang zur Verfügung - *es ist der Beginn einer guten Freundschaft, wie wir in den kommenden Jahren herausfinden werden.* Adamie zeigt uns Lithografien seiner Mutter. Sie sind wunderschön, und wir beschließen, einige Drucke zu erwerben, wollen dazu jedoch am nächsten Tag mit mehr Ruhe wiederkommen.

19. Juni, abends

Ooloosie bereitet uns abends eine sehr schmackhafte Hühnersuppe. Da steht auf einmal Kelly Qimirpiq mit einer gewaltigen Steinskulptur mitten im Zimmer: „Habt ihr Lust, sie zu kaufen?" Lust hätten wir wohl, dennoch müssen wir ablehnen, denn unser Gepäck ist schon jetzt übergewichtig. Wir sind froh, daß er nicht enttäuscht ist, und erklären ihm, daß wir im nächsten Jahr wiederkommen und uns rechtzeitig ankündigen werden. Da würden wir uns dann freuen, wenn er eine - allerdings nicht zu gewichtige - Steinskulptur für uns vorbereitet hätte. Ricky ergänzt, Kelly könne ihr eine ganz besondere Freude mit einer Skulptur von Sedna bereiten, und fragt, ob ihn dieses Motiv wohl reize. Doch seltsamerweise scheint Kelly weder das Aussehen noch die Legende über die Meeresgöttin Sedna zu kennen (*nachträglich denke ich, sie war ihm wohl unter dem Inuit-Namen Talilayuk bekannt, doch wir haben ihn an jenem Abend nicht mehr danach gefragt*). Uns ist Sednas oder Talilayuks traurige Geschichte schon in vielen Varianten begegnet. Deshalb schauen wir auf Ooloosie und Adamie: „Sollen wir erzählen?" Ooloosie hebt zustimmend die Augenbrauen, und Adamie nickt uns zu. Ricky beginnt zu erzählen, Ooloosie übersetzt in Inuktitut, und alle sitzen gespannt um uns herum.

„In den alten Tagen, als die Menschen noch anders waren als heute, da wuchs in Padlei nahe Arviat ein Mädchen namens Talilayuk auf. Es wehrte sich lange Zeit, einem Manne anzugehören; deshalb gaben die Leute dem Mädchen auch den Beinamen ‚die sich dem Mann verweigert'. Eines Sommermorgens lag auf dem Schlafplatz des Mädchens ein farbiger Stein, der sich in einen

123

Hundemann verwandelte und es zur Frau machte. Sie bekamen vielerlei Kinder: Inuit, aber auch Qallunaat, das sind ‚Menschen mit Augenbrauen‘, also Weiße, und noch andere Menschen. Das Kindergeschrei störte Talilayuks Vater in seiner Ruhe, und er brachte deshalb Tochter, Hundemann und Kinder allesamt mit dem Umiaq, dem großen Familienboot, auf eine nahe gelegene Insel. Zur Versorgung der Familie mit Nahrung band Talilayuk nun ihrem Hundemann täglich ein Paar Stiefel um den Hals und ließ ihn zum Zeltplatz des Vaters hinüberschwimmen. Der Alte füllte die Stiefel mit Fleisch, und der Hundemann brachte sie zur Insel zurück. Als der Hundemann eines Tages wieder an Land geschwommen war, um das Fleisch abzuholen, tauchte vor Talilayuks Zelt ein Kajak auf. Darin saß ein gutaussehender, schlanker Mann, der sie zum Mitkommen aufforderte. Da sie Gefallen an ihm fand, stieg sie zu ihm in den Kajak. Nach einer Weile erreichten sie einen Eisberg, den der Mann erklimmen wollte, um Ausschau zu halten, weshalb er den Kajak verließ. Da erkannte die Frau zu ihrem Schrecken, daß ihr neuer Freund nur von kleiner Statur war und ihr bloß beim Sitzen im Kajak bedeutend erschien: Er war ein Fulmar, ein Sturmvogel. Sie begann bitterlich zu weinen. Er aber lachte nur, stieg wieder in den Kajak und setzte die Fahrt mit ihr fort. Schließlich gelangten sie zu einem Camp mit vielen Menschen. Sie landeten, und er führte sie zu einem Zelt, in dem sie nun zusammen leben würden. Nach dem Verstauen seines Kajaks ging er zu ihr ins Zelt und machte sie zu seiner Frau. Nach drei Tagen verließ er sie und brach auf, um Robben zu jagen. Talilayuks Vater hatte währenddessen den Hundemann in seinem Zelt zurückgelassen und war mit dem Umiaq zur Insel seiner Tochter übergesetzt, um nach ihr zu schauen. Da merkte er, daß sie verschwunden war, und machte sich auf die Suche nach ihr. Er ruderte lange Zeit auf dem Meer umher, bis er zu dem Camp kam, wo seine Tochter jetzt lebte. Er sah sie dort vor dem Zelt des Sturmvogels sitzen und forderte sie auf, mit ihm zurückzukehren. Sie gehorchte, und er versteckte sie im Umiaq zwischen Robbenfellen. Noch waren sie nicht weit gekommen, als sie sich von einem Mann im Kajak verfolgt sahen, und bald erkannten sie den Sturmvogelmann, der seine Frau zurückholen wollte. Als er sie eingeholt hatte, verlangte er von der jungen Frau, sie solle ihre Hand in die Höhe strecken. Sie aber zeigte sich nicht und verhielt sich ganz ruhig unter den Fellen. Nun verlegte er sich aufs Bitten und fragte nach ihrem Handschuh, doch sie hielt sich weiter verborgen. Da versuchte er mit Schmeicheln, ihrer ansichtig zu werden. Vergebens. Darüber begann er heftig zu weinen und legte dabei seinen Kopf in die Hände. Diesen Vorteil nutzte Talilayuks Vater. Er ruderte nach Kräften voran und ließ den Kajakfahrer weit zurück. Nach einiger Zeit jedoch bemerkten sie, daß etwas Seltsames sie verfolgte, das sie nicht recht zu erkennen vermochten. Zuweilen glich es einem Sturmvogel, dann aber schien es ein Kajak zu sein. Es erhob sich hoch in die Lüfte, glitt danach wieder fischartig durchs Wasser und erreichte unversehens den Umiaq. Es umkreiste ihn wieder und wieder - und war auf einmal verschwunden. Darauf begann das Meer zu wogen, erst sanft, dann immer stärker, und ein wild heulender Sturm peitschte das Wasser auf. Bald waren sie von tosenden Wellen umschlossen. Das rettende Ufer war weit, und der Alte fürchtete zu ertrinken. In seiner Angst vor der Rache des Sturmvogels stürzte er seine hilflose Tochter über die Bordkante ins Meer. Sie aber klammerte sich verzweifelt an den Bootsrand; der Umiaq drohte zu kentern. So griff der Vater zum Beil und hieb ihr die vorderen Fingerglieder ab. Kaum berührten diese das Wasser, verwandelten sie sich in Narwale; die Fingernägel aber wuchsen lang und länger und wurden zum Einhorn. Doch die junge Frau hatte die Reling nicht losgelassen. Wieder schlug der Alte zu; die mittleren Fingerglieder fielen ins Meer und wurden alsbald zu Weißwalen. Als der Vater schließlich die letzten Fingerglieder abhackte, entstanden aus diesen lauter Robben. Die junge Frau aber hing mit ihren Handstümpfen noch immer am Bootsrand. Da stieß der Alte ihr das Ruder mitten ins Gesicht. Sie verlor ihr linkes Auge und stürzte nun rücklings ins Meer. Der Vater aber erreichte das rettende Ufer. Dort wartete auf ihn noch immer der Hundemann mit seinen Stiefeln, um seinen Kindern Fleisch zur Insel hinüber zu bringen. Der Alte aber füllte die Stiefel mit Steinen und bedeckte sie nur obenauf zur Tarnung mit wenig Fleisch. Der Hundemann machte sich zur Insel auf, doch als er ein Stück weit ins Meer hinaus geschwommen war, zogen ihn die Steine in die Tiefe, und er ertrank. Der Alte aber suchte sich unten am Meeresstrand einen neuen Platz für sein Zelt. Als er sich darin zum Schlafen legte, herrschte Ebbe. Es kam die Flut, und ihr folgte wieder die Ebbe. Da war der Alte verschwunden. Talilayuk aber verwandelte sich in die Meeresgöttin Sedna. Sie lebt bis heute am Grunde des Meeres in einer Hütte aus Walrippen und Steinen. Sie hat nur ein Auge und gleitet in den Wassern umher, die Arme zu Stümpfen verformt, das eine Bein an den Körper gebogen, das andere zur Flosse verwandelt. Ohne Hände kann sie ihr Haar nicht kämmen. So bleibt es oft ungeordnet und zeigt an, daß Sedna zürnt. Doch wem es gelingt, ihr Haar sorgsam zu kämmen und zum Zopf zu flechten, der kann sie besänftigen; ihm gibt sie ihre Meerestiere zur Jagd auf Nahrung frei. Sednas Vater schläft in ihrer Hütte unter seinem Zelt. Der Hundemann aber hat seinen Platz draußen vor der Tür."

Kelly hat mit zunehmender Aufmerksamkeit gelauscht. Das war eine Geschichte, wie die Alten sie im Camp an langen Winterabenden erzählt haben mochten. Ooloosie bittet darauf ihren Mann, den Videofilm „Eskimo Artist Kenojuak" vorzuführen, der seine Mutter und ihre Familie, auch den damals zweijährigen Adamie, Anfang der sechziger Jahre bei der Reise von ihrem Wintercamp über das Meereseis nach Cape Dorset zeigt. Die Geräusche der winterlichen Arktis und Bilder, vom Schein des Qulliqfeuers als Schattenspiele auf die Zeltwand projiziert, rufen versunkene Märchen in unserer Phantasie wieder wach. Menschliche und tierische Nähe lassen uns Geborgenheit und Wärme in der eisigen Kälte der Polarnächte nachfühlen. Solche Impressionen mögen es gewesen sein, die Kenojuak zur Künstlerin reifen ließen.

Wir erfahren im Film, wie Terry Ryan, der 1960 als künstlerischer Berater in den Dienst der West Baffin Eskimo Co-operative getreten war, sie und ihre Arbeit fördert. Ihre Äußerungen offenbaren uns zudem ihre Gedankenwelt. Etwa zur Bedeutung des Jagens: „Er ist glücklich, bei der Kooperative Steinblöcke zu schneiden, aber er ist viel glücklicher beim Jagen. Die Jagd ist noch immer der bedeutendste Teil von ihm." Oder über Papierbogen zum Druck von Lithografien: „Ein Stück Papier von der Außenwelt ist so dünn wie die Schale des Eies eines Schneefinken". Oder über den Kosmos der Inuit und der Qallunaat: „Ach sieh: Wir dachten, er [der Mond] ist flach, sie denken, er ist rund. Wie seltsam zu finden, daß die Sonne so viel weiter weg ist als der Mond; wir dachten immer, es sei die gleiche Entfernung. Diese Fremden, die Sonne und Mond in Bildern festhielten, sie kennen die ganze Welt und mehr. Ich kenne die Welt zwischen hier und unserem Camp; das ist alles, was ich weiß." Der Film hinterläßt bei uns allen einen tiefen Eindruck vom Leben der Inuit in den 50er Jahren.

Adamie fühlt sich so inspiriert, daß er mit Kelly und anderen Inuit, die während des Erzählens hinzugekommen waren, nach draußen zu seinem Arbeitsplatz geht und den verunglückten Bären zur Hand nimmt. Die Künstler diskutieren lange in der hellen Hochsommernacht, und Adamie beginnt den Stein umzuformen. Als wir um Mitternacht in den Schlaf sinken, klingt in unseren Ohren das Lied seiner Schleifwerkzeuge.

Dienstag, 20. Juni

Wir fangen an, über unser Gepäck nachzudenken. Es hat den Anschein, daß Koffer und Rucksäcke nicht mehr alles fassen, was sich bei uns an Informationsmaterialien und Papieren angehäuft hat. Sollten wir nicht besser alle Dinge, die wir keinesfalls mehr benötigen, vorab auf dem Postweg nach Hause schicken? Wir schenken Adamie unsere voluminöse Aluminiumwasserflasche, das bringt fast zwei Liter Raumgewinn. Ich mache mich nun einfach daran, alles zu pakken, um mehr Gefühl für unser Transportvolumen zu bekommen, und siehe, es zeichnen sich sogar noch Reserven ab. Wir geben nur Drucksachen auf die Post.

20. Juni, nachmittags

Adamie hat Selleriesuppe gekocht; wir genießen solche Abwechslungen. Das Telefon klingelt: Nuna Parr, ein international anerkannter Steinschneider, ist für ein paar Stunden vom Camp zurückgekehrt und bringt Grüße mit von Kenojuak, dazu einen „tanzenden Bären", den er während seines Campaufenthalts geschaffen hat. Infolge seiner Reputation als Künstler kennt Nuna keine Absatzprobleme. Umsomehr wissen wir deshalb die uns erwiesene Ehre zu schätzen, daß er uns als ersten seine neueste Steinskulptur anbietet. So lassen wir uns ohne langes Überlegen von Adamie zu Nunas Haus bringen, wo uns ein arktisches Stilleben erwartet: Umgeben von seiner Familie empfängt uns Nuna, noch in Reisekleidern, in seinem großen Wohn- und Küchenraum. Ein paar Schneegänse, während der Schlittenreise geschossen, hat er mitten im Raum auf den Boden geworfen, und ein paar Reiseutensilien dazu. Am Hinterausgang ist der steinerne Bär deponiert - sehr gut gelungen, ein wahres Meisterwerk, aber leider wieder einmal viel zu schwer und zu groß für uns. Wie Kelly tags zuvor müssen wir nun auch Nuna schweren Herzens nein sagen. Allmählich wird uns klar, daß wir bei späteren Besuchen von Inuit-Künstlern vor allem eine „Logistik" brauchen, die den Erwerb auch größerer Stücke ermöglicht.

„Drum Dancer" (Trommeltänzer), Steinskulptur
im Unikkaarvik Visitors' Centre (Iqaluit)

Einem Iglu nachempfundene anglikanische Kirche St. Jude in Iqaluit

St. Jude – Altar

Modernes Schulgebäude in Iqaluit: Nakasuk School

Nunavuts Hauptstadt Iqaluit: Commissioner's House

Parlamentsgebäude (Iqaluit)

Sitzungssaal im Parlamentsgebäude

Kinngait, der hohe Berg im Süden von Cape Dorset

Auf Mallikjuaq, einer Insel gegenüber Cape Dorset,
führt uns Adamie zu einem Inuksuk.

Adamie arbeitet an einer Skulptur.

Miaji (Mary) Pudlat (1923 – 2001)
beim Zeichnen im Lithoshop 1997

Toonoo Sharky, Cape Dorset: Vogelgeist (1995)

Ijitsiaq Peter beim Anschirren seines Huskyteams

Ijitsiaq, 1937 noch im Camp geboren, zeigt beispielhaft, wie herausragende Inuit-Persönlichkeiten ihr Leben zwischen Tradition und Gegenwart zu gestalten wissen: Einerseits ein ausgezeichneter Jäger, der mit seiner Familie noch die kulturellen Bindungen an die Zeit vor dem Umzug in die Siedlung Cape Dorset pflegt (vgl. dazu auch das Foto auf dem Einband), wird er andererseits in der Literatur über moderne Inuit-Kunst in den Kreis hervorragender Steinbildhauer einbezogen.

Kindertagesstätte in Cape Dorset –
der Grundriß ist einem Qarmaq nachgebildet.

Beim Spielen in der Tagesstätte

Walroßjäger im Treibeis der Hudson Strait

Wie am Vortag erwogen kehren wir danach zum Co-op-Steindruckzentrum („Printshop") zurück und suchen eine Reihe schöner Grafiken aus - von Kenojuak Ashevak, Pitaloosie Saila, Pudlo und Miaji Pudlat, dazu eine Puppe von Annie Manning. Doch die Belastung soll nicht zu groß werden. Deshalb lassen wir uns all diese Kunstwerke nach Deutschland nachschicken.

20. Juni, abends

Am Abend kommt David vorbei und lädt uns zu einer Spazierfahrt mit seinem geländegängigen Wagen ein. Diesmal fahren wir ganz hinaus zum Apalooktook Point, einem wildromantischen Platz für Picknicks und Camps, wo viele Inuit, aus der Siedlung fliehend, im Sommer ihre Freizeit verbringen. Der Tundrakies ist noch naß und von der Schneeschmelze aufgeweicht. Unser Fahrzeug mahlt sich fest, und der Vierradantrieb versagt seinen Dienst. Schon befürchten wir, einen längeren Fußmarsch zur Siedlung zurück antreten zu müssen, als die Räder doch noch greifen. Wir lachen befreit und denken wieder einmal: „So ist halt die Arktis!" David bittet uns bei der Rückkehr zu sich nach Hause. Er erzählt uns von seiner Arbeit als „Director for Development", als Leiter der Gemeinde-Entwicklung (*inzwischen füllt David übrigens die gleiche Funktion in der Siedlung Inuvik aus*). Es ist ein beschwerlicher Weg, selbst einer so bekannten Gemeinde wie Cape Dorset neue wirtschaftliche Quellen zu erschließen. Von Kunst allein kann die Siedlung nicht existieren. Die Förderung von Fremdenverkehr bietet sich zwar als zusätzlicher Weg zu mehr Wohlstand an, doch wird mit solcher Weiterentwicklung zugleich ein hoher Preis fällig: Man bezahlt mit dem Verlust der Ursprünglichkeit. Wir sind uns aber einig, daß daran allemal kein Weg vorbeiführen wird. Man mag es bedauern, aber die Arktis wird mehr und mehr ihre Unberührtheit verlieren.

Mittwoch, 21. Juni

Noch einmal gehen wir durch die Siedlung. David zeigt uns Verwaltungseinrichtungen, den Sitz des Mayors (Bürgermeisters) und den Sitzungssaal. Als wir nach Hause kommen, arbeitet Adamie noch immer intensiv an seiner Skulptur. Er nimmt letzte kleine Korrekturen vor und gibt ihr den letzten Schliff. Dann sind wir alle drei froh, daß aus dem beschädigten Stück nun doch ein „transformiertes" Kunstwerk geworden ist: Die zerbrochene Bärennase hat sich in einen Vogelschnabel verwandelt, und den Rücken zieren Vogelschwingen. Die Hinterpfoten sind unverändert geblieben, doch aus den Vorpfoten wurden Karibuhufe. Und die Bärenrückseite ziert anstelle eines Schwanzes ein menschliches Gesicht. Wir halten die „Metamorphose eines Polarbären" im Arm.

Die Sonne scheint von wolkenlosem Himmel, die Luft ist warm, 12° C, und es weht ein leichter Wind - so kündigt sich in Cape Dorset der Sommer an. Für uns aber gilt es, Abschied von dem Haus zu nehmen, das uns fünf Tage lang Heimat gewesen war. Schließlich kommt David mit seinem Allzweckwagen. Zur Erinnerung schenkt er uns die Kopie des kurzen Videofilms, den seine Tochter während des Kanzlerbesuchs gedreht hat. Dann bringt er uns mit dem Gepäck zum Flugplatz, wo Fred Schell uns erwartet. Wir geben das Gepäck auf, doch ist noch so viel Zeit bis zum Abflug, daß David uns zu einer Abschiedsrundfahrt einladen kann. Es geht zum Haus von Pauta Saila und zum Ice Lake, dem Wasservorratssee, wo sich die Siedlungsbewohner zu Zeiten vor der Wasserzulieferung Eisblöcke für ihr Trinkwasser holten. Dann fahren wir an dem leider geschlossenen Uksivik Coffee Shop & Bakery vorbei zum Flugplatz zurück.

Heute heißt das kleine Lokal nicht mehr Uksivik, sondern Cal's Coffee Shop, und es ist auch keine Bäckerei mehr. Es ist nun ein viel frequentiertes kleines Restaurant, wo man zur mittäglichen Lunchzeit alle möglichen Bekannten treffen und das Neueste aus der Siedlung erfahren kann. Wir haben das gemütliche Lokal bei unseren Aufenthalten in Cape Dorset immer wieder gern besucht, und Cal hat uns alle lokalen Ereignisse, die sich während unserer Abwesenheit zutrugen, verläß- lich genau erzählt.

Die ganze Familie bis auf Ooloosie und das Baby hat sich inzwischen auch am Flugplatz eingefunden, selbst Mighty wuselt zwischen unseren Beinen her- um. Unten aus dem Dorf sehen wir dann doch noch Ooloosie zu Fuß langsam zum Flugplatz heraufkommen. Ihre Vorgesetzte hat ihr freigegeben. Wir umar- men uns, Ooloosie gibt uns noch zwei kleine von Hand gefertigte Püppchen aus Karibugeweih (Mann und Frau) und eine Kopie des uns so beeindruckenden Videofilms „Eskimo Artist Kenojuak" als Andenken mit auf die lange Reise; der Abschied fällt schwer.

Dann besteigen wir die wartende Hawker Siddeley 748, diesmal eine Ma- schine der First Air. Wir sind zehn Passagiere, als wir nun nach Westen starten, den dunklen Wolkentürmen entgegen. Bald liegt Baffin Island hinter uns. Nach einer knappen Flugstunde landet unser Flieger zu einem Zwischenstopp auf der Piste von Coral Harbour; wir haben Southampton Island im Norden der Hud- son Bay erreicht. Das Wetter ist bedeckt und unfreundlich; wir frösteln, als wir das Flugzeug für kurze Zeit verlassen.

Die Insel Southampton war die Heimat der lange Zeit von der Außenwelt iso- liert lebenden Sallirmiut, die hier vermutlich als letzte Nachfahren der als Tuniit bezeichneten Menschen der Dorset-Kultur eine Nische zum Überleben gefun- den hatten. Anders als die meisten übrigen Inuit lebten sie in festen Häusern aus Stein, Torf und Walknochen, trugen Kleidung aus Bärenfell und benutzten Waffen mit Flintsteinspitzen. Doch zu Beginn des 20. Jahrhunderts fiel die gesamte Bevölkerung bis auf nur noch fünf Sallirmiut Seuchen zum Opfer, die weiße Walfänger 1899 eingeschleppt hatten - Tuberkulose, Masern und Wind- pocken. Auf Southampton Island ist Coral Harbour die einzige Siedlung; ihr

Inuktitut-Name lautet Salliq (große flache Insel vor dem Festland) und meint damit eigentlich die ganze Insel. 1924 mit der Verlegung eines Postens der Hudson's Bay Company von Coates Island nach hier gegründet zählt die Siedlung heute etwa 700 Einwohner; es sind die Nachkommen von Aivilingmiut-Inuit aus der Wager Bay- und Repulse-Region und von Okomiut-Inuit der Baffin-Insel. Der ausgedehnte Handel mit Walprodukten hatte sie nach hier geführt. Der Sallirmiut-Stamm ist mittlerweile ganz ausgestorben. Der Name der Ortschaft stammt von versteinerten Resten eines Korallenriffs in der näheren Umgebung, das zu Zeiten entstanden war, als hier noch tropisches Klima herrschte.

Besuchenswert sollen vor allem die beiden auf Southampton Island eingerichteten Vogelschutzgebiete sein: im Osten das „East Bay Bird Sanctuary" und im Westen das „Harry Gibbons Bird Sanctuary". Die wenigen Touristen, die sich in den Sommermonaten auf Fototouren führen lassen, verhelfen den Ortsansässigen zu ein paar Einkünften. Sonst aber bestreiten die hier lebenden Inuit nach wie vor ihren Lebensunterhalt durch die Jagd auf Polarbären und Walrosse.

Nach dieser Zwischenlandung sind außer Ricky und mir nur noch fünf Mitfliegende an Bord. Schon kurze Zeit später blicken wir auf die Insellandschaft unter uns, dann steigt die Maschine höher und durchdringt die Wolken; wir sind von phantastisch aussehenden Wolkentürmen umgeben, die sich je nach Sonneneinfall seltsam grau, weiß und rosa schattiert färben. Plötzlich reißen die Wolken über der Hudson Bay auf, und wir sehen dann deren Westküste auftauchen - der Anflug auf Rankin Inlet im Distrikt Keewatin beginnt.

Kivalliq, Rand des Festlands

Rankin Inlet und Zeltcamp am Meliadine River • Chesterfield Inlet, „Vatikan des Nordens" • „Honda-Rodeo" zum Dritten See • Krankenbetreuung in der Arktis • „Kultureller Austausch auf ganz privater Ebene"

Der im Westen der Hudson Bay gelegene Distrikt Keewatin ist ein ausgedehntes, unfruchtbares und überwiegend felsiges Plateau. Geologisch gehört es zum Kanadischen Schild, einer präkambrischen, noch aus dem Archaikum stammenden Felsformation. Die Wortbildung Keewatin ist indianischen Ursprungs und bedeutet das Land des „Windes aus dem Norden". Hier leben etwa 5 000 Menschen, überwiegend Inuit, Inuktitut ist daher die vorherrschende Sprache. Da die Siedlungen mit einer Ausnahme, Baker Lake, am offenen Meer liegen, nennen die Inuit ihr Wohngebiet am Westufer der Hudson Bay Kivalliq, „Rand des Festlands".

Rankin Inlet - benannt nach John Rankin, einem englischen Polarforscher des 17. Jahrhunderts - wurde 1955 durch die North Rankin Nickel Mines Ltd. als Bergbau-, Verwaltungs- und Transportzentrum gegründet, nachdem 1929 erstmals Nickelvorkommen entdeckt worden waren. Bei den Inuit heißt der in einer Bucht der Hudson Bay gelegene Ort Kangiqliniq, was „tiefe Bucht" bedeutet. Lebten zuvor an dieser Stelle nur wenige Menschen, so zog die Eröffnung der Mine Inuit aus weitem Umfeld an, da sie hier Arbeit fanden. Die Siedlung entwickelte sich rasch und erlangte durch das Bergbauunternehmen eine relativ hohe Wirtschaftskraft. Bereits fünf Jahre nach der Gründung standen ein Hudson's Bay Company Store, ein Hospital, drei Kirchen, die Verwaltungs- und viele Wohngebäude für die Beschäftigten. Doch schon nach sieben Jahren, 1962, waren die Mineralvorkommen erschöpft, und die Mine wurde aufgelassen.

Es bedurfte nun großer Anstrengungen, neue Wirtschaftsquellen zu erschließen, etwa ein Handelszentrum, Fisch verarbeitende Industrie, Kunsthandwerkstätten. Die Erholung ging zwar nur langsam vonstatten, dennoch hat sich die Siedlung mit inzwischen über 2 000 Einwohnern zur bedeutendsten Gemeinde des Keewatin-Distrikts entwickelt. Mit ihrer auch für Düsenjets geeigneten Landebahn dient sie als Eingangstor zum ganzen umliegenden Gebiet. In Rankin Inlet sollen im übrigen, so entnahmen wir unserem kleinen Arktisreisehandbuch, unzählige Seen und noch viel mehr Mücken (mosquitoes) denjenigen erwarten, der hier die Einsamkeit sucht. Die Mücken werden gleich nach der Schneeschmelze aktiv, denn auch sie nutzen offensichtlich den kurzen Sommer und haben keine Zeit zu verlieren.

21. Juni, nachmittags

Als wir aus dem Flieger steigen, kommt uns eine junge Frau schon auf dem Flugfeld entgegen - Tamara Waite von der Hudson Bay Tour Company, die sich um uns kümmern will. Wir hatten erstmals im Winter mit ihr korrespondiert und freuen uns nun, sie persönlich kennenzulernen. Sie hilft uns beim Verladen des Gepäcks und bringt uns zu unserer Unterkunft, dem Siniktarvik Hotel. Wir sind erstaunt, ein modernes und hohen Ansprüchen genügendes Hotel mit Lounge und elegantem Speiseraum vorzufinden. Allerdings fehlt ein Aufzug zum Obergeschoß, weshalb ich das schwere Gepäck über die Treppen hochwuchten muß. Doch unser Zimmer überrascht uns dann wieder durch seine Geräumigkeit und die Ausstattung mit Telefon, Radio, Kabel-TV, und auf dem Tisch erwartet uns ein großer, vielfältig bestückter Früchte- und Snackskorb als Geschenk des Hauses. Schade, daß wir hier nur eine Nacht bleiben werden.

Mit Tamara besprechen wir das Programm der kommenden Tage. Sie berichtet uns, daß alle Details unseres Aufenthalts genau vorgeplant und unseren

Vorstellungen und Wünschen angepaßt wurden. Interessantestes Ausflugsziel sollte das Mündungsgebiet des Meliadine River sein, der sich im Osten von Rankin Inlet in die Hudson Bay ergießt, und die dort gelegene Ijiraliq Archaeological Site, eine freigelegte Thule-Siedlung aus dem 15. Jahrhundert mit Qarmaqs (Zelthütten) und Zeltringen. Gleich am nächsten Morgen sollten wir mit Kivalliq Tours eine „Yesterday & Today Keewatin Tour" in die Umgebung unternehmen, die uns auch zu den besagten Ausgrabungsstätten führte. Wegen der gut zugänglichen Bay und der vielen Seen und Flüsse gilt diese Gegend überdies als Anglerparadies. Über Nacht wollten wir in einer Cabin bleiben, tags darauf nach Rankin Inlet zurückkehren und danach noch ein paar Stunden mit Stadtbummel und, falls möglich, Künstlerbesuchen verbringen. Tamara erzählt uns nun, der Veranstalter der Tour sei leider verhindert, doch habe sie eine vollwertige Alternative organisiert. Morgen früh werde uns ein englisch sprechender Inuk, Louis Taparti, abholen und mit uns ins Camp seiner Eltern fahren. Eine Änderung des ursprünglichen Programms sei nur insofern eingetreten, als wir nicht in einer festen Hütte nächtigen würden, sondern im Zelt. Wir haben keinerlei Einwände, schließlich haben wir ja auf der Tour zur Eiskante das Schlafen im Zelt geübt.

Gemeinsam mit Tamara essen wir abends im Hotelrestaurant wieder einmal Wandersaibling, diesmal sehr gut nach Art des Hauses zubereitet. Danach schauen wir uns noch im Keewatin-Besucherzentrum um, das sich unter einem Dach mit dem Hotel befindet. Es ist erstaunlich, wie ansprechend hier über die Tier- und Pflanzenwelt von Keewatin berichtet wird. Zudem werden traditionelle Kleidung und Beispiele des Lebensstils der Thule- und der modernen Inuit gezeigt.

Auf unserem Zimmer beginnt danach wieder das nun schon übliche Umpacken: Für die eine Nacht im Zelt brauchen wir nur einen großen Rucksack und die Schlafsäcke. Da es draußen kalt und regnerisch geworden ist, nehmen wir auf Tamaras Empfehlung keine Schutzkleidung gegen Mücken mit. Hilfreich ist auch, daß wir alle nicht benötigten Dinge bis zur Rückkehr im Zimmer lassen können. Der Raum ist noch nicht wieder vergeben, und uns entstehen daraus nicht einmal zusätzliche Kosten - das ist arktische Großzügigkeit.

Donnerstag, 22. Juni

Nachdem wir unseren Hunger mit Snacks aus dem Früchtekorb gestillt haben, trinken wir unten im Restaurant nur noch Frühstückskaffee zum Wärmen, denn vor der Tür ist es noch immer naßkalt. Nacheinander gesellen sich Tamara, dann unsere heutigen Begleiter Louis Taparti und seine Frau Andrea, bald danach noch kurz Louis' Vater Lucien Taparti und schließlich auch Ronna Bremer von der Zeitung „Northern News" zu uns. David Patrick aus Cape Dorset hatte Ronna über unser Kommen informiert, nachdem wir uns zu einem Interview bereit erklärt hatten. Unsere Arktisreise und der Kanzlerbesuch auf Baffin Island scheinen für ihre Leser so interessant, daß sie eine halbe Zeitungsseite mit ihrem Bericht füllt.

Louis hat drei ATVs vor dem Hotel bereitgestellt, mit denen wir zu viert nun aufs Land fahren wollen. Es nieselt; alles ist naß und grau, doch mit +8° C relativ warm. Wir verlassen uns auf unsere Sympatex-Bekleidung und die Schutzhelme. Nach kurzer Fahrinstruktion sitzen wir auf und brummen los.

Ricky scheint sich einen abweichenden Kurs in den Kopf gesetzt zu haben; sie will sich offenbar von uns entfernen und steuert langsam nach links auf eines der benachbarten Häuser zu. Ich kurve zurück. Sie macht hinter der Schutzbrille ein abweisendes Gesicht und knurrt etwas, das sich wie „unmögliches Gefährt" anhört. Dabei hat Louis ihr doch das einzige ATV mit automatischem Getriebe überlassen. Ein neuer Versuch, doch wieder weicht Ricky vom „rechten" Pfad ab. Links im Westen liegt der Magnetische Nordpol, ist es das? Louis will uns jedoch zu seinem Camp bringen, das im Osten liegt. Er hat ein Einsehen, übernimmt der Widerspenstigen Zähmung, und Ricky kann sichtlich erleichtert bei Andrea hinten aufsteigen.

Dann endlich knattern wir durch Nieselregen und auffrischenden Wind, erst über ordentlich geglättete Straßen, bald aber über immer unebener werdende Feldwege und durch kleinere und größere Pfützen, schließlich durch weglose Landschaft - wir reisen aufs Land. Louis macht eine weit ausholende Geste nach rechts: „Meliadine River!" und deutet dann auf einen Hügel: „Thule-Stätten!" Schließlich erklimmen wir mit den Fahrzeugen einen langgestreckten Höhenzug und fahren auf dem Kamm, einem Esker entlang. Mit diesem (aus „eiscir", Hügelkette abgeleiteten) Wort bezeichneten ursprünglich die Iren dammartige Kiesrücken von wenigen 100 Metern bis mehreren Kilometern Länge und bis 50 Metern Höhe in Grundmoränenlandschaften, Relikte der Eiszeit. Der Ausdruck hat sich in der Arktis längst als Fachbegriff durchgesetzt.

Am Südwesthang erheben sich links unter uns drei weiße Zelte vor einem ausgedehnten See aus der Tundra, rechteckig mit First wie Bauernhäuser. Wir rollen vorsichtig hinunter und sind am Ziel, eine gute Stunde von Rankin Inlet entfernt. Es nieselt noch immer.

Lucien ist schon vor uns eingetroffen. Seine Frau Mary-Ann und er heißen uns willkommen und führen uns zu unserem mit Matratzen und Wolldecken versehenen Zelt aus kräftigem Segeltuch. Wir bringen rasch unser Gepäck unter und lassen uns dann im Zelt unserer Gastgeber nieder. Noch immer finden wir das Sitzen auf dem Boden nicht besonders bequem, doch werden wir uns wohl im Laufe weiterer Zeltaufenthalte daran gewöhnen. Der Coleman-Kocher verbreitet im Zelt eine angenehme Temperatur. Bei Kaffee und Rosinen-Bannock, einer uns neuen Backspezialität, werden wir wieder warm und vor allem trocken. Während der Zeit ist Mary-Ann mit Handarbeiten beschäftigt. Sie fertigt winzige Stiefelchen aus Robbenfell zum Aufhängen als Wand- oder Christbaumschmuck.

Nachdem der Regen aufgehört hat, wandern Louis und Andrea mit uns zum

Angeln auf der anderen Seite des Eskers hinunter zum Fluß. Überall blüht jetzt purpurner Steinbrech auf der noch graubraunen Tundra. Das Wasser des Flusses gurgelt und rauscht durch aufgeborstenes Eis, und noch immer weht ein verhältnismäßig starker Wind. In einer Bucht werfen wir Angeln aus, doch beißt kein Fisch an; vermutlich ist es zu windig. Ricky verliert einen Angelhaken, der sich am steinigen Grund des Flusses verfängt. Da huscht ein Erdhörnchen, von den Inuit nach seinem Ruf „Siksik" genannt, über den Tundraboden, macht Männchen und scheint sich über uns auch noch lustig zu machen. Mit der Fotokamera fange ich es ein. Die wieselflinken Tiere gelten als die Meister des arktischen Tunnelbaus. In Notzeiten wurden auch sie gejagt; sie sollen wie Hühnchen schmecken.

Mary-Ann und Lucien fischen weiter oben. Sie haben mehr Glück als wir, und so brauchen wir beim Lunch im Camp nicht zu darben. Dort läßt sich Louis schließlich vor dem Zelt auf die Knie nieder und schneidet frische Char-Filets zurecht, wobei er großzügig alle weniger schönen Teile verwirft. Derweil bereitet Mary-Ann den übrigen Fang - außer Wandersaiblingen sind ihr auch Äschen mit typisch stahlblauem Rücken an den Angelhaken gegangen - zum Trocknen vor. Dazu schlitzt sie die Fische an Bauch und Rücken fast bis zum Schwanzende auf, nimmt sie aus, schneidet das Fleisch würfelförmig ein und hängt sie dann, das Innere nach außen, nebeneinander über eine Leine am Zelt. Inzwischen brät Louis die Filets mit viel Zwiebeln in der Pfanne und reicht dazu Maccaroni mit Käsesoße und Karibufleisch, was für uns wiederum ein Festmahl bedeutet.

22. Juni, nachmittags

Es ist drei Uhr nachmittags geworden. Die Wolken sind verschwunden, und der Wind hat sich gelegt. So besteigen Louis mit Andrea und ich mit Ricky die ATVs. Wir fahren zur Ijiraliq Archaeological Site, der freigelegten Thule-Siedlung, steinernen Zeugen aus dem 15. Jahrhundert (Zeltringe, Vorratskammern, Gräber, Tierfallen), die durch geebnete Wege und sogar Holzstege verbunden und mit Tafeln sehr anschaulich beschrieben sind; diese Art der Darstellung ist für andere historische Stätten beispielgebend.

Hier im Mündungsgebiet des Meliadine River hat sich viel Eis aufgestaut. Das strahlende Licht zeichnet bizarre Strukturen in Blau und Weiß. Auf der Tundra des Ufers blüht hellweiße Silberwurz.

Als wir zum Camp zurückkehren, sticht die Sonne und das Thermometer zeigt +16° C. Da kommen Mary-Ann und Lucien aus ihrem Zelt. Sie haben wunderschöne traditionelle Inuit-Gewänder angelegt. Lucien hält Trommel und Schlegel in den Händen. Mary-Ann läßt sich nieder und intoniert im Sprechgesang ein Inuit-Lied, eine lange Ballade aus früherer Zeit. Lucien schlägt dazu auf den Rand seiner Trommel; er umkreist die Sitzende mit eigentümlich stampfendem Tanzschritt und untermalt deren Gesang durch rhythmisch ausgestoßene Kehllaute - eine Darbietung nur für uns, ihre Gäste. Was wir zuvor nicht wußten: Die beiden sind immer wieder öffentlich aufgetreten und für ihren Trommeltanz berühmt. Einmal sollte sie sogar ein Engagement nach Deutschland führen, wozu es dann jedoch nicht kam.

Auf einmal setzt sich eine schwarze, ziemlich träge Mücke auf meinen Handrücken, bald eine zweite, und dann werden wir alle auf einmal von Myriaden von Moskitos umschwärmt. Trotz der Wärme hüllen wir uns fest in unsere Jacken, tragen die Mützen mit heruntergeklappten Ohrenschützern und brechen schwitzend nochmals zum Fluß auf, um ein weiteres Mal unser Anglergeschick zu erproben. Wir lassen uns die Hände zerstechen und haben dennoch kein Glück. Im Zelt zurück herrschen jetzt zwar angenehme Temperaturen, doch scheint das auch für Mücken zu gelten. Wir schließen alle Öffnungen und begeben uns auf Moskitojagd.

22. Juni, abends

Louis und Andrea bitten Ricky und mich zum Abendessen in ihr neues Zelt, ein Hochzeitsgeschenk von Louis' Eltern für das junge Paar. Andrea erwartet im nächsten Monat ihr erstes Baby, und wir wundern uns, wie viele Zigaretten sie ungeachtet dessen täglich raucht. Der Coleman-Kocher verbreitet auch jetzt wieder mollige Wärme, im Gespräch erfahren wir, daß Louis längere Zeit im Süden Kanadas verbracht hat. Jetzt ist er Assistent des Inuit-Parlamentsabgeordneten Jack Anawak (den wir ja in Cape Dorset kennengelernt haben). Als er von uns hört, es gebe an der Stuttgarter Universität eine Dozentin mit Lehrauftrag für Inuktitut, bittet er um deren genaue Anschrift. Verbindung zu solchen Instituten aufzunehmen, habe eine gewisse Bedeutung für das zukünftige Nunavut.

Im batteriegespeisten Radio beginnt um halb elf eine uns ganz eigentümlich anmutende Sendung. Ein Erzähler berichtet in monoton klingendem Inuktitut Begebenheiten aus der Vorsiedlungszeit. Er trägt allabendlich zur selben Stunde vor und reiht Geschichte an Geschichte, wie dies traditionell an langen Winterabenden im Iglu geschah. Bei den Zuhörern soll solches Erzählen das Wissen über die eigene Vergangenheit wachhalten. Louis faßt zwischendurch das Gehörte für uns zusammen. Wir trinken schwarzen Tee. Die Sonne versinkt, und im Zelt wird es dunkler. Wir fühlen uns in eine andere Welt versetzt. Nach einer halben Stunde endet das Erzählen. Alfred Brendel wird angesagt mit einer Klaviersonate von Beethoven, der „Appassionata". Alles ist so unwirklich. Das Camp, die Tundra, Seenflächen und Hügel sind in mitternächtliches Zwielicht getaucht, als wir wie verzaubert unser Zelt aufsuchen.

Freitag, 23. Juni

Das Auspacken des Schlafsacks hatten wir uns erspart. Die Nacht war uns bei ca. 0° C nur unter den einfachen Decken dann aber doch recht kühl vorgekommen, weshalb wir früh auf den Beinen sind. Im übrigen erwartet uns Tamara ja auch gegen neun Uhr in Rankin Inlet zurück. Lucien ist ebenfalls zeitig wach geworden und verläßt sein Zelt. Als wir zusammen in die Morgensonne blinzeln, beginnt er unvermittelt in seinem bruchstückhaften Englisch von sich und seinen Erlebnissen zu erzählen. Er ist Ende Sechzig und noch im Iglu geboren, lebte in früheren Jahren wie seine Eltern von der Jagd und vom Fischfang in der Back River- und Wager Bay-Region. Einmal kam er einem Polarbären zu nahe; der zog ihm mit der Pranke eine breite Spur über die Kopfhaut. Als 1955 die Nickelminen in Rankin Inlet erschlossen wurden, verdingte er sich als Minenarbeiter. Doch währte dies nur ein paar Jahre, da die Nickelminen schon nach kurzer Zeit erschöpft waren. Lucien wie auch sein jüngerer Bruder fand danach (1963/64) Arbeit in der Nähe von Yellowknife im dort florierenden Goldbergbau, doch zwang ihn eine Berufskrankheit schließlich zum Aufgeben. Sein kulturelles und kirchliches Engagement hat darunter jedoch nicht gelitten; zeitlebens hat er für die Erhaltung der überkommenen Inuit-Kultur gestritten. Seit seiner Tätigkeit in den Nickelminen ist Rankin Inlet seine Heimatgemeinde. Hier bewohnt er mit seiner Frau ein festes Siedlungshaus; richtig daheim jedoch fühlen sich die beiden nur in ihrem Camp. Wann immer es die Witterungsverhältnisse zulassen, verbringen sie ihre Tage „on the land".

Durch Zufall erfuhren wir aus dem Internet, daß Lucien im März 1997, allein auf der Jagd, einem Herzanfall erlegen ist; ein Suchtrupp hat ihn in der Box seines Qamutiks tot aufgefunden. Die Inuit der Keewatin-Region verloren mit ihm eine ihrer großen Führungspersönlichkeiten.

Inzwischen sind auch Louis und Andrea aufgestanden und haben Kaffee zubereitet, den wir im Stehen trinken. Danach verstaue ich unser Gepäck auf dem ATV. Der Abschied von Lucien, Mary-Ann und Andrea ist herzlich. Mary-Ann drückt jedem von uns beiden ein Paar von ihren selbst gefertigten Fellstiefelchen als Andenken in die Hand. Dann startet Louis sein ATV, Ricky setzt sich hinter ihn, und auch ich lasse den Motor an. Sofort umsirren uns die ersten Moskitos und bleiben erst zurück, als uns kräftiger Fahrtwind ins Gesicht bläst. Nach einer knappen Stunde erreichen wir Rankin Inlet.

Zurück im Siniktarvik Hotel begrüßt uns Tamara. Sie ist belustigt, als sie von unseren gestrigen ATV-Fahrabenteuern hört. Und wieder mache ich mich ans Ein- und Umpacken; mit der Zeit erwerbe ich eine gewisse Meisterschaft in dieser „Disziplin". Danach unternehmen wir einen Rundgang durch den Ort. Eigentlich bräuchte man dazu einen ganzen Tag, doch so viel Zeit haben wir nicht. Rankin Inlet besitzt ein bedeutendes Inuit-Kulturzentrum, Ivalu, was „Sehne" bedeutet; Sehnen wurden früher als Nähgarn verwendet. Das Kulturzentrum dient der Bewahrung und Pflege von Sprache und Lebensweise der Inuit. So werden dort wichtige Dokumente, zum Beispiel seltene Filmaufnahmen aus den zwanziger Jahren, konserviert. Zugleich lassen sich dort kunstvoll gefertigte Inuit-Kleidungsstücke besichtigen und auch erwerben. Da uns jedoch gerade noch vier Stunden Zeit bis zum Abflug bleiben, sparen wir uns das Ivalu für einen späteren Besuch auf und gehen zur Matchbox Gallery, so genannt nach Form und Größe des Gebäudes, in dem sich eine Galerie befindet. Streichholzschachtel, „matchbox", hießen aus dem gleichen Grund allgemein die ersten in die Arktis gebrachten Siedlungshaustypen. In der Galerie wird seit mehr als zwei Jahrzehnten auf kunsthandwerklichem Gebiet gearbeitet. Sie aufzusuchen war uns mehrfach empfohlen worden, da hier künstlerisch begabte Inuit die Chance erhalten, sich an bestimmten Projekten zu beteiligen. Sie lernen auf diese Weise verschiedene Kunstgebiete kennen und können sich handwerkliche Fähigkeiten aneignen. Selbstverständlich widmet man sich der Steinbearbeitung für Skulpturen und dem Druck von Lithografien (genauer: von Steinschnitten); daneben wird gemalt und gezeichnet. Ein Projekt, das Jim Shirley, dem Leiter der Galerie, sehr am Herzen liegt, ist das Herstellen von Keramiken, und seit vergangenem Jahr werden auch Bronzegüsse von besonders gelungenen Arbeiten angefertigt. Leider können wir nur menschenleere Räume besichtigen, da alle Künstler jetzt zu Anfang des Sommers draußen in ihren Camps sind.

Wir bedauern, daß uns nach einem anschließenden Bummel nur noch Zeit für ein Lunch im Hotelrestaurant bleibt, dann sagen wir Tamara am Flugplatz „Goodbye" und hoffen auf einen späteren Besuch, dem auch ein Bootsausflug nach Marble Island vorbehalten bleiben muß, 50 Kilometer von Rankin Inlet entfernt in der Hudson Bay gelegen. Auf dieser von Legenden umwobenen Insel befindet sich das Gräberfeld von James Knight und seiner Schiffsmannschaft, die im 18. Jahrhundert vergeblich nach der Nordwestpassage suchten. Auch sollen hier einige Wracks von Walfangschiffen des 19. Jahrhunderts recht gut erhalten sein.

23. Juni, nachmittags

Nach zwanzig Minuten Flug mit einer HS 748 der Calm Air landen wir auf der Staubpiste von Chesterfield Inlet (von den Igluligaarjuk genannt, „Ort mit ein paar Schneehäusern"). Die Siedlung zählt 350 Einwohner und liegt am Eingang des gleichnamigen Meeresarmes, der sich nach Westen bis zum Baker Lake erstreckt. Zwar errichtete hier die Hudson's Bay Company 1911 ihren ersten festen Handelsposten in der Arktis, dennoch blieb die Siedlung bis heute neben Whale Cove (rund 310 Einwohner) die kleinste im Keewatin-Distrikt. Schon kurze Zeit nach der Company wurde die katholische Kirche hier ebenfalls aktiv (der kleine Scherz, wonach die Abkürzung HBC „Here Before Christus" bedeuten soll, hat also durchaus einen realen Hintergrund) und baute, neben einem Gotteshaus, ein Hospital und eine Missionsschule, in der zunächst Schulkinder unterrichtet wurden, dann aber Priester aus ganz Europa Kultur und Sprache der Inuit erlernten. Diese beiden dominierenden Bauten verhalfen Chesterfield Inlet übrigens zu seinem Ruf, der „Vatikan des Nordens" zu sein. Man kann den Ort recht gut auf einem Rundgang, dem Chesterfield Inlet Historical Trail, kennenlernen, den eine kleine Broschüre eingehend beschreibt.

Bei unserer Ankunft begrüßt uns schon an der Gangway eine auffällige Persönlichkeit, ein Inuk mit lederner Baseballkappe, rotem Halstuch, Wetterjacke, weißem Sweatshirt, Bluejeans und dicken Stiefeln - Simionie Sammurtok. Er spricht uns gleich wie alte Bekannte mit Namen an und erklärt auf unser verblüfftes Fragen grinsend und dabei die markante (übrigens für viele Inuit typische) Lücke seiner Schneidezähne entblößend: „You have been in TV with an interview - Wir haben euch im Fernsehen bei einem Interview gesehen!" Das „historische Ereignis" von Cape Dorset hat wieder einmal Wirkung gezeigt. Unser Gepäck wird in ein Sammeltaxi verfrachtet, einen hochmodernen Van, gesteuert von einem der unendlich vielen Verwandten Simionies; wir werden bald noch mehr Mitgliedern seiner Familie begegnen.

Über eine lange Staubstraße fahren wir zur Siedlung, vorbei an dem schräg an einer Hauswand angebrachten Schild „Welcome to Chesterfield Inlet!". Vor uns tauchen die aus Fotoreproduktionen bekannten Silhouetten von Hospital und Missionsgebäude auf, dann sind wir schon am einzigen Hotel des Ortes angekommen, dem Tangmavik Hotel mit 20 Betten in sieben Zimmern. 1951 wurde in dem Gebäude die erste Schule des Keewatin-Distrikts untergebracht und von Grey Nuns, katholischen Nonnen, betreut. Am Eingang erinnert eine Plakette an Victor Sammurtok, einen hoch respektierten Gemeindeältesten, nach dem die seinerzeitige Schule benannt war, und auch ein Foto der gesamten Sammurtok-Familie aus den frühen fünfziger Jahren ist dort angebracht. Heute wird das Hotel wird von der Pitsiulak Co-op Ltd. betrieben. Bob, der örtliche Co-op-Manager, ein Qallunaaq, begrüßt uns mit der in der Arktis üblichen Herzlichkeit, stellt uns Mathilda, die Küchenfee, vor und macht uns mit der modernen Einrichtung des Hauses vertraut. Außer uns beiden beherbergt das Hotel zur Zeit nur noch einen Gast, den behördlich bestellten Kontrolleur verschiedener technischer Einrichtungen des Ortes.

Wenig später taucht Simionie wieder auf, um uns ein wenig im Ort herumzuführen und den 1986 errichteten Gebäudekomplex des Hamlet Office zu zeigen. Chesterfield Inlet erhielt den Status eines „hamlet" im Jahr 1980 und verfügt seither über einen Mayor, also Bürgermeister, und einen Gemeinderat. Simionie ist ein Enkel von Victor Sammurtok und kann daraus noch heute für sich große persönliche Bedeutung in Chesterfield Inlet ableiten. Wenn wir ihn recht verstehen, dann hat er in vielen Bereichen der Gemeinde zu tun. Überdies ist er offensichtlich mit allen Bewohnern Chesterfields irgendwie familiär verbunden und hat zudem noch viele Verwandte in anderen Siedlungen. „Sag uns lieber, mit wem du nicht verwandt bist!" seufzen wir nach der soundsovielten Vorstellung. Seine Tätigkeit auf touristischem Gebiet firmiert zwar unter Kanayuk Sammurtok Outfitting, tatsächlich ist er jedoch der örtliche Vertreter der Hudson Bay Tour Company in Rankin Inlet.

Als uns im Gespräch mit unserem Hotelmanager klar wird, daß wir die ersten richtigen Touristen am Ort sind, fühlen wir uns in einer herausragenden Situation und harren mit Spannung der kommenden Abenteuer. Mathilda hat uns zum Abendessen gefüllten Schweinebraten, Gemüse, Kartoffelpüree bereitgestellt; dazu trinken wir Milch und nehmen als Nachtisch Schwarzwälder Kirschpudding (in der Arktis!).

23. Juni, abends

Gegen sechs Uhr holen uns Simionie und Nellie, seine junge, recht attraktive Frau, ab, und wir unternehmen einen Spaziergang zu den historischen Thule-Stätten in der Tundra östlich der Siedlung. Im strahlenden Licht der Abendsonne liegt das Missionshospital vor uns. Es ist als zweistöckiges Bauwerk eines der größten und augenfälligsten Gebäude des gesamten Nordens und dient nunmehr als Heim für Schwerstbehinderte. Darauf wenden wir uns dem ehemaligen römisch-katholischen Missionsgebäude zu. Es stammt aus dem Jahr 1912 und wurde rechtzeitig vor Wintereinbruch für die Patres Le Blanc und Turquetil, den nachmaligen Bischof, fertiggestellt. Heute sind hier katholische Laienbrüder untergebracht, die freiwillig ihren Dienst am Ort versehen. An mehreren christlichen Statuen, der Kirche und dem heutigen Missionsgebäude vorbei wandern wir zu einem fest am Boden verankerten Schiffsmast eines alten Hudson's Bay Seglers und steigen dann über die glattgeschliffenen Felsen des Kanadischen Schilds zu den Relikten der Thule-Zeit. Simionie erzählt uns gestenreich, die ehedem hier lebenden Ureinwohner seien außergewöhnlich stark und von gewaltigem Wuchs gewesen; sie hätten die riesigen Felsbrocken „einfach so" aufschichten können. Ricky und ich schauen uns an: Offensichtlich berichtet Simionie nicht von Thule-, sondern von Dorset-Menschen und deren Spuren. Eiderenten fliegen vorbei und lassen sich auf nahen Gewässern nieder. Ein Sandstrandläufer umkreist uns und versucht offenbar, uns wegzulocken. Zwischen Grasbüscheln am Boden entdecken wir sein Nest und ein Gelege mit fünf Eiern.

In der Ferne leuchten überall weiße Zelte auf. Viele der Einwohner des Weilers sind jetzt draußen in ihren Camps. Nellie erzählt uns von Schamanen, die es hierzulande noch geben soll; eine gewisse Scheu klingt in ihrer Stimme an. Wieder werfen Ricky und ich uns einen Blick zu: Zum ersten Mal ist uns gegenüber von einem Angakkuq, wie die Inuit Schamanen bezeichnen, die Rede; üblicherweise wird darüber geschwiegen oder deren heutige Existenz verneint. „Es ist ein weites Feld", würde Fontane den alten Briest dazu sagen lassen. Auf dem Rückweg schauen wir uns das alte Hudson's Bay Company-Gebäude an, nunmehr ein Northern Store.

Im Hotel lassen sich Simionie und Nellie im Speiseraum nieder, nehmen sich Kaffee und qualmen eine Zigarette nach der anderen: Simionie ist Co-op-Aufsichtsratsmitglied und fühlt sich deshalb hier wie zu Hause. Als wir uns gegen halb elf erschöpft zurückziehen, verlassen auch die beiden schließlich das Hotel.

Samstag, 24. Juni

In der Frühe macht sich Ricky mit Erfolg daran, die Waschküche für uns zu nutzen. In der Küche finden wir dann alles für unser Frühstück: Kaffee, Milch, Toastbrot, Butter, Käse. Kurz nach zehn erscheint Simionie, ein Bild des Jammers: Er hat Kopfschmerzen und fühlt sich krank und zerschlagen. Unser Aspirin® läßt ihn aber glücklicherweise innerhalb der nächsten Stunden wieder gesunden.

Bei einem Rundgang durch den westlichen Teil des Hamlet gesteht Simionie, daß er selbst die kleine Broschüre über Chesterfield Inlet nochmals studieren müsse, um uns alles richtig zu erzählen. Wir sind eben die ersten Touristen, und Übung macht bekanntlich erst den Meister. Draußen vor der Siedlung liegt ein einsames Grab, die letzte Ruhestätte der von einer Hundemeute getöteten Frau eines RCMP-Officers. Unweit davon verläuft der Zaun des Wasserreservoirs, aus dem die Tankfahrzeuge das Wasser für die Versorgung der Siedlungshäuser entnehmen. Weiter unten kommen wir an einem kleinen, ungenutzten Gebäude vorbei. Es ist die 1914 nach dem Rückzug aus Cape Fullerton entstandene und seit den sechziger Jahren verlassene Station der Royal Canadian Mounted

163

Police. Chesterfield Inlet verfügt heute über keinen Polizeiposten mehr; die nächste Dienststelle befindet sich in Rankin Inlet.

Wir gehen auf ein modernes Gebäude im Westrand der Siedlung zu, die neue Victor Sammurtok Elementary School. Samstags ist sie geschlossen, und Simionie muß bekennen, er habe den Schlüssel zu Hause vergessen; wir besichtigen das Gebäude also nur von außen. An den Gebäuden einer Fischverarbeitungsanlage und dem öffentlichen Kühlhaus, das auch Simionie selbst für seine Vorräte nutzt, sowie am großen Hamlet Office vorbei kehren wir zum Lunch ins Hotel zurück.

Als wir den Speiseraum betreten, beobachte ich mit wachsender Verblüffung, wie Simionie seine Zigarette auf der Schuhsohle ausdrückt und den Stummel zwischen Sohle und Oberleder verschwinden läßt. Man lernt doch immer wieder Neues!

24. Juni, nachmittags und abends

Der Northern Store ist heute zwar geschlossen, dennoch erwartet uns der Manager gegen zwei Uhr zur Besichtigung. Vieles erinnert noch an die alte Hudson's Bay Company, und Teile des ursprünglichen Gebäudes von 1911 sind unverändert erhalten geblieben. Seine heutige Größe und Gestalt erhielt der Komplex in den zwanziger Jahren; wir stehen also auf „historischem Boden". Selbst die Vorratsräume im Inneren und ihre Ausstattung sind im wesentlichen unverändert geblieben. Das sonst recht breite Warenangebot enthält, wie in Cape Dorset, keine Ansichtskarten, erneut ein Zeichen, daß man nicht mit touristischen Gästen rechnet.

Simionie verschwindet für eine Weile. Er muß noch sein ATV in Ordnung bringen, ein dreiachsiges sechsrädriges Gefährt mit Transportpritsche hinter dem Fahrersitz. „Honda" nennt Simionie das Gefährt, obwohl es von Polaris gebaut wurde. Kurz vor vier erscheinen er und Nellie mit hohen Gummistiefeln, die sie bei Verwandten leihweise für mich besorgt haben. Für Ricky hat Mathilda ihre bis zur Leiste reichenden Gummistiefel, „hipwaders", bereitgelegt.

Das Nachmittagsprogramm nimmt seinen Fortgang. Auf der einen Seite die Meeresbucht mit vielen kleinen Inseln, auf der anderen die flachen Barrenlands (wörtlich: unfruchtbares Land) bieten sich von Chesterfield Inlet aus gute Ausflugsmöglichkeiten. Sie hätten sich zwar auch in unserem Hotel erfragen und organisieren lassen, doch hatten für uns ja Lynda und Tamara vorgesorgt: Auch für diesen Part ist unser Outfitter Simionie zuständig. Er hat für uns einen Landausflug zum „Third Lake", zum Dritten See im Landesinneren vorgesehen, wo wir besonders prächtige Fische fangen würden. Die Anfahrt sei zwar etwas ruppig, weil dorthin - wie üblich - keine Wege gebahnt seien, dafür erwarte uns jedoch die schönste Landschaft von Kivalliq. Die Rückkunft sei für etwa acht Uhr abends vorgesehen.

Also steigt Ricky bei Nellie auf die zweiachsige Honda, und ich klettere auf Simionies Transportpritsche. In rascher Fahrt verlassen wir die Siedlung auf staubigem Weg, biegen auf die Tundra ab, holpern über immer größere Gesteinsbrocken. Ricky signalisiert, daß die Fahrt auf der kleinen Honda unerträglich wird und sie lieber zu Fuß gehen wolle. Zu Fuß? Wir sind zwar schon weit draußen, doch der Dritte See ist noch fern. Deshalb steigt Ricky zu mir auf die Ladefläche. Wir halten uns am Pritschenrand fest, so gut es geht, und dann beginnt, was ich von nun an „Honda-Rodeo" nenne: Die Fahrzeuge klettern mühsam zwischen den sich auftürmenden Felsbrocken hindurch und darüber, dann rollen sie wieder in rascher Fahrt über ein Stück flacher Tundra, um plötzlich abbremsend wieder über Felsen zu springen. Gespannt beobachten wir Nellie, die mit ihrem kleinen Gefährt zuweilen von Fels zu Fels fliegt, mit allen vier Rädern in der Luft. „Are we having fun?" - „Yes, we have!", aber doch mit einigen Einschränkungen.

165

Da öffnet sich vor uns ein morastiges Stück Tundra. Simionie gibt Vollgas - doch vergebens; wir sitzen fest. Absteigen, schieben, Morast spritzt auf, und wir haben es geschafft. Ihre erste Bewährungsprobe haben die geliehenen Gummistiefel nun bestanden. Nellie sucht den Durchgang an anderer Stelle, auch ihr Gefährt mahlt sich fest und muß durch den Morast geschoben werden. Noch ein Anstieg über die Felsen, und unter uns glänzt im strahlenden Sonnenlicht der Dritte See.

Was für eine Landschaft: karg, felsig, strauchlose Tundra, und dennoch großartig. Nellie: „Niemals möchte ich von hier wegziehen! Jeden freien Augenblick möchte ich hier verbringen, denn das ist für mich das schönste Land der Erde: Nunatsiaq!" Auf der Wasserfläche des Sees treibt noch eine große Eisplatte, von Wind und Strömung hin- und hergeschoben, und stößt an vorragende Uferkanten. An einer Uferstelle mit offenem Wasser machen wir halt und greifen zum Angelgerät, werfen die Kunststoff-„Leinen" mit Haken und Spiegel aus. Nellie aber überwindet katzenartig einen schmalen Übergang vom Ufer auf das Eis und wirft von dort die Angel ins Wasser. Lange Zeit haben wir keinen Erfolg. Simionie schiebt das auf den auffrischenden Ostwind. Nellie, mit leicht angewinkelten Knien und nach vorn gebeugtem Oberkörper, ganz in der Haltung, die wir von Inuit-Filmen kennen, versucht es nun mit „Jigging": Sie läßt die bloße Leine mit Haken und Spiegel senkrecht am Eisrand auf und ab tanzen - und stößt auf einmal einen wilden Schrei aus: Eine sich vehement wehrende armlange Forelle hängt am Haken und wird von Nellie aus dem Wasser gezogen. Nun ist auch Simionie nicht mehr zu halten und versucht, auf die Eisplatte überzuwechseln. Er strauchelt, doch Nellie gelingt durch rasches Zupacken, ihn vor dem Abgleiten ins Wasser zu bewahren. Nun gräbt Simionie mit dem Messer ein Loch ins Eis und führt die Leine hindurch, legt sich dann flach auf den Bauch und führt jo-jo-artige Bewegungen aus, aber ohne Erfolg. Also kehrt er ans Ufer zurück, wo Ricky und ich uns weiterhin vergebens bemühen, einen

Fisch mit der Angel zu fangen, und beginnt nun, Gras und trockene Wurzeln für ein Lagerfeuer zu sammeln. Er setzt einen Wasserkessel auf, und bald ist das Wasser heiß genug für einen Teeaufguß. Wir sitzen nun alle in der Sonne und genießen die Ruhe. Ein paar Eiderenten landen auf dem See, doch nicht nahe genug, um ein brauchbares Foto zu schießen. Nellie kann ihre Ungeduld kaum zügeln und eilt wieder zurück aufs Eis; bald schon zieht sie den zweiten und dritten Fisch aus dem Wasser.

Langsam werden Ricky und ich müde und auch ein wenig ungeduldig - es ist inzwischen acht Uhr. Doch bis wir endlich aufbrechen, vergeht noch eine halbe Stunde; die beiden von uns „gecharterten" Inuit-Outfitter können kein Ende finden. Als Simionie endlich einzupacken beginnt, versucht Nellie es nochmals mit der Angel - und hat die vierte Forelle am Haken. Endlich brechen wir auf. Auf halbem Weg begegnen wir zwei Dorfbewohnern und halten an, um ein wenig mit ihnen zu plaudern. In einiger Ferne lassen sich Eiderenten nieder. Wortlos verschwindet Nellie hinter Steinen in der Tundra. Als sie „nach der üblichen Wartezeit" nicht wiederkehrt, schauen wir Simionie an. Er meint lapidar: „Sie ist Eier suchen gegangen, das kann noch ein bißchen dauern." Jagdfieber läßt sie sogar ihre Gäste vergessen, und Eiderenteneier, doppelt so groß wie Hühnereier, sind wahrlich ein geschätzter Leckerbissen. Doch Nellie kehrt schließlich mit leeren Händen zurück. Dafür aber zeigen die beiden, was wahres Honda-Rodeo ist. Gegen halb zehn erreichen wir das Hotel, und unsere Outfitter beginnen wie tags zuvor, sich häuslich niederzulassen, eine Zigarette nach der anderen rauchend.

Wir besprechen das morgige Programm. Lynda hatte befürchtet, daß das Land zur Zeit unseres Aufenthalts noch schneebedeckt sei, was die möglichen Aktivitäten etwas einschränken könnte. Sie hatte deshalb für den morgigen Sonntag vorgesehen, daß wir vormittags einem traditionellen Gottesdienst beiwohnen und den Rest des Tages mit Simionie und seiner Familie verbringen sollten „to have some cultural exchange on a purely intimate level - für einen kulturellen Austausch auf ganz privater Ebene". Bei ihnen sollten wir auch über Nacht bleiben. Simionie hält das für einen guten Plan: Er will uns rechtzeitig zum Gottesdienst vor der Kirche treffen, und nachmittags könnten wir ja gemeinsam versuchen, mit mehr Erfolg zu fischen. Zum Dinner wird es ein Festmahl geben. Wir legen uns nur für den Vormittag und das Dinner fest, zumal Simionie für uns Besuchstermine bei den Grey Nuns im Hospital und im Health Centre vereinbart hat. Schließlich deuten wir an, daß wir nun doch recht müde geworden seien, und wenig später können wir allein und in aller Ruhe ein kleines Abendessen zu uns nehmen.

Nach den Erlebnissen des heutigen Tages bereitet uns der Gedanke an den morgigen Tag und vor allem an die Übernachtung in Simionies Haus einiges Kopfzerbrechen. Nicht lange danach erscheint Bob. Er überschaut die Situation mit einem Blick und bietet uns an, „falls uns das hilfreich" sei, als sein Gast im Hotel wohnen zu bleiben. Wir sprechen über unsere Erfahrungen, „erste Touristen" zu sein. War für heute abend nicht „evening entertainment with drum dancing - Abendveranstaltung mit Trommeltanz" geplant gewesen? In Chesterfield Inlet gibt es gar keine Trommeltänzer, hören wir nun. Wir werden Simionie wohl noch genauer danach fragen müssen.

Sonntag, 25. Juni

Schräg gegenüber unserem Hotel liegen Kirche und Missionsgebäude, wie fast alle Gebäude in der Arktis aus Holz gezimmert und hell gestrichen, in der grellen Morgensonne. Vereinzelt kommen Kirchgänger; es ist kurz vor halb elf, und wir warten auf Simionie. Er bleibt aus. So treten wir durch eine einfache Holztür in den Vorraum der Kirche, „gathering room" genannt, und werden fast zurückgeworfen, so dick steht Zigarettenqualm in der Luft. In der Kirche selbst sind wir zunächst fast noch die einzigen, doch dann füllen sich langsam ein paar Bänke. Am Ende werden es etwa fünfundzwanzig Erwachsene, überwiegend Frauen, und zehn Kinder sein, die den Gottesdienst feiern. Der Raum ist schlicht und doch würdevoll. Uns beeindrucken besonders die Fenster, die in ihrem oberen Teil biblische Szenen und unten das traditionelle Leben der Inuit darstellen. Wir nehmen ein Liederbuch zur Hand. Es ist in Inuktitut gedruckt, mit Syllabismen und lateinischen Zeichen, die Liedüberschriften zudem in Englisch und Französisch. Mehrere Frauen, Inuit und Qallunaat, treffen Vorbereitungen für die Messe. Eine ältere Weiße intoniert auf einem einfachen Harmonium ein Lied, und die Meßfeier beginnt. Wir singen mit, auf Inuktitut, da wir die Texte im Liederbuch lesen können. Lesungen, in Inuktitut und „for the Qallunaat - für die Nicht-Inuit" auf Englisch, werden ausschließlich von Frauen gesprochen. Wir sehen keinen Priester und hören später: Er ist in eine andere Siedlung gereist und wird erst am Abend zurück erwartet. Daher wird die Kommunion von Laien ausgeteilt. Als die Messe beendet ist, sehen wir uns noch ein wenig in der Kirche um. Die Harmoniumspielerin kommt auf uns zu, begrüßt uns und stellt sich als eine der drei im ehemaligen Missionshospital tätigen Grey Nuns vor, Sr. Dolores. Simionie hatte unseren Besuch ja für den frühen Nachmittag angekündigt. Wir sind dort herzlich willkommen und nach der Besichtigung zu Kaffee und Gebäck eingeladen. Der Zigarettenqualm und nunmehr auch der Geruch nach Kaffee sind im „gathering room" inzwischen nur noch stärker geworden. Wir fliehen ins Freie.

Als wir beim Lunch sitzen, erscheint Simionie, ein wenig verlegen, da er offensichtlich verschlafen hat. Als wir ihm darlegen, es bringe wohl für alle nur Umstände mit sich, wenn wir mit unserem ganzen Gepäck die Nacht in seinem Hause verbrächten, wirkt er erleichtert. Offensichtlich hatte ihm dieses Thema ebenfalls Kopfzerbrechen bereitet. Unsere Frage nach dem vorgesehenen Drum-Dancing-Abend wird dahingehend beantwortet, die Künstler seien noch „on the land" und könnten leider wegen des aufkommenden starken Windes nicht zurückkehren. Wir denken an das Gespräch mit Bob und schweigen.

25. Juni, nachmittags

Um zwei Uhr begleitet uns Simionie beachtenswert pünktlich zu den Grey Nuns. Wir wundern uns, wie bescheiden Simionie der uns öffnenden Schwester gegenübertritt. Es ist Sr. Dolores, die wir ja schon kennen. Sie war lange Jahre Lehrerin an der Victor Sammurtok-Schule gewesen, auch Lehrerin von Simionie (daher also dessen ehrfürchtiges Verhalten). Jetzt obliegt ihr die Leitung und Verwaltung des nach der Heiligen Theresa benannten Hauses. Das Hospital war 1931 fertiggestellt worden und wird seit jener Zeit von Grey Nuns aus Winnipeg betreut, deren Mutterhaus sich in St. Boniface (Winnipeg) befindet. Alle Baumaterialien und die gesamte Ausstattung wurden mit dem Schiff angeliefert und mußten vom Ufer zum Bauplatz geschafft werden. Noch jetzt sind die Holzplanken zu sehen, auf denen damals die Transportkarren mit Seilwinden vom Wasser heraufgezogen wurden; als einsames Denkmal steht noch ein Fahrgestell am Eingang des Hospitals. 1949 und 1956 wurden Erweiterungsflügel an beiden Seiten des Gebäudes hinzugefügt. Heute ist es das einzige Haus der Region, in dem pflegebedürftige Menschen betreut werden - geistig und körperlich schwerstbehinderte Kinder und Erwachsene, zum Beispiel mit Hirnschäden durch Hirnhaut- und Gehirnentzündung oder nach Geburtsschäden und erblichen Stoffwechselkrankheiten. Die Patienten stammen aus ganz Nunavut. Sie sind in jeder Beziehung ausgezeichnet versorgt, auch mit orthopädischen Hilfen, Rollstühlen und Schutzgeräten.

Wir lernen drei der insgesamt vier betreuenden Schwestern kennen, alle nicht mehr jung, weil es an Nachwuchs fehlt. Jede hat ihren Kompetenzbereich. Es sind wunderbare, starke Persönlichkeiten mit einer herzlichen, warmen Ausstrahlung.

In dieser Abgeschiedenheit, ohne die Möglichkeit irgendeiner Abwechslung außer der Vertiefung in ihren Glauben, leisten sie über Jahrzehnte eine ganz außergewöhnlich schwere Arbeit. Sr. Thérèse Isabelle trägt seit vielen Jahren die wesentliche Verantwortung bei der medizinischen Betreuung und Versorgung der Heimbewohner. Sie ist in den Methoden moderner Heilkunde derart gut bewandert, daß sie jederzeit einspringen kann, wenn die Krankenschwester im nahen Gesundheitszentrum wegen Überlastung nicht mehr allein zurechtkommt.

Wir treten hinaus auf einen großen Balkon und blicken hinunter auf Nebengebäude der Mission, zum Beispiel das frühere Hühnerhaus für 200 Legehennen zur Eierversorgung von Mission und Siedlung, ein kleines auch heute noch genutztes Gewächshaus und hinüber zu einem kleinen See, dem Mission Lake, auf dem vor dem Zweiten Weltkrieg oft ein Wasserflugzeug der Diözese landete und medizinische und andere notwendige Güter anlieferte. Nach einem gemütlichen Plausch bei Kaffee übernimmt die dritte Nonne unsere Führung. Sie ist fürs leibliche Wohl zuständig, und daher untersteht ihr das von oben gesehene Gewächshaus, in dem sie vielerlei Gemüse und Salate für die Heimbewohner angepflanzt hat. Zum Abschied erhält jeder von uns ein paar Radieschen mit auf den Weg - hier eine Rarität.

An dieser Stelle sei ergänzend berichtet: Sr. Thérèse Isabelle kehrte krankheitshalber im Frühjahr 1999 nach Winnipeg zurück; am 13. September 1999 ist sie dort verstorben (wir standen bis zuletzt mit ihr in brieflichem Kontakt). Zuvor hatte sich bereits Sr. Dolores altershalber nach St. Boniface in Winnipeg zurückgezogen. Die beiden letzten Grey Nuns verließen Chesterfield Inlet im August 1999 - nach 68 Jahren beendete ihr Orden seine karitativen Gesundheits- und Erziehungsdienste in der Kivalliq-Region. Das Heim für Behinderte (12 Betten) wird nunmehr im Auftrag des Episkopats von Churchill von einer weltlichen Krankenschwester geleitet.

Einen Schwerpunkt der örtlichen Infrastruktur jeder Siedlung bildet die medizinische Versorgung der Bevölkerung. Auch auf diesem Gebiet gewinnen wir während unserer Reise immer tiefere Einblicke, die uns zugleich wachsende Bewunderung abverlangen. Üblicherweise gibt es in jeder Siedlung ein Gesundheitszentrum, „nursing station" oder „health centre", in dem je nach Größe des Ortes eine oder mehrere Krankenschwestern ihren aufopfernden Dienst versehen. Oft sind sie völlig auf sich allein gestellt und selbst in Notfällen meist ohne fachliche oder gar ärztliche Hilfe. Sie sind exzellent ausgebildet und haben in der Regel an verschiedenen Orten Erfahrung gesammelt. Selbstverständlich sind sie geübt in der Erstversorgung von nicht selten sehr schweren Unfällen. Die Patienten können ja erst danach mit einem speziell dafür gecharterten Flugzeug zum nächsten Krankenhaus gebracht werden, das möglicherweise mehrere Flugstunden entfernt liegt. Dieses als „Medivac" bezeichnete staatliche Flugtransportsystem zum Ausfliegen von Kranken und Verletzten aus dem unterversorgten Norden ist sehr aufwendig. Mitte der achtziger Jahre des 20. Jahrhunderts wurden in den Nordwest-Territorien jährlich 15 bis 20 000 Medivac-Flüge durchgeführt (neuere Zahlen ließen sich nicht ermitteln). Erscheint der Fall nicht ganz so eilbedürftig, transportiert man den Patienten in einer Linienmaschine, was wir ja sehr eindrucksvoll auf dem Flug von Hall Beach nach Iqaluit selbst miterlebten. Im Norden ist es nichts Außergewöhnliches, daß eine Linienmaschine die Ankunft eines Schwerverletzten mit dem Buschflugzeug von irgendwo aus der Tundra abwartet. Wir waren uns bei Reiseantritt bewußt, daß uns persönlich ein gleiches Los treffen würde, falls uns hier in der Arktis etwas zustoßen sollte, und wir hatten soweit wie möglich vorgesorgt - z. B. durch Impfungen gegen Tollwut und Tetanus, die Mitnahme von Erste Hilfe-Medikamenten und den Abschluß weitreichender, auf unsere Bedürfnisse zugeschnittener Versicherungen.

Im Gesundheitszentrum von Chesterfield Inlet erwartet uns heute am Sonntagnachmittag eine imponierende Persönlichkeit: Schwester Barbara, eine noch verhältnismäßig junge Schwarze aus Los Angeles im Süden der Vereinigten Staaten, welche die Erfüllung ihres Lebens in der selbstverantwortlichen Tätigkeit als

Krankenschwester bei den Inuit in der Arktis sieht. Auf sich allein gestellt versieht sie Tag und Nacht ihren Dienst, muß zumindest jederzeit verfügbar sein und wohnt daher auch im Zentrum - in einer sehr ansprechenden und gut ausgestatteten Wohnung, die sie uns gern zeigt. Wir spüren, daß sie Freude daran hat, mit uns, die wir über fachliches Verständnis verfügen, rückhaltlos über ihre Arbeit und auch über manches dabei Belastende zu sprechen.

Barbara hatte zum Beispiel, wie manche ihrer Kolleginnen in anderen Siedlungen, seit Jahren keinen Urlaub mehr nehmen können. Wer sollte sie denn vertreten? Ein ernsteres Erkranken wäre katastrophal, und allein schon das Wissen, daß ihr in besonderen Problemzeiten Sr. Thérèse Isabelle zur Seite stehen würde, empfindet sie als entlastend. Bei aller Kompetenz und Willensstärke kann da, auch aus unserer Sicht, durchaus gelegentlich eine tiefe Erschöpfung auftreten, vor allem, wenn der lange Winter mit seiner unerbittlichen Kälte und seinen langen Nächten beginnt.

Schwestern wie Barbara koordinieren die Unterbringung von Schwerstkranken im Süden. Sie sind Chirurgen, Internisten, Zahnärzte und Geburtshelfer in einem und üben diese Tätigkeiten meist in technisch erstaunlich gut ausgestatteten und modernen Anforderungen entsprechenden Räumen aus. Ein-, zweimal im Jahr kommt ein Kinderarzt, um die Routineuntersuchungen vorzunehmen oder zu entscheiden, ob das eine oder andere Kind doch in den Süden zur Behandlung gebracht werden muß. Einmal jährlich kommt auch ein Zahnarzt, aber damit hat es sein Bewenden. Alle akuten Fälle aber muß die Krankenschwester allein versorgen, und sie ist dazu auch befähigt, jedenfalls solange bis der Patient, wenn es notwendig sein sollte, ausgeflogen werden kann. Ausfliegen: Man darf dabei nicht übersehen, daß in der Arktis das Fliegen wetterbedingten Einschränkungen unterliegt, und daß zuweilen z. B. wegen Nebels fünf bis acht Tage lang kein Flugzeug landen kann.

Wir fragen nach den häufigsten Krankheiten. Herzinfarkte und Diabetes

sind zwar insgesamt noch selten, nehmen aber als Folge veränderter Lebens-
und Eßgewohnheiten zu. Inuit kannten in der Vergangenheit keine Herz- und
Kreislauferkrankungen, obwohl ihr Kalorienbedarf traditionell zu etwa vierzig
Prozent mit Fett gedeckt wurde - Fett allerdings, das sehr reich an ungesättigten
(also „gesunden") Fettsäuren war. Die Selbsttötungsrate ist sehr hoch und liegt
- zusammen mit Unfällen - an erster Stelle der Todesursachen. Schußverletzun-
gen kommen ebenfalls recht häufig vor und hin und wieder Verletzungen durch
Tiere, zum Beispiel durch Polarbären und Wölfe. Präventionsmaßnahmen zeigen hier wie überall nur langsam Erfolge, etwa beim Rauchverhalten: Ein Einschränken des Rauchens scheint kaum möglich, doch hat auch in Chesterfield
allgemein große Akzeptanz gefunden, das Rauchen aus den Wohn- und Büro-
räumen ins Freie zu verlegen. Aufgrund eigener Beobachtung in Cape Dorset
können wir das bestätigen.

25. Juni, abends

Wir sind zum Abendessen eingeladen. Gegen sieben Uhr holen uns Simionie
und Nellie zu sich nach Hause ab. Nellie trägt eine feste Bandage am linken
Handgelenk: Schwester Barbara mußte sie verarzten, nachdem sie sich das
Gelenk beim gestrigen „Honda-Rodeo" verrenkt hatte. Ich denke an verschiedene Stellen meines Körpers, die den „Ritt" über die Tundra auch noch nicht
überwunden haben. Im Haus der Sammurtoks werden wir von einer größeren
Kinderschar empfangen. Wir überreichen ein paar Geschenke und versprechen,
nach unserer Heimkehr eine Sonnenbrille, „made in Germany", zu schicken, als
mir Nellie meine eigene noch für die weitere Reise benötigte Brille abzukaufen
versucht. Dann tollen wir mit den Kindern im Wohnraum herum, und Nellie
macht sich am Herd zu schaffen. Aus einem überdimensionalen Topf dampft es,
der Geruch nach kochendem Fleisch durchzieht den Raum.

Nellies aparte junge Tochter stellt für Ricky und mich, die Qallunaat, Teller auf den blanken Tisch. Bald bringt Nellie eine große Holzplatte an, bedeckt mit gekochtem Walroßfleisch, einem Festschmaus. Simionie erklärt uns die einzelnen Stücke: die verschiedenen Fleischarten, den als blubber - „soft and firm — weich und doch fest" - bezeichneten Speck und den Darm als besondere Delikatesse. Wir schneiden uns von allem etwas ab, nehmen es auf den Teller und schauen fasziniert dem Mahl unserer Gastgeber zu, vor allem den Kindern, die gewandt mit dem runden Ulu-Messer zu hantieren wissen und sich Fleischstücke zwischen Hand und Mund abtrennen. Gewürzt wird mit viel HP-Sauce (diese „Classic Spicy Sauce" hat sich überall durchgesetzt); getrunken werden Kaffee und Saft, aus Konzentrat mit Wasser bereitet. Der Walroßdarm erweist sich als recht widerstandsfähig und stellt hohe Anforderungen an unsere Zähne und Kaumuskeln: Selbst nach fünfminütigem intensivem Kauen bekommen wir ihn nicht klein, so daß uns nichts anderes übrig bleibt, als die abgeschnittenen Stücke unzerkaut mit viel Kaffee hinunterzuspülen. „Schmeckt's?" Wir bejahen das mit eingeschränkter Überzeugung; unbekannte Speisen bedürfen eben doch einer gewissen Gewöhnung.

„Some cultural exchange on a purely intimate level - kultureller Austausch auf ganz privater Ebene" schließt sich an: Wir scherzen und spielen mit den Kindern und betrachten Fotos der Familie. Nellie ist noch ganz von den Sagen und Mythen der Inuit eingesponnen. Von ihr hören wir erstmals, im Norden gäbe es nicht nur Riesen, sondern auch Zwerge: Sie lebten bei Kugluktuk unter der Erde und seien in Robbenfelle gehüllt.

Zum Abschied schenken uns unsere beiden Gastgeber ein ausrangiertes christliches Gebetbuch in Inuktitut - für uns das erste Buch mit Syllabismen.

Montag, 26. Juni

Die Morgentoilette läßt ein kurzes Erschrecken aufkommen, doch beruhigt uns ein intimer Erfahrungsaustausch danach wieder schnell: Walroßdarm führt offensichtlich beim Wiedererscheinen zu spinatgrünen Ergebnissen - welche Überraschung.

Simionie möchte uns als erste Touristen am Ort gern noch seiner Großmutter, der Witwe Victor Sammurtoks, vorstellen. Eine Abbildung, die sie gemeinsam mit ihrem Gatten (und im Hintergrund Bischof Turquetil) zeigt, hatten wir schon zuvor auf der Titelseite der Chesterfield-Broschüre betrachten können. Nun also betreten wir ihr Haus. Die ehrwürdige alte Dame ist bettlägerig. Ein Knochenbruch, den sie sich bei einem Sturz auf die Hüfte zugezogen hatte, war zunächst sich selbst überlassen und nicht behandelt worden. Als die Heilung ausblieb, ergab die eingehendere Untersuchung, daß die Fraktur nun keiner Therapie mehr zugänglich war. Nun wird die Kranke von ihren Töchtern umsorgt; wir ahnen, es ist ein Warten auf Erlösung. Etwas bedrückt treten wir wieder ins Freie.

Nach dem Lunch und Abschiednehmen von Bob, Mathilda und Simionie steigen wir in das Sammeltaxi und lassen uns zum Flugplatz bringen. Wir treffen dort noch einmal auf Sr. Thérèse Isabelle, die mit dem ATV eine Bekannte vom Wochenendurlaub in deren Heimatsiedlung abholen will (*seinerzeit ließ sich nicht ahnen, daß wir Sr. Thérèse Isabelle nicht mehr wiedersehen würden*). Der Flieger landet etwas verspätet, dennoch können wir infolge verkürzter Ladezeit pünktlich starten.

„Sonnenhund" oder Eisnebelbogen
(Sonnenlichtreflex an Eisnebel)

Kleine Freunde (Cape Dorset)

Arktischer Sommer (Cape Dorset)

Die dezentralisierte Verwaltung Nunavuts führt dazu, daß in mehreren größeren Gemeinden nach einheitlichem Plan Regierungsgebäude erstellt werden müssen - wie hier in Cape Dorset.

Jimmy Manning und sein Sohn Johnnysa neben einem Inuksuk (Lona Bay)

Erdhörnchen (Siksik) in der
Nähe des Meliadine River

Das Camp von Lucien Tapartis Familie im Abendlicht
(Abhang eines Eskers nahe dem Meliadine River)

Louis Taparti und seine Mutter Mary-Ann (Mitte) bekommen Besuch;
man zeigt sich den Fang des Tages.

Zeltring aus dem 15. Jahrhundert in der freigelegten
Thule-Siedlung Ijiraliq am Meliadine River

Lucien und Mary-Ann Taparti führen uns zu Ehren einen Trommeltanz auf.

Das Gesundheitszentrum von Chesterfield Inlet

Christusfigur in Chesterfield Inlet, dem „Vatikan des Nordens"

Ehemaliges Missionshospital in Chesterfield Inlet,
nunmehr ein Heim für Schwerstbehinderte

„Honda-Rodeo" zum Dritten See nahe Chesterfield Inlet

Nachmittag am Dritten See

Abschied von Simionie Sammurtok und seiner Familie

KEEWATIN, WIND AUS DEM NORDEN

Baker Lake • Bei Inuit-Künstlern • Bootstour mit Peter Tapatai, dem „Superman of the North" • Geschichte von Peters Erblindung – Geschichte von einem schüchternen Freier • Zeltgespräche • Erster Wandbehangs

26. Juni, nachmittags

Der Flug führt uns über die Barrenlands weiter nach Westen: flaches Land, felsige Tundra mit vielen Oberflächenseen. Der Dritte See ist von hier oben gut zu erkennen. Die HS 748 braucht kaum eine Stunde, dann setzen wir auf der Schotterpiste von Baker Lake Airport auf. Es ist diesig, die Sicht zu unserem Erstaunen sehr eingeschränkt und der noch eisbedeckte See nur undeutlich erkennbar; ein seltsam brenzliger Geruch liegt über dem Land. Im Flughafengebäude tritt eine junge Qallunaaq auf Ricky zu und begrüßt sie mit Namen: „We have seen you a few days ago, you have been in TV - wir haben euch vor ein paar Tagen gesehen, ihr wart im Fernsehen." Der Kanzlerbesuch liegt schon über eine Woche zurück, dennoch haben wir uns offenbar den Zuschauern ganz gut eingeprägt; Touristen sind eben noch immer ungewöhnlich. Die junge Frau heißt Liz Kotelewetz, stammt aus England und betreibt zusammen mit ihrem Mann Boris, einem von Ukrainern abstammenden Kanadier, die Baker Lake Lodge, in der wir Quartier nehmen wollen. Sie ist mit dem Auto da, um uns und einen mit uns angekommenen Kinderarzt abzuholen. Wie hier im Norden allgemein üblich sorgen die Gastgeber für Transfer vom und zum Flugplatz. Von Liz hören wir, der Nebel sei eine Folge des Rauchs von den großen Waldbränden, die derzeit - mehr als 1000 km entfernt - in Manitoba und Saskatchewan toben. Wir hatten davon schon in den Nachrichten gehört. Trotz der mit ihnen einhergehenden Gefahren für Mensch und Tier sind solche Brände für die Erneuerung der Taiga-Flora notwendig; das Feuer befreit z. B. die Samen der nordamerikanischen Lärche (Tamarack) von ihrer Umhüllung, und der Baum kann sich nur mit Hilfe von Bränden fortpflanzen. „Wenn der Wind dreht", so Liz, „wird sich das ändern, denn eigentlich herrscht gerade jetzt um diese Jahreszeit schönes Wetter." Wir beziehen ein sehr gut ausgestattetes Zimmer in einem der zur Lodge gehörenden hölzernen Bungalows.

Die Ortschaft Baker Lake (Qamanittuaq, „wo der Fluß sich weitet") ist geografisch recht genau im Zentrum Kanadas gelegen und den schlimmsten Extremen kontinentalen Klimas ausgesetzt. Als einzige kanadische Inuit-Siedlung liegt der Ort nicht an der Meeresküste, sondern in den Barrenlands - fast 300 Kilometer westlich der Hudson Bay am Baker Lake, der über den Meeresarm Chesterfield Inlet mit der offenen See verbunden ist.

Um das Jahr 1000 n. Chr. wanderten die ersten Thule-Eskimos in das Keewatin-Gebiet ein, und um 1792 drangen die ersten weißen Forscher zum Baker Lake vor. Engerer Kontakt zwischen ihren Nachfahren, den Inland-oder Karibu-Inuit, und dem Süden entstand jedoch erst mit dem vermehrten Auftauchen von Walfängern in der Hudson Bay während der zweiten Hälfte des 19. und zu Beginn des 20. Jahrhunderts.

Im Jahr 1916 errichtete die Hudson's Bay Company zunächst auf dem inmitten des Baker-Sees gelegenen Big Hips Island (Uqpiktujuq) einen Posten, um mit den Eingeborenen vor allem Fuchsfelle zu handeln. 1924 gründete dann das Konkurrenzunternehmen Revillion Frères einen weiteren Handelsposten auf dem Festland an der Mündung des Thelon River, was die Hudson's Bay Company 1926 veranlaßte, ihren Posten ebenfalls an diese Flußmündung zu verlegen - damit entstand die Siedlung Baker Lake. Die Inland-Inuit aus den verschiedenen Gegenden der Barrenlands von Keewatin begannen nämlich zu jener Zeit, ihr Leben in Camps nach und nach aufzugeben und sich rund um die Handelsposten anzusiedeln. Wesentlicher Grund hierfür war Nahrungsmangel als Folge einer Überjagung der Karibuherden. Bis heute läßt sich allerdings - vor allem auch im Verhalten zueinander - beobachten, daß sie sehr unterschiedlichen Familienstämmen angehörten. Gemeinsam ist allen Inuit in der Siedlung eigentlich nur ihr durch die Jagd auf Karibus und den Süßwasserfischfang geprägter Lebensstil, der sich in mancher Hinsicht von den Traditionen der Meeresküstenbewohner unterscheidet. Ein ganzes Jahrzehnt verfloß, bis 1938 der erste RCMP-Posten aufzog, und über dreißig Jahre gingen nochmals ins Land, bis 1970 die Regierung der Nordwest-Territorien staatliche Verantwortung der weit von den sonstigen Verkehrswegen abgelegenen Siedlung übernahm. Inzwischen leben in Baker Lake etwa 1500 Menschen.

Der eigentliche Grund für unsere Reise nach Baker Lake liegt entsprechend unserer ursprünglichen Reiseplanung darin, daß der Ort sich in den letzten drei Jahrzehnten neben Cape Dorset zu einem der wichtigsten Zentren für Inuit-Kunst entwickelt hat. Natürlich interessieren wir uns auch für die nähere und weitere Umgebung. Der Baker-See und die vielen Flüsse der hügeligen Barren Lands scheinen uns ideal für ausgedehnte Ausflüge über das Wasser. Überdies hoffen wir, botanisierend durch die Tundra zu streifen, Spuren der Inuit-Vorfahren zu finden und vielleicht auf Karibus und Moschusochsen zu treffen.

Von Baker Lake aus hätte sich im übrigen auch ein Besuch des 300 Kilometer westlich gelegenen Thelon Game Sanctuary unternehmen lassen. Dieses Wildschutzgebiet wurde 1927 durch die kanadische Bundesregierung gegründet, um die von der Ausrottung bedrohten Moschusochsen zu retten. Mittlerweile werden hier jedoch noch viele weitere einheimische Tierarten geschützt. Ein solcher Ausflug ist allerdings sehr aufwendig und nur mit einem Charterflugzeug durchzuführen; wir haben das, wenigstens für diesmal, nicht geplant.

Nachdem wir uns ein wenig frisch gemacht haben, gehen wir in den Speiseraum der Lodge hinüber. Hier entdecken wir endlich die lange gesuchten Ansichtskarten, doch als wir uns daran machen, ein paar Reisegrüße zu schreiben, kommen wir doch nicht dazu, denn nun erscheint Roy Avaala. Er ist ein junger Schüler, der sich wie manch anderer während der Ferien bei Hugh Nateela, dem Touristikmanager der Gemeinde, ein Zubrot verdient, und will uns einen ersten Eindruck von Baker Lake vermitteln. Eigentlich haben wir Peter Tapatai erwartet, auf den wir uns nach einigen Erzählungen Tamaras in Rankin Inlet schon mit Spannung freuten. Er sollte die Führung übernehmen und uns mit den örtlichen Verhältnissen vertraut machen. Roy entschuldigt Peter jedoch damit, er sei noch mit dem Boot unterwegs und treffe Vorbereitungen für die weitere Gestaltung unseres Aufenthalts.

Der rauchige Dunst hat sich so dicht über die Häuser gelegt, daß ich keine brauchbaren Fotografien machen kann. Gerade noch können wir das nahe Seeufer erkennen. Im Jahr 1992 wurde in Strandnähe ein Besucher-Informationszentrum eröffnet, das wir jetzt aufsuchen: Es befindet sich in einem originalgetreu von seinem ersten Standort auf Big Hips Island nach hier überführten Gebäude des alten Handelspostens - mit großem Aufwand und viel Liebe zum Detail rekonstruiert bis hin zu den Speicherräumen unter dem Dach. Szenische Darstellungen vermitteln dem Besucher einen aufschlußreichen Einblick in das Leben und in die Kultur der Karibu-Inuit. Selbst ein ausgestopftes Karibu fehlt nicht. Dreidimensionale Übersichten über die Keewatin-Region und eine ausgezeichnete Landkarte der Umgebung in großem Maßstab bieten uns zudem eine gute Information für den weiteren Tourenplan.

Wie uns Peter Tapatai ausrichten ließ, will er uns heute beim gemeinsamen Abendessen Pläne für den kommenden Tag vortragen. Allerdings haben wir inzwischen begriffen, daß sich die Wetterbedingungen und vor allem die Wasser- und Eisverhältnisse wesentlich darauf auswirken werden, was Peter mit uns unternehmen kann. So ist möglicherweise das Eis jetzt, Ende Juni, noch nicht genügend aufgebrochen und so ufernah, daß Bootsfahrten nur eingeschränkt möglich sind.

Vorgesehen ist, mit dem Boot entweder zu archäologische Stätten am Nordufer des Baker-Sees zu fahren oder den See zu überqueren und an geeigneter Stelle Seeforellen zu fangen. Die Tour ist auf zwei Tage mit Übernachtung im Zelt ausgelegt. Zu unserer Verblüffung erklärt Roy uns jetzt, wohin die Reise mit Peter gehen soll: wegen der augenblicklichen Eisverhältnisse zu einer Insel am anderen Seeufer. Wir studieren nun schon einmal die Karte, auf der Roy uns die betreffende Stelle zeigt.

Tamara hatte uns noch darauf hingewiesen, in Baker Lake sei ein historisches Inuit-Camp rekonstruiert worden, das zeige, wie die Inuit in der Vergangenheit gelebt haben; vor allem soll es den Besucher mit dem Alltagsleben in einem Inuit-Sommercamp in Karibufell-Zelten vertraut machen. Jetzt erfahren wir jedoch zu unserem Bedauern, daß dieses nahe unserer Lodge gelegene Camp noch nicht geöffnet ist und in diesem Sommer aus Geldmangel wohl überhaupt geschlossen bleiben muß.

Deshalb schlendern wir nun unter Roys Führung zu Marie Bouchards kleinem Laden „Baker Lake Fine Arts", in dem die hiesigen Inuit-Frauen auch ihr Material zur Herstellung von Wandbehängen erwerben. Wir erstehen einige Kunst- und Pflanzenbücher. Abschließend erwerben wir im Land Store noch eine Landkarte des Gebiets, zu dem uns Peter bringen will, und verabschieden uns von Roy.

Wir begegneten ihm übrigens vier Jahre später wieder - in Mecklenburg, wo er gemeinsam mit anderen Inuit und Indianern an einem „deutsch-kanadischen Erfahrungsaustausch über Nationalparks" teilnahm.

Zurück in der Lodge verzehren wir gemeinsam mit dem Kinderarzt unser Dinner; allgemein wird im Norden Wert auf gute Küche gelegt, und Liz kocht ausgezeichnet. Der Arzt kommt zweimal im Jahr für eine Woche aus Winnipeg, um allgemeine Gesundheitskontrollen und die verschiedensten Untersuchungen vorzunehmen. Selbstverständlich kennt er Sr. Thérèse Isabelle und Schwester Barbara in Chesterfield Inlet, da ihn seine Dienstreisen in fast jede Gemeinde Keewatins führen.

26. Juni, abends

Gegen halb acht erscheint Peter Tapatai. Wir hatten Peter, dessen Anschrift uns aus dem „Explorers' Guide" bekannt war, schon im Dezember angeschrieben, doch leider keine Antwort erhalten. Lynda und Tamara war es dann gelungen, ihn für uns zu „aktivieren". Von untersetzter Gestalt, in eine wind- und wasserabweisende blaugrüne Daunenjacke gepackt, mit klugem, verschmitzt lächelndem Gesicht und hellwachen Augen, auf dem Kopf eine knallrote Baseballkappe strahlt er Zuversicht und Vertrauen aus. Wir drei wissen sofort, wir werden uns großartig verstehen. Peter spricht gutes Englisch. Anhand unserer Karte bestätigt er das uns schon von Roy genannte Bootsreiseziel. Er hofft, daß etwas Wind aufkommt und den rauchigen Dunst vertreibt. Das Eis auf dem See bereitet ihm keine Sorgen; sollte der Wind es stellenweise ans Ufer treiben, müßten wir möglicherweise das Boot ein Stück übers Eis schieben: „No problem!" Dann sprechen wir mit ihm die notwendige Ausstattung durch. Um acht Uhr morgen früh wird Peter mit einem Freund unser Gepäck abholen und zum Boot bringen. Er wird uns außerdem hohe Gummistiefel, „hipwaders or wellies", besorgen, so daß wir durch tieferes Wasser waten können. Dann braust er auf seinem ATV davon. Wieder einmal verbringe ich einen späten Abend mit Umpacken.

Dienstag, 27. Juni

Dicker Nebel hüllt die Landschaft ein. Wir frühstücken Porridge, typisch englisch. Peter und sein Freund Jimmy holen pünktlich das Gepäck ab, doch zum Auslaufen ist die Sicht noch zu schlecht. Da das Wetter rasch wechseln kann, warten wir also ab.

Nach einer guten Stunde kommt Wind von Westen auf, wird stärker und verbläst den Nebel. Strahlender Sonnenschein. Doch gegen zehn Uhr kommen Peter und Jimmy mit unserem Gepäck zurück; nun ist das Wetter viel zu stürmisch geworden. So ist nun mal die Arktis! Wir werden morgen auslaufen, ganz sicher. Dafür ist nun genügend Zeit vorhanden, unser Kunstinteresse zu befriedigen.

Unseren Wunsch, Kunstzentren kennenzulernen, erfüllt Peter gern und führt uns vor dem Lunch zum Jessie Ooonark Art Centre. Jessie Oonark (1906 - 1985) war eine der bedeutendsten Künstlerinnen von Baker Lake, und in der nach ihr benannten Arbeitsstätte werden ihre Zeichnungen und Entwürfe, aber auch die anderer Grafiker, kunsthandwerklich umgesetzt, vor allem durch Bedrucken von Textilien. Zwei ihrer Kinder, Janet Kigusiuq und William Noah, ebenfalls hochbegabt (William experimentiert sogar mit Computergrafik), sind nun federführend, und ein Qallunaat-Manager sorgt für eine gute geschäftliche Entwicklung. Wir werden durch alle Arbeitsräume geführt und sehen unter anderem dem Drucker dabei über die Schulter, wie er T-Shirts mit Inuit-Zeichnungen im Mehrfarbendruck versieht.

27. Juni, nachmittags

Nach dem Lunch bringt uns Peter zu Henry Fords Galerie. Henry ist auf Big Hips Island als Sohn des ersten Managers des dortigen Hudson's Bay Company-Postens zur Welt gekommen und ein „Original". Große Verdienste erwarb er

sich durch intensive Förderung der Inuit-Kunst, die er in vielen Ländern bekannt gemacht hat. Heute leitet sein Sohn David die Galerie unter dem Namen
„Ookpiktuyuk Art" in Zusammenarbeit mit der Baffin Trading Company.
Schließlich gesellt sich noch ein anderer Sohn Henrys, Fred, zu uns, und wir
sprechen lange über Inuit-Kunst und die Probleme beim weltweiten Vermarkten.

*Die Verhältnisse von 1995 haben sich in den Folgejahren wesentlich geändert, aus
unserer Sicht leider nicht überall zum Besseren. Im Jessie Ooonark Centre hat jetzt
Fred Ford (zusammen mit Kyra Fisher) eine eigene Galerie untergebracht und vertreibt in erster Linie kunsthandwerkliche Massenprodukte. Einen gewissen Auf-
schwung hat dagegen die von namhaften Künstlern organisierte Herstellung von
grafischer Kunst genommen, ein Gebiet, das bei unserem Besuch 1995 ziemlich dar-
niederlag; der Vertrieb erfolgt ebenfalls über Fred Fords Galerie. Marie Bouchard ist
aus Baker Lake weggezogen. Ihre Galerie und den Handel mit Material zur
Herstellung von Wandbehängen hat Sally Webster übernommen und ebenfalls in
einen Teil des Jessie Oonark Centre verlegt. Nachzutragen ist auch, daß seit 1998
der ganze Stolz von Baker Lake dem neu eröffneten Inuit Heritage Centre gehört,
das die Lebensweise aller in der Siedlung wohnenden Familienstämme aufzeigt. Der
Besuch dieses Museums ist ein Muß für jeden, der sich für Inuit-Kultur und -Ge-
schichte interessiert.*

*Als wir 1999 das Inuit Heritage Centre besuchten, stand uns allerdings dafür nur
eine knappe Stunde zur Verfügung: Alle öffentlichen Gebäude, alle Shops und auch
die beiden Supermärkte schlossen um 11 Uhr - die gesamte Bevölkerung nahm an
der Trauerfeier für eine 64jährige Inuit-Frau teil, die wenige Tage zuvor dem Angriff
eines Polarbären zum Opfer gefallen war. Dieses grauenhafte Ereignis erzählen wir
an dieser Stelle, weil sie einmal mehr deutlich macht, daß bei Fahrten hinaus aufs
Land bestimmte Vorsichtsmaßnahmen nicht vernachlässigt werden dürfen.*

Die Tote hieß Hattie Amitnak. Sie war mit vier Verwandten 50 Kilometer südlich von Rankin Inlet zum Campen gefahren. Es war nachmittags, als der 66jährige Moses und sein 10jähriger Enkel Cyrus das Zelt verließen, um ihr abgetriebenes Boot zurückzuholen. Währenddessen war ihre 56jährige Stieftochter Margaret zu einer etwas abgelegenen Quelle gegangen, um frisches Wasser zu schöpfen. Als der Kanister gefüllt war, wunderte sie sich, daß niemand nachkam, um ihr beim Tragen zu helfen. Was stimmte da nicht? Sie entschloß sich, das Wasser allein zum Camp zu schleppen, und hegte zu der Zeit noch keinerlei Verdacht. Gebeugt unter der Last des Kanisters schaute sich die Ahnungslose auch nicht weiter um. Alles war still; tatsächlich aber war das Schreckliche schon geschehen: Moses und Cyrus, beide unbewaffnet, waren nahe dem Zelt am Ufer auf einen zwei Meter großen Polarbären gestoßen. Durch lautes Schreien und Steinwürfe, so ermittelte später die Polizei, versuchte Moses, den Bären zu vertreiben; es war vergebens. Der Bär griff ihn an und verletzte ihn am Kopf und im Gesicht. Cyrus aber rannte zum Zelt zurück und versteckte sich. Hattie aber und ihr 10jähriger Enkel Eddie stürzten hinaus, um dem schwerverletzten Moses beizustehen. Mit der Pranke traf der Bär Eddie schwer am Kopf. Dann fiel das Raubtier über Hattie her und zerfleischte sie bei lebendigem Leibe. Als Margaret näherkam und aufblickte, bemerkte sie, daß sich vor dem Zelt etwas bewegte. „Das war ein Polarbär, der fraß ... etwas. Und dann sah er nach mir", berichtete sie später weinend der Polizei. Da schrie Moses, der sich blutüberströmt in einer zerfallenen Hütte nahe dem Zelt versteckt hatte, sie solle schnellstens vor dem Bären vom Camp fliehen. Er selbst wolle in seinem Versteck bleiben. Da rannte Margaret los zum benachbarten Camp, mehr als drei Kilometer entfernt. Moses aber hielt es auch nicht mehr, und er folgte ihr. Über CB-Funk riefen die Nachbarn Hilfe herbei - zwei Hubschrauber aus Rankin Inlet mit Polizeibeamten und zwei Unfallhilfe-Schwestern. Man flog die beiden Schwerverletzten in ein Krankenhaus nach Winnipeg. Der Polarbär konnte nach einer halben

201

Stunde drei Kilometer entfernt aufgespürt werden; er war erst etwa eineinhalb Jahre alt, also kaum der Führung durch seine Mutter entwachsen. Man hat ihn erschossen und zur Autopsie nach Saskatoon gebracht.

Nun aber wieder zurück zu unserer Reise 1995 (27. Juni, nachmittags): Nahe dem Jessie Oonark Centre suchen wir Paul Toolooktook auf. Bei unserem vorjährigen Kanadaaufenthalt hatten wir in Winnipeg eine von ihm geschaffene Steinskulptur „Bird-Man (Vogel-Mensch)" erworben und bringen ihm jetzt ein Erinnerungsfoto davon mit. Er arbeitet gerade hinter seinem Haus an der Gestaltung eines Moschusochsen. Peter übersetzt, und so kommt ein gutes Gespräch über Pauls bevorzugte Motive - Verwandlungen menschlicher Gestalten - und die Besonderheiten des in Baker Lake verwendeten Materials zustande.

Nach einer Weile gehen wir weiter und besuchen Irene Avaalaaqiaq. Sie hat einen bedeutenden Ruf auf dem Gebiet künstlerisch gestalteter Wandbehänge (wallhangings) und in letzter Zeit viele Ehrungen erfahren. Wir selbst hatten im vergangenen Jahr in Winnipeg Gelegenheit, wunderschöne Arbeiten aus ihrer Hand zu betrachten. Irene empfängt uns auf dem Sofa sitzend mit einem Enkel auf dem Schoß. Einen Wandbehang hat Irene nicht im Haus; nach dem Fertigstellen wandern alle Stücke immer sofort zur Co-op oder zu Marie Bouchards Galerie, denn der Erlös wird immer dringend gebraucht. Wir kommen ins Erzählen, von uns, vom Leben „auf der anderen Seite der Welt" und über unser Interesse an Inuit-Kunst, eben auch an Irenes Arbeiten. Als wir darlegen, wir würden im nächsten Jahr gern wiederkommen und ihr zuvor schreiben, damit sie einen ihrer Wandbehänge für uns bereithalte, blitzen ihre Augen auf. Peter übersetzt, das Gespräch mit uns habe ihre „power of inspiration", ihre Inspirationskraft angeregt - doch vielleicht ist auch die Aussicht, ihre Leistung kurzfristig honoriert zu bekommen, der wahre Anstoß. Irene will jedenfalls noch in der Zeit unserer jetzigen Anwesenheit in Baker Lake eine neue Arbeit für uns fertigen. Am Freitag vor dem Abflug soll sie schon fertig sein. Natürlich begeistert uns der Gedanke, einen eigens für uns entworfenen Wandbehang schon diesmal mit nach Hause nehmen zu können. Und so händigen wir Irene einen Vorschuß zum Kauf der notwendigen Materialien aus.

Danach aber drängt Peter zum Aufbruch; er möchte uns unbedingt noch seinen eigentlichen Arbeitsplatz zeigen: Er ist nämlich Manager der örtlichen Sendestation von IBC, der von der Co-op betriebenen Inuit Broadcasting Corporation. Wie er, sich ein wenig über sich selbst lustig machend, dazu ausführt, hat er persönlich schon in Fernsehfilmen als „Superman of the North" mitgewirkt. Wir hören berechtigten Stolz heraus. Schließlich haben Peters Sendungen ihn im ganzen Norden bekannt gemacht (*und wir selbst werden ihn in den kommenden Jahren noch oft im Fernsehen bewundern können*). Peter zeigt uns die Ausstattung des Senders, den recht einfachen Senderaum und ein paar Kulissen. Dann läßt er uns einen Videofilm über zwei alte Karibu-Inuit vorführen, die vor vierzig Jahren aus Mangel an jagdbarem Wild ihr Leben im Camp aufgeben mußten und nach Baker Lake zogen, und die nun - von einem TV-Team begleitet - ihre alte Heimat besuchsweise wiedersahen; ein technisch guter, auch emotional sehr beeindruckender Film.

Im Northern Store kaufen wir Nüsse ein - „to share with the group" beim Bootsausflug. Den Rest des Tages verbringen wir mit Fotografieren: die katholische und die beiden anglikanischen Kirchen, das Seeufer und Boote. Nach dem Essen gehen wir früh schlafen, denn in den vergangenen Tagen ist die Nachtruhe etwas zu kurz gekommen.

Mittwoch, 28, Juni

Ein wunderbarer Morgen. Wieder Porridge zum Frühstück; man kann sich damit gut anfreunden. Gegen halb neun holen Peter und Jimmy uns ab und bringen uns mit dem Gepäck zum Kanu unten am Seestrand. Der gestrige Weststurm hat das Eis nach Osten abgetrieben und eine breite Wasserfläche für uns geöffnet. Ricky und ich erhalten von Peter Schwimmwesten überreicht (das ist hier Gesetz) und setzen uns mittschiffs auf die Ruderbank, Jimmy steigt in den Bug, und Peter übernimmt den Außenbordmotor. Wir preschen los, nach Süden. Rasch lassen wir die Siedlung hinter uns und haben zur Rechten die an den See grenzenden Höhenzüge mit dem Flugfeld. Im Hinterland sind noch gewaltige Schneebarrieren zu sehen, die Reste eines ungewöhnlich schneereichen Winters, der manche Häuser bis zur halben Haustürhöhe in Schneewehen gehüllt hatte. Nach kurzer Zeit nähern wir uns einer flachen, langgezogenen Insel, von den Einheimischen Long Island getauft, und landen. Peter besitzt dort eine Blockhütte. Er und Jimmy schleppen Zelte und verschiedene Ausrüstungsgegenstände heran und verstauen sie im Kanu. Über uns erscheint eine HS 748 im Landeanflug; wie klein und doch stabil sie wirkt! Wir starten wieder, diesmal nach Osten entlang der Inselküste, doch langsam und mit Vorsicht. Jimmy liegt im Bug und späht ins Wasser, um rechtzeitig Felshindernisse zu erkennen. Die Wassertiefe ist so gering, wie Peter sich nicht erinnern kann, es jemals erlebt zu haben. Weiter von der Inselküste in tieferes Wasser abzudrehen läßt jedoch das dort treibende Eis, das in bizarren Strukturen an unserer linken Seite dem Kanurumpf bedrohlich nahekommt, nicht zu. So muß Peter schließlich die Antriebsschraube mit dem Außenbordmotor aus dem Wasser hochkippen. Er und Jimmy stochern das Kanu mit Paddeln auf steinigem Grund langsam vorwärts. Links und rechts ragen gewaltige Felsbrocken vom Grunde des Sees hoch, scharren zuweilen sogar an der Bootswand, dann wieder schrammen wir an der Eiskante entlang. Doch bald ist die Untiefe überwunden. Peter läßt die Schraube wieder zu Wasser und wirft den Motor an. Wir umfahren Long Island, steuern jetzt nach Westen, immer die schwimmende Eisdecke nahe unserer Linken.

Auf einmal verengt sich die Wasserstraße und schließt sich dann gänzlich. Das Eis stößt ein Stück weit ans Ufer und hat dort dicke Schollen aufgeworfen. Uns bleibt nichts übrig als das Kanu zu verlassen. Während Ricky und ich die Eisschollen überqueren, um die Strecke zu Fuß an Land zu überwinden, hieven Peter und Jimmy das Kanu auf die flache, recht brüchige Eisdecke des Sees und schieben es wie einen Schlitten über das knirschende, glitzernde Eis. Nach etwa hundert Metern könne sie es ins Wasser zurückgleiten lassen. Wir steigen alle wieder ein und setzen unsere Reise fort, jetzt nach Süden mit zunehmender Geschwindigkeit im weithin offenen Wasser. Gischt umsprüht uns, und von Westen weht eine steife Brise.

28. Juni, nachmittags

Drei Stunden von Baker Lake entfernt nähern wir uns dem Land, fahren in den Aniguq River ein, der die Wasser aus dem Qamanaugaq Lake in den Baker Lake trägt, und landen nach wenigen hundert Metern am Nordufer des Flusses. Wir haben den vorgesehenen Platz für unser Camp erreicht und richten uns zwei Leinenzelte auf. Peter zeigt uns auf der Karte die genaue Position des Camps gegenüber Qikiqtarjuaq, der „großen Insel", in der breiten Mündung des Flusses - gemäß seinem Satellitennavigator auf 64° 10' 50" n. Br. und 96° 07' 45" w. L. Damit befinden wir uns ungefähr auf der nördlichen Breite von Reykjavik auf Island und von Namsos in Mittelnorwegen.

Erst einmal streifen wir ein wenig durch die Tundra rund um unser Camp, stoßen auf die gelben Blüten des Arktischen Mohns und entdecken zu unserer besonderen Freude erstmals golden leuchtende Arnikablüten. Zum Lunch verzehren wir heißhungrig Lunchmeat, Cheddarkäse und Crackers, knabbern Nüsse; dazu trinken wir starken schwarzen Tee. Kurz darauf werfen wir wieder einmal unsere Angeln im Fluß aus. Bald spüre ich Widerstand; die Rute biegt sich, und ich ziehe eine etwa vierzig Zentimeter lange Flußforelle an Land. „Petri Heil!" ruft Ricky begeistert - doch Jimmy bedeutet mir, der Fisch sei zu klein. Er löst ihn vom Haken, und wir lassen ihn wieder ins Wasser zurückgleiten. Peter ist erfolgreicher. Er hat sich an einem Wasserstrudel aufgestellt und fängt zwei Prachtexemplare für das abendliche Dinner.

Inuit töten gefangene Fische nicht, sie lassen sie einfach ersticken. Das veranlaßt mich, Peter einen alten österreichischen Politikerwitz zu erzählen, in der Hoffnung, er werde dadurch etwas nachdenklich:

„Zwei führende Politiker angeln vor dem Publikum Fische. Als der eine den ersten Fisch fängt und sich daranmacht, ihn zu erschlagen, ist die raunende Empörung der Zuschauer so groß, daß er sich nicht traut und den Fisch wieder ins Wasser zurückwirft. Da hat der andere einen mächtigen Fisch am Haken, löst ihn vorsichtig ab, legt ihn sich in den Schoß und streichelt ihn mit sanfter Hand. Dabei flüstert er dem Kontrahenten als Erklärung zu: ‚Schaut zwar besser aus, aber sterben muß er auch.'"

Unser aller Hoffnung, Karibus könnten sich in der Nähe zeigen, erfüllt sich leider nicht, auch wenn wir noch so oft durch das Fernglas starren. Dabei ist die Baker Lake-Region dafür bekannt, daß fast immer Karibus durchziehen. In der Regel handelt es sich hierbei um das Tundra-Karibu; es ist zwischen Polarmeerküste und Waldgrenze beheimatet und hat eine etwas kleinere Gestalt als das Waldren im Waldgürtel zwischen Neufundland und Yukon und auch als das Peary-Karibu auf dem nordkanadischen Archipel.

Zwei junge Männer aus Baker Lake kommen mit ihrem Kanu vorbei. Man tauscht sich aus über das Wetter, das Fischen, die Jagd. Sie fahren weiter, wollen Karibus jagen. Derweil übernimmt Ricky die Aufgabe des Kartoffelschälens. Peter filetiert Forellen – großzügig, es gibt ja genügend Fisch – und Jimmy schabt Möhren. Und ich? Ich halte die Zubereitung unseres abendlichen Mahls, Peter's Fishsoup, fotografisch fest.

28. Juni, abends

Danach sitzen wir in Peters Zelt beisammen und wärmen uns an der Flamme des Coleman-Kochers. Wir genießen die Stunden des abendlichen Geschichtenerzählens, wie die Inuit sie mögen. Peter erzählt die Geschichte seiner „Erblindung":

„Es war Winter, und die Kälte drang einem durch Mark und Bein. Eines dunklen Abends, am düster bedeckten Himmel war kein Stern zu sehen, kehrte ich vom Land zurück in mein Haus. Meine Frau und die Kinder waren ausgegangen, ich war allein. So hatte ich Muße genug, meine mitgeführten Gerätschaften in Ordnung bringen. Zu guter Letzt nahm ich mir auch den verschmutzten Campingkocher vor und begann, ihn mit einer Bürste zu reinigen. Dabei muß mir wohl ein Staubkorn ins Auge geflogen sein. Jedenfalls fühlte ich plötzlich einen stechenden Schmerz im Auge. Aber, oh Gott, ich konnte von diesem Moment an absolut nichts mehr sehen. Auch nicht mehr mit dem anderen Auge. Ich rieb mir die Augen aus, doch alles blieb schwarz wie zuvor. Ich erschrak zutiefst. Meine Beine wurden weich, ich mußte mich festhalten.

Da fiel mir ein, in jenen Tagen zogen doch überall Sektenanhänger mit Halleluja-Singen durchs Land und predigten vom Jüngsten Tag und vom Aufwärtsschweben der geretteten Seelen zum Himmel. Ist nun also das Jüngste Gericht angebrochen? Und schweben die Menschen draußen schon gen Himmel?

Ich tappte vorwärts, hangelte mich durch den Raum, stieß an Tisch und

207

Stühle, polterte gegen einen Schrank, fühlte schließlich den Rahmen des Fensters. Ich versuchte, draußen etwas zu erkennen. Alles blieb schwarz. Es schwebte auch nichts nach oben, und am Himmel waren keine Strahlen zu sehen. Meine Beine versagten den Dienst, denn nun war ich sicher: ‚Ich bin blind! Mein Gott, was habe ich nur getan, daß du mich so strafst?'

Da entsann ich mich, daß ich ja von der anderen Seite des Hauses über den Seewinkel zum Flugplatz hinüberblicken kann. Dort blinkte immer ein Positionslicht; es darf nie erlöschen. Konnte ich dieses Licht vielleicht noch sehen?

Wieder tappte ich durchs Dunkel, stieß mit dem Kopf gegen Wände, warf einen Stuhl um, rumste an eine Tür und erreichte zuletzt mit Mühe und Not das Fenster zum Flugplatz hin. Und siehe: Das Licht blinkte! Mein Gott - ich war gerettet und nicht blind! Doch was war geschehen? Was hatte mir die Welt so schwarz vor den Augen gemacht? Nachher haben mir die Leute gesagt: Just in dem Augenblick, da mir das Staubkorn ins Auge flog, war die Energiestation der Gemeinde zusammengebrochen und alle Elektrizität ausgefallen. Das also hatte mein Blindsein herbeigeführt."

Auch wir erzählen Begebenheiten aus unserem Leben. Ricky zum Beispiel die Geschichte aus einer New Yorker Krebsklinik, in der sie vor Jahren tätig war und eines schönen Tages einen soeben eingetroffenen ärztlichen Kollegen kennenlernte. Der stellte sich vor und sagte dann beiläufig: „I came **to die!** - Ich kam um zu sterben!", was Ricky nicht wenig verblüffte, sollte der Neue doch hier ärztlich tätig werden und nicht Patient sein. Jedenfalls war die Bemerkung in einer Krebsklinik wahrlich makaber. Rickys Gesicht muß diese seltsamen Gedanken widergespiegelt haben, denn der Kollege beeilte sich zu versichern, er sei tatsächlich **today** gekommen, „heute" und nicht etwa „um zu sterben". Als Australier mit Cockney-Englisch falle ihm korrektes Aussprechen eben doch recht schwer, Ricky möge das bitte entschuldigen. Peter ist ungemein belustigt und wiederholt immer wieder: „I came to die!" Dann berichtet er die Geschichte von dem jungen Mann, der bei seinem Jagdfreund, der für ihn allerdings auch eine Respektsperson ist, um die Hand seiner Tochter anhalten will, sich aber nicht getraut, weil die Freundschaft bei einer Abweisung in die Brüche gehen könnte:

„Die beiden sind allein weit draußen auf der Jagd nach Karibus, sie nächtigen zusammen im Zelt. Diesmal muß er die Gelegenheit beim Schopfe packen, das ihm doch so wichtige Gespräch zu führen. Sollte er gleich jetzt fragen? Oder wäre es nicht am besten, nach erfolgreicher Jagd abends im Zelt zu fragen? Doch könnte der Brautvater böse werden, bei einem Nein würde er vielleicht gar aus dem Zelt geworfen. So verschiebt er die Frage auf den kommenden Tag, der könnte günstiger sein. Morgens sitzen sie beim Kaffee und reden über Karibus und wo sie wohl zu finden seien. Soll er jetzt fragen? Aber das wäre doch nur störend, und der Vater würde sicher böse werden. Wieder traut er sich nicht und verschiebt das Fragen. Natürlich hat er den Kopf nun nicht mehr so recht beim Jagen, weshalb der andere den Grund wissen will. Soll ich es ihm jetzt sagen? Doch wird er dann nicht vielleicht ausgelacht? Er schiebt eine Ausflucht vor, und wieder wird es Abend."

Alles wiederholt sich. Peter spinnt sein Garn; Inuit pflegen ihre Geschichten in immer neuen Kreisen auf den Kern hin zu erzählen. Peters Geschichte ist für tagelanges Erzählen geeignet; sie trug sich ja auch tagelang zu.

„Der junge Mann muß immer daran denken, daß die Zeit gemeinsamen Jagens bald zu Ende geht und die Chance zu fragen unwiederbringlich zerrinnt. Und so faßt er schließlich seinen ganzen Mut zusammen, einmal muß es ja sein, und fragt: ‚Willst du mir deine Tochter zur Frau geben?' Der andere hört die Frage, schweigt lange, bedenklich lange und antwortet dann: ‚Ich habe nichts dagegen. Wo, meinst du, finden wir denn endlich die Karibuherde?'"

Über all dem Erzählen ist es spät geworden, und wir alle sind müde. Als wir unser Zelt aufsuchen, schwirren darin ein paar Moskitos. Wir klatschen sie an die Zeltwand, kriechen in unsere Schlafsäcke und sind bald darauf fest eingeschlafen. Tief in der Nacht hören wir über uns die Rufe von Schneegänsen und ihren Flügelschlag, doch sind wir zu schlaftrunken, ihnen nachzuschauen.

Donnerstag, 29. Juni

Strahlender Sonnenschein durchdringt die Zeltleinwand und erhellt unser Zelt. Auf dem First hat sich ein Vogel niedergelassen; wir sehen seinen Schattenriß auf dem Tuch. Wir liegen noch faul in die warmen Schlafsäcke eingehüllt, als Peter von draußen höflich fragt, ob er zu uns ins Zelt treten darf. Er möchte die Plauderstunde vom Vorabend fortsetzen und erzählt uns, wir seien die ersten Touristen, mit denen er bisher einen Ausflug über Nacht unternommen habe. Die anderen ließen es immer nur bei Tagestouren bewenden. „Manchmal erlebe ich dabei seltsame Dinge", berichtet er. Ein Touristenpaar - wir hatten es mit unserem Flieger am Flugplatz ankommen sehen, die beiden waren dann in einem anderen Hotel abgestiegen - habe ihn zum Beispiel vorgestern überreden wollen, sie auf einer Bootstour zu führen und den Kontrakt mit uns zu brechen, was er strikt jedoch abgelehnt habe. Wir schütteln den Kopf. Uns freut seine Korrektheit, noch mehr freuen wir uns aber über seine anschließende Bitte, ihm unbedingt zu sagen, was er bei seiner Tourenorganisation verbessern kann.

Noch immer zeigt sich Peter belustigt von Rickys Anekdote „I came to die!".

„To die", sterben: Unser Gespräch nimmt eine Wendung, und Peter erzählt, wie er sich eine Gesichtshälfte bei der Suche nach einem 23jährigen jungen Jäger erfroren hat. Der Jäger war im tiefen Winter bei herrlichem Sonnenschein mit Schneemobil und Schlitten nach Norden zur Karibujagd aufgebrochen und wurde dann von einem Blizzard überrascht. Sie suchten ihn unermüdlich zwei Wochen lang; Jäger aus den anderen Siedlungen halfen mit. Sie waren zuletzt 150 Suchende, und sogar drei Hubschrauber wurden eingesetzt. In diesen Tagen wehte ein eiskalter Wind bei -40° C. Dabei holte sich Peter seine Erfrierungen. Schließlich fanden sie den Vermißten: Beim Bau eines Iglus ging einer der Suchenden ein paar Schritte zur Seite und sah einen Teil der Schneemobil-Lenkstange aus dem Schnee ragen. Der junge Jäger hatte die Orientierung verloren und war immer weiter nach Osten gefahren statt nach Süden zurück zur Siedlung. Auf seinem Schneemobil liegend war er eingeschlafen, hatte wohl nicht mehr die Kraft, ein schützendes Iglu zu bauen, und war erfroren.

Vom Sterben kommen wir auf gesunde Lebensweise, gesundheitliche Gefahren und die Erziehung junger Menschen zu sprechen. Peter raucht nicht mehr seit über eineinhalb Jahrzehnten. Er hatte die Kraft, mit 25 Jahren das Rauchen aufzugeben, und das in einem Umfeld, in dem ein Nichtraucher auffällt. Inuit haben es im allgemeinen offensichtlich schwer beim Umgang mit Suchtmitteln. Wir haben zwar nichts über den Gebrauch illegaler Drogen in der Arktis gehört auch Peter weiß (oder will?) darüber nichts zu berichten, doch scheint die Gefahr des Alkoholismus größer zu sein als bei Qallunaat. Neben speziellen hier auftretenden Problemen, etwa dem Leben zwischen Tradition und Moderne oder häufiger Arbeitslosigkeit, dürfte wohl auch eine biologische oder genetische Ursache vorliegen. Selbst Peter, den wir ja inzwischen als einen sehr nachdenklichen, weitblickenden und erfolgreichen Inuk kennengelernt haben, kann es nicht fassen, daß wir beide zwar häufiger, aber der Menge nach sehr wenig Alkohol trinken. Er fragt uns höchst erstaunt, ob wir uns denn nicht wenigstens zu Weihnachten oder zu Silvester einmal einen anständigen Rausch antrinken würden, was wir verneinen und auch den Grund erklären. Ein nachdenklicher Peter verläßt unser Zelt, um erst einmal Kaffee zu kochen.

Heute vormittag herrscht strahlender Sonnenschein. Ricky und ich fotografieren um die Wette. Wir fangen die wundervolle Landschaft und einen Inuksuk unweit unseres Camps ein, auch Vögel und Pflanzen. Vor allem hat es uns ein Vogelpärchen angetan, das Peter als Kopanuaq bezeichnet. In seinem Vogelbuch lesen wir nach: es ist ein Spornammerpärchen. Fischreste vom gestrigen Dinner ziehen Möwen, Küstenseeschwalben und Raubmöwen an. Derweil geben sich Peter und Jimmy ihrer Lieblingsbeschäftigung hin, dem Fischen. Die Luft flimmert über der vor uns hingebreiteten Tundra und selbst über dem Eis des Sees. Weit im Norden sehen wir die Siedlung Baker Lake in der aufsteigenden Warmluft zittern. Erstmals zeigt sich uns eine „mirage", eine Fata Morgana - wir werden solche Luftspiegelungen auf unseren Arktistouren noch öfters zu sehen bekommen.

Gegen zehn Uhr kommen die beiden jungen Jäger von gestern zurück. Sie haben ein Karibu geschossen und in einiger Entfernung auch Moschusochsen gesehen. Peter erzählt ihnen die „I came to die!"-Geschichte; alle lachen prustend. Dann preschen sie mit ihrem schwer beladenen Kanu zurück nach Baker Lake. Peter ist untröstlich, uns die Karibus und Moschusochsen nicht zeigen zu können, doch liegt das Gebiet, wo die Jungen sie trafen, ungünstig für den Tiefgang unseres Boots.

29. Juni, nachmittags

Für die Lunchtime bereitet Peter etwas Außergewöhnliches vor. Er sucht sich ein paar Steinplatten und baut aus zwei senkrechten und einer großen, waagrecht darauf gelegten flachen Deckplatte einen „Grillofen". Danach filetiert er eine frisch gefangene armlange Forelle, breitet die schönsten Stücke auf der waagerechten Platte aus und deckt das ganze mit einer weiteren flachen Steinplatte zu. Anschließend sammelt er herumliegendes brennbares Geäst, trockenes Gras und einige Kräuter, legt sie zwischen die Grillofenplatten und entzündet ein Feuer. Immer wieder schiebt er Brennmaterial nach, um das Feuer zu unterhalten. Langsam gart der Fisch zwischen den flachen Steinplatten. Austretender Saft löst Mineralsalze aus dem Stein und würzt so das rötliche Fleisch. Nach einer guten halben Stunde ruft Peter uns zum Lunch. Wir erinnern uns nicht, bislang ein köstlicheres Fischmahl gegessen zu haben.

Es wird Zeit zur Heimfahrt. Wir brechen unsere Zelte ab, verstauen das Gepäck im Kanu und fahren los. Seit gestern ist das Eis auf dem See wesentlich weiter nach Osten abgetrieben. Das Kanu muß heute nicht über Eis geschoben werden.

Mitten auf dem See treibt ein einsames Boot. Die beiden Insassen rudern mit kurzem Paddel; es sind die beiden Karibujäger von heute morgen. Sie hatten sich hinsichtlich der Wassertiefe verschätzt, und die Rotoren des Außenbordmotors waren an den Grundfelsen zerschellt. Wir nehmen die beiden in Schlepp, bis uns über Funk aus Baker Lake herbeigerufene Verwandte bei dieser Arbeit ablösen.

Nach zwei Stunden landen wir am Ufer unterhalb unseres Hotels. Peter und Jimmy verlassen uns mit dem Kanu. Sie winken uns zu; danach haben wir sie nicht mehr gesehen: Inuit begrüßen Ankömmlinge fast überschwenglich, doch verabschieden sie sich meist schweigend (in Cape Dorset hatten wir eine Ausnahme erfahren); Inuktitut hat viele Wörter des Begrüßens, doch keines für „Goodbye!".

Im Hotel erfahren wir, daß Irene den Wandbehang schon fertiggestellt hat; wir können ihn jederzeit abholen. Ohne uns lang mit Umziehen aufzuhalten, machen wir uns erfreut und zugleich voll Neugier auf den Weg. Ich sehe Irenes

Mann vor dem Haus arbeiten und dann hurtig zur benachbarten Gemeindehalle eilen; er hat wohl unser Kommen bemerkt. Auf unser Klopfen, bekanntlich tun das nur Qallunaat, öffnet Irenes uns noch nicht bekannte Tochter und sagt, fast ein wenig abweisend: „My mother isn't here - meine Mutter ist nicht da!" Wir erklären den Grund unseres Besuchs. Da klärt sich ihr Gesicht auf, und sie will die Mutter holen. Doch das hat offensichtlich der Vater bereits erledigt: Irene nähert sich raschen Schritts und mit strahlendem Gesicht. Sie bittet uns ins Haus. Das Kunstwerk ist meisterhaft gelungen. Alle freuen sich. Ein Sohn Irenes holt seine Polaroid-Kamera für ein Gruppenfoto mit Wandbehang, und unsere Banknoten wechseln rasch aus Irenes Hand in die ihres Mannes, der damit sofort enteilt. Am Abend gelingt mir das kaum zu überbietende Kunststück, auch den Wandbehang noch in unserem Gepäck unterzubringen.

Freitag, 30. Juni

Wir empfinden es generell als angenehm, uns die Vormittage vor den Weiterflügen freizuhalten. Heute genießen wir wieder solch einen freien Vormittag und schlendern noch einmal ohne Hast zu den verschiedenen Galerien und an das Seeufer hinunter. Vor einem der Siedlungshäuser treffen wir auf einen am Boden knienden älteren Inuk und schauen ihm eine Weile beim Feilen eines Basaltbrockens zu; leider spricht er kein Englisch.

Als wir im folgenden Jahr Baker Lake erneut besuchten und durch den Ort spazierten, sahen wir den Künstler wiederum vor seinem Haus knien und einen Stein bearbeiten. Diesmal hatten wir allerdings Peter Tapatai als Dolmetscher mit uns, und so erfuhren wir, daß unser Vorjahresbekannter Barnabus Arnasungaaq war. Barnabus wurde 1924 geboren und hat international den Ruf, einer der bedeutendsten Steinschnitzer von Baker Lake zu sein. Mit seiner Erlaubnis fotografierten wir ihn bei der Arbeit und versprachen, beim nächsten Mal einen Abzug mitzu-

bringen. Dieses Versprechen ließ sich 1999 erfüllen. Wie schon in den Jahren zuvor trafen wir ihn wieder vor dem Haus in die Arbeit vertieft. Wir begrüßten ihn und überreichten die Aufnahmen. Er aber warf nur einen kurzen Blick darauf und verschwand dann geschwind im Haus, um die Fotos sofort seiner Frau zu zeigen.

Noch sind wir im Jahr 1995. Im Vera-Akumalik-Besucherzentrum fällt uns der mehrseitige und recht detaillierte Entwurf eines Strategiepapiers zur touristischen Entwicklung der Baker Lake-Region in die Hand. Beim Abschiedslunch unterhalten wir uns mit Liz und Boris darüber. Wie schon in Cape Dorset mit David Patrick erörtert, ist es ein mühevolles Beginnen, in den arktischen Siedlungen - auch in international bekannten Gemeinden wie Baker Lake und Cape Dorset - lohnende wirtschaftliche Aktivitäten zu entfalten. Die Gestaltung von Kunstgegenständen und Herstellung kunstgewerblicher Produkte sowie ihre Vermarktung sind zwar ein wichtiger, aber längst nicht ausreichender Faktor für die ökonomische Weiterentwicklung der Siedlungen. Daher liegt es nahe, touristische Aktivitäten anzubieten, die ein breit gefächertes Spektrum von einladenden Unterkünften über ausgefeilte Tourenplanung und -durchführung bis zur verkaufsfördernden Präsentation von künstlerischen und kunstgewerblichen Objekten umfassen. In Baker Lake bemühen sich verantwortungsbewußte Gemeindemitglieder, einen Weg zur Förderung des Tourismus zu beschreiten, der bei allem wünschenswerten Wachstum Rücksicht auf die Erhaltung der arktischen Flora und Fauna nimmt. Erfreulicherweise verfügen die Inuit über ein gutes Gefühl für die Belange der Natur. „Öko-Tourismus" ist daher für sie kein Schlagwort opportunistischen Zeitgeists.

Mit Boris und Liz sprechen wir auch über die von Baker Lake aus mit dem Buschflugzeug, einer Twin Otter, erreichbare Sila Lodge an der Wager Bay; ein Aufenthalt dort war uns von Lynda mehrfach empfohlen worden. Boris und Liz zeichnen für die lokale Organisation verantwortlich, Lynda und Merv Gunter für den „Vertrieb". Während wir darüber reden, reifen in uns bereits neue Reisewünsche (*über deren Erfüllung ich in dem Buch „Der Polarbär kam spät abends - Skizzen von der Wager Bay" berichte*). Dann bringt Liz uns und den Kinderarzt, der seine Mission beendigt hat, zum Flugplatz. Der Flieger, wieder eine Hawker Siddeley 748-Turbopropmaschine, hat eine Stunde Verspätung - Zeit genug, mit Paula Hughson, einer jungen Botanikerin ins Gespräch zu kommen. Sie wartet auf ein Charterflugzeug, das sie zur Sila Lodge bringen soll: „Wann werdet ihr dorthin kommen?"

Arviat, wie ein kleiner Wal

Ralph's B & B • Kikkiks dramatisches Schicksal • Wieder bei Inuit-Künstlern • Canada Day in Arviat • Abendveranstaltung • Nachdenkliches über Nunavut • Anglikanischer Gottesdienst • Getrennte Friedhöfe • Geschichte von Jesus, der übers Wasser ging • Erhörung eines Gebets

30. Juni, nachmittags

Unser nächstes Ziel heißt Arviat, „wie ein kleiner Wal". Die Gemeinde (in älteren Karten noch als Eskimo Point bezeichnet) ist nach einer schmalen vorgelagerten Insel benannt, deren Gestalt an einen Grönlandwal (Arviq in Inuktitut) erinnert. Es ist die südlichste Gemeinde der Keewatin-Region, zählt heute (2001) etwa 1700 Einwohner und liegt am Westufer der Hudson Bay etwa auf der nördlichen Breite der norwegischen Stadt Lillehammer (61,1° n. Br.).

Wir überfliegen den Baker Lake und die Barrenlands, landen für eine halbe Stunde in Rankin Inlet. Das Flughafengebäude ist überfüllt. Freitags scheint es hier in Rankin Inlet offenbar eine Art Rush-hour nach Süden zu geben. Wir erinnern uns an unseren Freitagflug von Iqaluit nach Cape Dorset vor zwei Wochen: da waren wir bekanntlich nur zu dritt in einer sechssitzigen Maschine. Das Touristenpaar, das uns Peter abspenstig machen wollte, spricht uns an. Sie fragen nach unseren Erlebnissen, und wir erzählen schmunzelnd, wie großartig uns Peter betreut hat.

Schließlich Landung in Arviat: Am Flugplatz empfängt uns Simionie Mamgark, Inuk und ein Vetter von Simionie Sammurtok in Chesterfield; letzterer hat also wahrhaftig im ganzen Norden Verwandte. In der Halle warten wieder viele Menschen, teils auf soeben Angekommene oder auf das Gepäck, teils auf den Ab- oder Weiterflug nach Churchill und Winnipeg. Simionie macht uns mit Ralph King bekannt, dem Inhaber unserer hiesigen Unterkunft. Ihn hat es aus Neufundland in die Arktis verschlagen, und seine Geschichte ist ein typisches Beispiel für viele Qallunaat, die von der Arktis nicht mehr loskamen. Wie mancher Neufundländer, der in seiner Heimat keine Chance mehr sah, einen Arbeitsplatz zu finden, suchte er sein Glück im kanadischen Norden. Zu Anfang der 60er Jahre gelangte er zunächst nach Coral Harbour und wurde für die folgenden sieben Jahre Manager des zur Hudson's Bay Company gehörenden Northern Store. In Coral Harbour lernte er auch Jackie, eine Inuk, kennen, und bald heirateten die beiden. Danach kam er nach Arviat und schließlich nach Tuktoyaktuk. Dort blieb er jedoch nur sechs Monate und quittierte den Dienst bei der Hudson's Bay Company. Für kurze Zeit übernahm er Aufgaben in der Hamletverwaltung von Coral Harbour und dann Arviat. Schließlich wurde er von 1985 bis 1987 Regionaldirektor der Housing Corporation in Rankin Inlet, eine bedeutende Position im Zusammenhang mit der Inuit-Siedlungspolitik. Im Zuge einer allgemeinen Dezentralisation kehrte Ralph King nach Arviat zurück und betätigte sich dort intensiv in der Gemeindepolitik; er war u. a. der Spiritus rector für die Errichtung einer Sport- und Festhalle in Arviat, der ersten in der Kivalliq-Region überhaupt. Zum Bestreiten des Lebensunterhalts für seine Familie - seine Frau, drei Töchter und ein Sohn - eröffnete er 1991 Ralph's B&B (d. h. „Bed and Breakfast", eine Art Hotelpension), 1995 eine Arkade, und mit Ralph's Taxi startete er etwas seinerzeit für Arviat sehr Ungewöhnliches. Auf uns wirkt Ralph sehr zuverlässig, und wir spüren, daß er offensichtlich voll Humor steckt.

Auf dem Flugfeld schleppt einer meinen FRAGILE-Fototrekker heran. Ich dränge mich zwischen den Flugpassagieren hindurch, um ihn persönlich in Empfang zu nehmen. Unser übriges Gepäck wird mit dem Fahrzeug vor den Gebäudeeingang gekarrt. Alle bedienen sich und lassen sich dann von Bekannten zur Siedlung fahren. Wir sind die letzten, warten auf das zwischen Flugplatz und Siedlung hin- und herpendelnde Taxi von Ralph. Ein Koffer ist noch herrenlos stehen geblieben, und Ricky gibt am Gepäckschalter Bescheid. Endlich naht das Taxi und bringt uns zu Ralph's B&B. Vor einem gepflegt wirkenden, grün gestrichenen Holzgebäude, das sich durch keinerlei Hinweise als Gästeunterkunft zu erkennen gibt, steigen wir aus. Wir erhalten ein Doppelzimmer im Obergeschoß, also wuchten wir wieder einmal unser Gepäck Stück um Stück die Treppen hoch. Der Wohnraum mit Fernsehgerät und anschließender Wohnküche befindet sich unmittelbar nebenan.

Ralph legt gleich zwei mächtige Steaks als Dinner für uns in die Pfanne. Hier geht es herzhaft zu, und unsere Mitbewohner sind alle kräftige und zupackende jüngere Männer, Qallunaat, die in der Siedlung vorübergehend verschiedene Verwaltungs- oder Kontrollaufgaben wahrnehmen. Zwei von ihnen fahren zum Beispiel mit Röntgenmeßgeräten von Öltank zu Öltank, um Dichteprüfungen vorzunehmen. Zwei andere sind Vermessungsingenieure, die den ganzen Ort vermessen und ein Kataster im Laptop anlegen. Sie hatten uns schon in Iqaluit beobachtet (wir sie leider nicht) und begrüßen uns als alte Bekannte. Wir sind, wieder einmal, die einzigen Touristen am Ort.

Menschen lebten hier und in den umgebenden Barrenlands bereits seit dem 12. Jahrhundert; jedenfalls sind Spuren einer Besiedlung aus jener Zeit nachgewiesen. Es waren Indianer vom Stamm der Chipewayan und Thule-Vorfahren der Pallirmiut genannten, heute in der Siedlung Arviat wohnenden Inuit-Gruppe. Diese Pallirmiut zählen zu den Karibu- oder Inland-Inuit, und ihre Camps befanden sich vor Errichtung der Siedlung hauptsächlich rund um den Yathkyed Lake. Anders als die übrigen Inland-Inuit, deren Nahrungs- und Kleidungsquelle nahezu ausschließlich Karibus waren, drangen die Pallirmiut aber auch bis zur Küstenlinie der Hudson Bay vor und lebten außer von Karibus auch von

Meeressäugern, wie etwa Robben und Belugas. An sie erinnert übrigens der Name des längst wieder aufgegebenen Handelspostens Padlei (eigentlich Palliq, wörtlich „getrockneter Zweig").

Erste Kontakte der Pallirmiut zu Weißen (Forschern) ergaben sich Ende des 18. Jahrhunderts, und während des 19. Jahrhunderts vermittelten die Pallirmiut den Pelz- und Elfenbeinhandel zwischen weiter im Norden lebenden Inuit und der Hudson's Bay Company, deren Frachtschiffe vor dem damaligen „Eskimo Point" ankerten. Lange Zeit, bis zu Anfang des 20. Jahrhunderts, suchten mehr im Binnenland lebende Pallirmiut die Gegend auch als Platz für Sommercamps auf. Sie gingen im Frühling und Sommer hier an der Küste auf Robbenjagd.

Relativ spät, erst 1921, wurde die eigentliche Siedlung gegründet, wieder durch die Hudson's Bay Company. 1924 entstand ein römisch-katholisches Missionsgebäude, zwei Jahre später gefolgt vom Bau einer anglikanischen Mission. Eine Hungersnot als Folge dezimierter und sogar ausbleibender Karibuherden und des Preisverfalls bei Pelzen brachten in den zwanziger Jahren viele Pallirmiut dazu, sich noch enger an die Siedlung anzuschließen. 1937 wurde ein RCMP-Posten eingerichtet. Neuerliche Hungersnot und dazu noch das Auftreten schwerer Krankheiten wie Polio, Tuberkulose, Masern und Diphtherie veranlaßten die Inland-Inuit in den vierziger und fünfziger Jahren schließlich, ihre Camps aufzugeben und in die Siedlung zu ziehen. Eine Schule wurde 1959 etabliert.

Die katastrophalen Verhältnisse, die in der weiteren Umgebung Arviats vor rund 40 Jahren, im Winter 1957/58, herrschten, schildert der eindrucksvolle und höchst dramatische Dokumentarfilm „Kikkik", den im April 2000 verschiedene kanadische Fernsehstationen ausstrahlten. Am Drehbuch war Elisapee Karetak beteiligt, 1956 geboren und heute Schulleiterin in Arviat. Sie berichtet in diesem Film anhand von Gerichtsakten über ein dramatisches Geschehen, das ihrer

Familie in jenem Winter widerfuhr und zu einem am 14. April 1958 gegen ihre Mutter Kikkik eröffneten, drei Tage dauernden Prozeß führte. Die Anklage lautete auf Mord an Kikkiks Halbbruder Utek und Verlassen von zwei Kindern in einem Iglu mit der Folge, daß eines der Kinder erfror. In dem Aufsehen erregenden Verfahren wurde Kikkik schließlich freigesprochen.

Elisapee erfuhr 16jährig aus einem Buch - Farley Mowat, „The Desperate People" (deutsch: „Chronik der Verzweifelten") - durch Zufall, daß ihre Mutter als Mörderin angeklagt worden war. Nie hatte die gerade sieben Monate zuvor verstorbene Kikkik hierüber gesprochen, und Elisapee wurde sich erst damals bewußt, daß sie im Grunde keine Ahnung von ihren Eltern und deren Lebensumständen besaß. Tief erschüttert begann sie deshalb in den folgenden Jahren, intensiv nach Hintergründen zu suchen und sprach mit allen erreichbaren Zeitzeugen. Auf diese Weise bekam sie erstmals Kenntnis davon, daß Kikkik mit ihrer Familie zu einer am Ennadai Lake lebenden Gruppe von Ahiarmiut gehört hatte. Dieser See lag am Südende des sich nordwärts bis zum Thelon River und zum Baker Lake über die Barrenlands erstreckenden Siedlungsgebiets der Karibu-Inuit. Dieses war verhältnismäßig dicht bewohnt, wegen seiner Kargheit jedoch nach außen abweisend und daher von Qallunaat bis Anfang des 20. Jahrhunderts kaum berührt. Dagegen führten die Wanderrouten der Karibus, deren Sommerweideplätze im Norden und Überwinterungsplätze im Süden lagen, nahe an den Camps vorbei und brachten im Frühjahr und im Herbst reiche Beute.

Mit dem Vordringen weißer Trapper und zunehmenden Kontakten zu Handelsposten sollten sich diese von manchen als „paradiesisch" bezeichneten Verhältnisse wesentlich ändern. Schon in den zwanziger Jahren zeigten sich erste Zeichen eines Überjagens der Karibus, weil die Inuit nun im Gegensatz zu früher, als sie noch mit Pfeil und Bogen jagten, wie die weißen Trapper über viel wirksamere Jagdgewehre verfügten. Hunger und Krankheiten dezimierten die Zahl der hier lebenden Inuit. In den folgenden Jahrzehnten wurden die Lebensbedingungen immer schlimmer, und Ende der vierziger und in den fünfziger Jahren war ein Zustand erreicht, der sich nur als dramatisch kennzeichnen läßt: Mehr und mehr Inuit waren in den Barrenlands dem Tod durch Hunger und Infektionskrankheiten preisgegeben, ohne daß die offiziellen Regierungsstellen, die „Bürokraten", dies trotz diverser Hilferufe mit dem gebotenen Ernst zur Kenntnis nahmen.

Mit dem Aufbau der DEW Line begann das Militär, im Sommer 1949 eine Nachrichtenübermittlungsstation am Ennadai Lake zu errichten. Daß dies in den folgenden Jahren nicht ohne deutlichen Einfluß auf den Lebensalltag der unweit hiervon kampierenden Inuit-Gruppe blieb, ist nur zu verständlich. Doch Einzelheiten zu schildern mag hier entfallen.

Anfang Mai 1957 wurden jedenfalls die am Ennadai Lake lebenden 57 Inuit und ihre fünf übrig gebliebenen Hunde auf Veranlassung kanadischer Behörden mit dem Flugzeug, einer Twin Otter, unter Zurücklassen aller umfangreicheren Habe wie Schlitten, Zelte, Kajaks und Kanus aus ihren traditionellen Jagdgründen an den 300 Kilometer entfernten Henik Lake umgesiedelt. Begründet wurde die Maßnahme mit der Behauptung, die Überlebensmöglichkeiten seien dort günstiger als in der Nähe der Militärstation. Tatsächlich lag der Henik Lake jedoch nicht nur fern aller bisherigen Karibu-Wanderrouten, sondern auch weit abseits der Plätze, wo die Karibus im Sommer zu kalben pflegten.

Am Ennadai Lake finden sich heute übrigens nur noch die Reste der alten Radiostation, verlassene weiße Gebäude, große zylindrische Benzintanks und verrostete rote Benzinfässer. Spuren der Ahiarmiut, die hier viele Generationen lang als Jäger gelebt hatten, sind kaum mehr vorhanden. Nach dem Umsiedeln wurden die Camps und alles, was an das Leben hier erinnerte, mit Bulldozern dem Erdboden gleich gemacht, um den Inuit ein Wiederkommen auf jede erdenkliche Art zu „vermiesen".

Die Führung des Camps am Henik Lake mit seinen neun umgesiedelten Ahiarmiut-Familien lag in den Händen von Auliktuk. Er war die ganzen Jahre zuvor eine starke und angesehene Persönlichkeit gewesen, doch hatte die Entwicklung der letzten Zeit den nun 45jährigen zermürbt. Schon im Juni 1957 begann eine Zeit ohne ausreichende Nahrungsmittel; ein paar Hasen, Erdhörnchen und wenige Fische waren alles, was sie erbeuten konnten. Schlimmer: Auf die am Henik Lake Ausgesetzten wartete der dritte Winter in Folge, den sie ohne das lebensnotwendige Karibu durchstehen mußten. Und so griff denn auch mit dem Einbruch dieses Winters der Tod erneut zu. Wer sich noch einen Marsch durch Schnee und schneidenden Wind zutraute, suchte sein Heil in der Flucht zum Handelsposten Padlei; unter den Flüchtenden war auch Auliktuk, der Führer des Camps.

Als einzige blieben zwei unzertrennliche Freunde mit ihren Familien zurück: Hallauk, mit Kikkik verheiratet, und Utek, Kikkiks Halbbruder, ein Schamane, der sich mehr durch geistige als durch körperliche Fähigkeiten auszeichnete. Hallauk hatte sich noch immer ein gewisses Selbstvertrauen bewahrt. Als exzellenter Jäger und Fischer brachte er es bislang fertig, seine Familie einigermaßen zu versorgen. Ja, er war offenbar sogar in der Lage, die Familie seines Schwagers Utek mit zu versorgen, denn Utek war immer ein Träumer und nie ein guter Jäger gewesen.

Ein Blizzard in der Nacht vom 7. auf 8. Februar 1958 machte allen klar: Es war höchste Zeit, wie die anderen zu fliehen oder dem sicheren Tod im Camp ausgeliefert zu sein. Vor zwei Tagen schon war Igyakak, der einjährige Sohn Uteks, erfroren. Während sich Hallauk jedoch noch dafür entscheiden konnte, mit den Seinen zu fliehen, sah sich Utek vor keine Wahl mehr gestellt: Er und seine Familie waren völlig entkräftet. Außerdem hatten sie fast ihre ganze Fellkleidung als Notnahrung verzehrt und konnten ihr Iglu nicht mehr verlassen. Die bevorstehende Trennung aber besiegelte das Ende der lebenslangen Freundschaft.

Wie Kikkik vor Gericht aussagte, war Hallauk an diesem sturmgepeitschten, eiskalten Februartag vor dem geplanten Aufbruch nochmals zum See hinuntergegangen, um als Reiseproviant durch ein Eisloch Fische zu fangen. Währenddessen kam Utek, verwirrt vor Gram über den Tod seines kleinen Jungen und in der Ahnung des Unabwendbaren, in das Iglu Hallauks, nahm dessen Gewehr an sich und schleppte sich ebenfalls zum See. Nach einiger Zeit kehrte er zurück: „Geh und sieh nach Hallauk!" Da sah Ailuyuak, die älteste Tochter, nach und kam weinend zurück: „Mein Vater ist tot, erschossen." Offenbar hatte Utek seinen Freund Hallauk nicht ziehen lassen wollen und ihn von hinten erschossen.

Utek, noch immer die Flinte in der Hand, legte sich nun mit Kikkik an. Er versuchte, sie ebenfalls niederzuschießen, doch sie schlug ihm gegen den Arm, und er verfehlte knapp sein Ziel. Kikkik aber nahm den Kampf mit ihm auf, warf den vom Hunger Geschwächten zu Boden. Auf ihm kniend verlangte sie von einer ihrer Töchter ein Messer, und als dieses stumpf vom Brustbein abprallte, noch ein zweites, schmaleres. Dieses stieß sie nun dem unter ihr Liegenden trotz dessen Beteuerungen, er wolle ihr nichts tun, tief in die Brust und wartete, bis er starb.

Tags darauf machte sie sich mit ihren fünf Kindern auf, um beim Handelsposten Padlei Hilfe zu finden und so dem Hungertod zu entgehen. Ihre Tochter Ailuyuak und der Sohn Karlak waren groß genug, um den tagelangen Marsch in der winterlichen Kälte selbständig zu bewältigen. Die beiden Mädchen Nesha und Annacatha aber mußte Kikkik in einen primitiven Sack aus Karibuhaut und Zeltbahn stecken und hinter sich herschleifen. Dazu trug sie die damals erst eineinhalb Jahre alte Nurrahaq (später in Elisapee umbenannt) im Amautiq auf dem Rücken.

Zwerg-Weidenröschen (Epilobium latifolium)

Ufer-Kamille (Matricaria ambigua) mit Nestern von Weidenröschen

Arktische Glockenheide (Cassiope tetragona)

Arktischer Mohn (Papaver radicatum)

Alpen-Arnika (Arnica alpina)

Silberwurz (Dryas integrifolia),
„Blume der Nordwest-Territorien"

Großblütiges Wintergrün (Pyrola grandiflora)

Porst (Ledum decumbens) – „Labradortee“

Peter Tapatai und sein Helfer Jimmy schieben unser Kanu über ein Eisbrett.

Für das Grillen auf Stein bereitet Peter Tapatai Seeforellenfilets vor.

Inuksuk nahe dem Ufer des Aniguq River

Beim Kochen von Seeforellensuppe im Zelt

Gut getarnte Spornammer (Calcarius lapponicus)

Abgestreifte Winterwolle von Moschusochsen

Vor seinem Haus arbeitet Barnabus Arnasungaaq
an einer Steinskulptur.

„Ralph's B&B" in Arviat (grünes Gebäude)

Nach einiger Zeit traf sie auf eine Inuit-Familie, die früher mit demselben Ziel aufgebrochen war, aber eine längere Rast eingelegt hatte und nun weiterziehen wollte. Kikkik schloß sich dieser Gruppe zunächst an, doch fiel sie täglich weiter zurück. Am dritten Tage wurde Kikkik geraten, mit ihren Kindern in einem schützenden Iglu zurückzubleiben, während die anderen nach Padlei weiterzögen und für Hilfe sorgten.

Fünf lange Tage wartete sie, während denen die Entscheidung immer drängender wurde, zu bleiben und - wie es aussah - gemeinsam mit ihrer ganzen Familie zu sterben oder erneut aufzubrechen. Zugleich wurde ihr bewußt, daß sie unmöglich die beiden jüngeren Kinder im Zelttuchsack weiter hinter sich herschleifen konnte. Bestenfalls bot sich ihr die vage Chance, wenigstens mit den beiden Ältesten und ihrem jüngstes Baby ans rettende Ziel zu gelangen. So entschied sie sich dafür, die jüngeren Mädchen Nesha und Annacatha zurückzulassen.

Sie baute ihnen ein kleines Iglu, wiegte sie in Schlaf und hüllte sie in Karibufelle. Hoffnung, die beiden Mädchen könnten noch gerettet werden, besaß sie wohl nicht mehr. Dann schleppte sich mit ihren drei übrigen Kindern durch Kälte und Wind weiter gen Padlei, das sie gerade dem Namen nach kannte und dessen Richtung sie nur ungefähr einzuschätzen wußte.

Als der Wind immer peitschender wurde und die Kälte beißender, spürte ein Suchflugzeug die Vier auf; es war nach den alarmierenden Berichten der mittlerweile am Padlei-Posten eingetroffenen übrigen Gruppenmitglieder aufgestiegen. 36 Stunden später fand eine RCMP-Patrouille dann auch das kleine Iglu mit den zurückgelassenen Mädchen. Aus Karibufellen lächelte Annacatha die Suchenden an; Nesha aber war erfroren.

30. Juni, abends

Gegen acht Uhr holt uns Simionie ab, um uns einen ersten Eindruck von Arviat zu vermitteln und mit uns verschiedene Inuit-Künstler zu besuchen. Wir schauen zuerst bei Joy Kiluvigyuak Hallauk (1940 - 2000) vorbei. Sie freut sich wie ein Kind über die Fotografie ihrer Steinskulptur Niaquit (Köpfe), die wir im Vorjahr in Winnipeg erstanden hatten. Danach besuchen wir Lucy Tutsweetok, auch sie eine bei Kunstkennern hoch angesehene Bildhauerin. Vor ihrem Haus steht ein großer Kessel mit Karibufleisch auf dem Feuer. Sie selbst empfängt uns in der Haustür und hält eine Zigarette in der einen Hand. Mit der anderen jagt sie Moskitos und „pflegt" ihre Stiche.

Schließlich führt Simionie uns in das Haus von John Arnalukjak († 2000), einem liebenswürdigen älteren Künstler, der sich auf die Bearbeitung von Elfenbein spezialisiert hat und dessen Miniaturen international großes Interesse finden. Er empfängt uns in seinem gemütlich eingerichteten Wohnzimmer und zeigt uns ausgesuchte Beispiele seiner Arbeiten.

Wir schlendern weiter und treffen am Mikilaaq Centre auf Lynne Rollin. Sie arbeitet in der katholischen Gemeinde. Mikilaaq ist ein Begegnungszentrum für Jugendliche, aber auch sehr gut für alle anderen Altersgruppen ausgestattet. Auf einem kurzen Rundgang durch das Gebäude erzählt Lynne schmunzelnd, sie habe bei der Ankunft am Flugplatz, während sie Freunde wegbrachte, uns beobachtet und für US-Amerikaner gehalten. Welche Touristen anderer Nationalität kämen schon bis Arviat? Als sie unsere Herkunft erfährt, meint sie, dies sei wohl ihr deutscher Tag (also kommen doch auch Landsleute von uns hierher); die abgeflogenen Freunde seien ebenfalls Deutsche - Naturfotografen, die nach Churchill weiterflogen. Wir: „Wohl nicht gar Norbert Rosing?" - Sie: „Doch, doch!" Und dann: „Wenn ihr Norbert treffen wollt, müßt ihr in Churchill nach ihm sehen!" Rosing hat ein großartiges Fotobuch über Polarbären verfaßt, das auch ins Englische übertragen werden soll (*und zwischenzeitlich in Kanada auf dem Markt gekommen ist*). Vor unserer Abreise aus Deutschland hatten wir noch überlegt, direkt mit ihm in Verbindung zu treten, um aus seinen fotografischen Erfahrungen zu lernen, und nun scheint sich eine solche Chance auch noch inmitten der Arktis zu bieten.

Nach dem Rundgang will Simionie uns auch seinem Vater, Andrew „Andy" Mamgark (1930 - 1997), vorstellen. Er ist ein Bruder des weithin anerkannten Künstlers John Tiktak und ebenfalls durch Steinskulpturen bekannt geworden. Wir lernen ihn als einen liebenswürdigen älteren Mann kennen, der uns zusammen mit Simionies Bruder willkommen heißt. Wir plaudern ein wenig, dann zieht es uns ins Hotel. Wir sind rechtschaffen müde, und der morgige Tag wird anstrengend.

Samstag, 1. Juli – ein Festtag

In Chesterfield Inlet und Baker Lake hatte man uns schon nachdrücklich gefragt, wo wir uns wohl am 1. Juli aufhielten. Dann werde nämlich landesweit der Canada Day, der kanadische Nationalfeiertag, begangen - mit Festzügen und Paraden, fröhlichen Wettbewerben und abendlichen Partys, die vor allem in den kleineren Orten traditionellen Charakter hätten. Wir dürften solche typischen Festlichkeiten in einer der Inuit-Siedlungen keinesfalls versäumen. Oh ja, in Arviat könnten wir sicher sein, ein schönes und interessantes Fest mitzuerleben. So sind wir an diesem wichtigen Tage schon früh auf den Beinen, begleitet von Ralphs fröhlichem Lachen über unseren sichtlichen Eifer, nur ja nichts zu versäumen. Simionie ist pünktlich um halb zehn zur Stelle, und wir schlendern zum Gemeindezentrum (Municipal Office), wo sich die Bevölkerung mit ihren ATVs, den auch hier wie im ganzen Norden so beliebten motorrollerartigen Fortbewegungsmitteln, zu versammeln beginnt. Simionie stellt uns Mayor

(Bürgermeister) David Alagalak und dem anglikanischen Geistlichen Jimmy Muckpah vor. Nebenbei raunt er uns zu, der Reverend sei auch ein bekannter Inuit-Kunstschnitzer und erst spät zu seinem kirchlichen Amt berufen worden.

Bald zeigt sich der Gemeindepolizist in Respekt gebietender Uniform, beladen mit der kanadischen und der örtlichen Flagge. Sie zu hissen ist ein offenbar schwieriges Unterfangen, das Ricky zu gern akzeptierter Mithilfe herausfordert. Das Bemühen wird schließlich trotz des stürmischen Windes, der die Flaggen immer wieder verwickelt, von Erfolg gekrönt und von den Umstehenden beifällig und jubelnd beklatscht. Simionie und einige Helfer verteilen inzwischen papierene Kanadafähnchen, Kanadaaufkleber und Lose an alle Anwesenden. Ein Geldpreis ist ausgelobt, und die Ziehung soll einen ersten Höhepunkt des Tages bringen. Gegen zehn Uhr ergreift der Bürgermeister das Wort, ein wenig zu monoton für solchen Anlaß, so jedenfalls empfinden wir es - doch haben wir seitdem gelernt, daß dies eben die Art und Weise der Inuit ist, Reden zu halten. Nach ihm hält auch der Vorsitzende der Gemeindelegislative eine Rede, und schließlich wendet sich noch der Reverend an die Festversammlung. Sie alle sprechen Inuktitut, und wir armen Qallunaat können leider nichts verstehen. Alsdann stimmt eine festlich gekleidete Inuit-Lady mit Verve die Nationalhymne „Oh Canada" in Inuktitut an, doch kann sie nur wenige mitreißen; wir beide singen deshalb um so kräftiger, allerdings auf Englisch.

Damit endet der offizielle Teil, und endlich nimmt seinen Gang, worauf alle mit Spannung gewartet haben: das Volksfest. Als erstes wird die Losnummer für den ausgelobten Geldpreis gezogen und die glückliche Siegerin mit viel Beifall bedacht. Dann donnert unter lautem Aufheulen aller Alarmsignale ein großes Feuerwehrauto aus seiner Halle nebenan und setzt sich an die Spitze eines Fahrzeugkorsos, der sich alsbald mit vielem Hin und Her aus etwa neunzig ATVs formiert. Mit entsprechendem Getöse schickt sich der Zug an, in einer großen Runde durch die Straßen der Gemeinde zu rattern. Die Gemeindeoberen und auch wir beiden Fremdlinge erwarten mit einer großen Kinderschar schwatzend die Rückkunft der „Honda-Parade". Danach steigt der Bürgermeister in seinen Dienstwagen. Hupend übernimmt er die Führung zum nächsten Schauplatz des großen Festes draußen vor der Siedlung in der Tundra. Simionie hat uns zwischenzeitlich mit Kevin, dem Chef des Co-op Housing Centres, einem Qallunaaq, bekannt gemacht, und der lädt uns ein, alle an diesem Vormittag noch zu besuchenden Brennpunkte mit ihm in seinem für arktische Verhältnisse recht luxuriösen Van anzusteuern.

Auf Kommando beginnt zunächst mit viel Hallo ein überaus emsiges Suchen auf der „Festwiese" nach versteckten Preisen. Danach tritt eine Pause ein, und Kevin unternimmt mit uns eine Fahrt in die Umgebung „soweit die Straße reicht", sechs Kilometer. Wir kommen gerade zur rechten Zeit zurück, um ein wahrhaft aufregendes Inuit-Spektakel zu erleben: den Bannock-Backwettbewerb. Er beginnt damit, daß die Teilnehmer, meist familienweise, sich steinerne Feuerstellen einrichten und mit natürlichen Materialien wie Holzstückchen und vor allem trockenem Kleinbuschwerk ein Feuer entzünden. Streichhölzer sind erlaubt, nachdem zuvor in reger Diskussion das ehedem übliche Feuerschlagen mit Flintsteinen (Pyritbrocken) verworfen wurde. Wir vermuten, daß solches Anfeuern nur noch von wenigen beherrscht wird und viele Wettbewerber wohl von vorn herein frustriert hätte. Bald knistert und qualmt es an allen Ecken und Enden, und der aromatische Duft verbrennender Pflanzen legt sich über den Festplatz.

Noch aber müssen sich die Wettbewerbsteilnehmer zurückhalten. Denn das Reglement schreibt vor, daß als erstes in Metallkesseln, wie wir sie von unseren kürzlichen Campaufenthalten her kennen, Tee zu kochen ist und das fertige Produkt von der Jury für gut befunden sein muß. Erst nach solcher Freigabe darf mit dem Bannock-Backen begonnen werden.

Das Rezept? Bannock ist ein flaches, ungesäuertes, recht schmackhaftes Weiß-brot, eine Art Fladenbrot, das von schottischen Walfängern eingeführt wurde und nun zu den Grundnahrungsmitteln der Inuit gehört. Bei seiner Zubereitung wird zunächst eine Bratpfanne kräftig erhitzt und darin viel Fett zum Schmelzen gebracht. Anschließend wird der aus Mehl, wenig Wasser und Treibmitteln vorbereitete Teig eingetragen, und das ganze unter Zugabe weiterer Fettmengen auf beiden Seiten goldbraun gebacken.

Hitze, Aufregung und die Anspannung, erster zu werden zeichnen sich bald auf den Gesichtern der Backkünstler und vor allem -künstlerinnen ab. Wir aber freuen uns schon darauf, die einzelnen Backergebnisse zu testen und uns vor allem munden zu lassen. Endlich stürmt die erste Bäckerin zur Jury; ihr Backwerk wird sogleich geprüft und als ausgezeichnet bewertet: Sie hat den Wettbewerb gewonnen und wird als Siegerin gefeiert. Keineswegs jedoch lassen die übrigen Teilnehmer in ihren Anstrengungen nach. Sie wollen wenigstens zeigen, daß auch sie die alten Traditionen noch gut beherrschen und ein schmackhaftes Brot anzubieten haben. Wir wissen das zu schätzen und sind, mit vollem Mund kauend, voll uneingeschränkten Lobes.

Schon wandern die ersten Festgäste weiter zum Ort des nächsten Geschehens, der Rennstrecke für einen Radfahrwettbewerb der Acht- bis Elfjährigen. Wir ziehen es jedoch mit vielen anderen vor, noch bei den Bäckern zu verweilen.

Da uns auch der als nächstes angekündigte ATV-Rennwettbewerb nicht sonderlich reizt, machen wir uns auf den Weg zurück zum Hotel. Dabei begegnen wir den jungen Radrennfahrern. Stolz und mit leuchtenden Augen löst sich aus dem Gewimmel Simionies kleiner Sohn und baut sich vor uns auf: „I'm the winner - ich bin der Sieger!"

1. Juli, nachmittags

Den Nachmittag verbringen wir im Margaret-Aniksak-Besucherzentrum, das auf Simionies Veranlassung heute am Nationalfeiertag allein für uns offen ist. Das 1993 eröffnete Zentrum ist in einem auffallend schönen, einem Iglu nachempfundenen hellblauen und weißen Gebäude untergebracht. Es wurde auf traditionelle Weise aus Holz und verschiedenen Materialien der Gegend erbaut und fast nur von Einheimischen gestaltet. Als Zugang zum eigentlichen Gebäude gibt ein kleiner Rundweg Erklärungen und Informationen zu Inuit-Geschichte und -Kultur. Ungewöhnlich instruktiv sind Modelle typischer Steinanordnungen von Zeltringen, Gräbern und Vorratskammern aus der Zeit der Inuit-Vorfahren. Das Innere des Gebäudes ist ebenfalls mit Geschick und viel Geschmack gestaltet. Der Eintretende wird von Inuit-Trommelklängen begrüßt und dann von einer Vielfalt von Zeugnissen des traditionellen Lebens der Inuit fast überwältigt - von Wandbehängen, Kleidungsstücken, Werkzeugen, Jagdwaffen und dem Modell eines Inuit-Camps. Für ein Erinnerungsfoto dürfen wir sogar reich verzierte traditionelle Kleidung anlegen! Schließlich lauschen wir der Tonbandaufnahme einer Inuit-Story (auf Englisch), schauen uns bei einer Tasse Tee verschiedene Videos an, vor allem „Canoeing on Thelon and Kazan River", und plaudern noch ein Weilchen mit unserer reizenden Gastgeberin Laura Iassiuk.

Leider können wir wegen des Feiertags (und des anschließenden Sonntags) die Arviat Ulimaut Steinschnitzer-Werkstatt nicht besuchen. So entspannen wir uns ein wenig im B&B bis zum Dinner, dessen Düfte schon durchs Haus ziehen - wir hören Ralph kräftig rumoren. In Gedanken sind wir schon bei der Abendveranstaltung. Simionie hat uns verraten, nach der Verleihung der am Tage gewonnenen Preise seien musikalische Einlagen und traditionelle Aufführungen wie Drum Dancing und Square Dance geplant.

1. Juli, Festtagsabend

Gegen sieben Uhr holt uns Simionie ab, bringt uns zunächst zum Senior Citizen Centre. Der Name läßt uns ein Altersheim erwarten, doch erweist es sich bei näherem Hinsehen als Behindertenzentrum - mit acht Plätzen, von denen zur Zeit nur vier besetzt sind; es ist recht aufwendig gebaut. Da sich dort entgegen Simionies Erwartung offenbar nichts abzuspielen scheint, stapfen wir weiter zur Community Hall, der sogenannten „Arena" mit einer großen modernen Vielzweckhalle. Bei unserem Eintreffen hat die Preisverteilung an die jungen Radrennfahrer gerade ein Ende gefunden. An den Hallenwänden sind nicht allzu viele Stühle aufgestellt, doch herrscht ein so reges Kommen und Gehen, daß wir bald Plätze einnehmen können. Unter den Anwesenden sehen wir überwiegend Kinder, die sich mit Herumtollen, Balgen, Kicken von Coca-Cola-Dosen, Verzehren von Kartoffelchips und lautstarkem Schreien beschäftigen. Nicht mehr gebrauchte Verpackungen werden einfach zu Boden geworfen, was die Erwachsenen zu unserer Verblüffung ohne Reaktion tolerieren. Selbst die nun vollzogene Preisverleihung an die Erwachsenen findet unter unveränderten Bedingungen allgemeiner Unruhe und dem Herumtoben der Kinder statt. Wir fragen Simionie, warum den Kindern nicht eine gewisse Ordnung abverlangt würde. Er antwortet, seinerseits über eine solche Überlegung zur Kindererziehung völlig verblüfft, Kinder hätten eben Narrenfreiheit, und den weggeworfenen Müll würden doch die Putzfrauen anderntags wegräumen. Simionies Frau, zwischenzeitlich ebenfalls mit einigen Kindern eingetroffen, zeigt durch Kopfnicken, daß sie ganz seiner Meinung ist.

Erst im Laufe der Zeit und aus Gesprächen mit den Inuit selbst wurde uns bewußt, daß dieses Verhalten keineswegs verwunderlich ist. Die Inuit lebten traditionell in einer „Wegwerfgesellschaft" - als Nomaden hoben sie nur Gegenstände auf, die es ihnen wert waren. Abfall wurde einfach am Camp hinterlassen, da er ja aus natürlichem Material war und zum Land „gehörte", in dem man lebte. Den meisten Inuit ist inzwischen zwar bewußt, daß die modernen Industriematerialien anders behandelt werden sollten, doch hat bislang eben noch keine vollständige Verhaltensänderung stattgefunden.

Auf der mit vielerlei Gegenständen vollgestopften Saalbühne proben derweil ein paar Musikanten auf verschiedenen Instrumenten das eine oder andere Stück, doch herrscht auch hier ein munteres Kommen und Gehen. Das Musizieren erfolgt gleichermaßen desorganisiert, und nur selten wird eine Melodie so recht erkennbar.

Gegen neun Uhr schließlich nimmt die Veranstaltung einigermaßen Struktur an. Die Musikanten formieren sich zur Band und spielen geräuschvoll mit Verstärkern. Acht weibliche und männliche Dorfbewohner in „Räuberzivil" beginnen eine Art Square Dance. Es zieht sich hin (*inzwischen wissen wir, daß das so sein muß*). Nach einer knappen Stunde meint Simionie, der zwischenzeitlich immer wieder zu einer Zigarettenpause nach draußen gegangen war, der vorgesehene Drum Dance sei wohl gestrichen worden: die Trommlergruppe Sivuliimut, die sich der Pflege althergebrachter Gesänge und Tänze widme, halte sich in ihren Camps auf und sei nicht in die Siedlung zurückgekommen, und mit Ersatz sei es offensichtlich schlecht bestellt. Kurzum: wir verlassen den Ort des Geschehens. Auch Simionie ist müde und geht mit uns, Frau und Kinder zurücklassend. Ricky und ich sind recht nachdenklich geworden, und im Hinblick auf die beobachtete Fähigkeit der Inuit, Dinge zu organisieren, erörtern wir noch lange, wie die längerfristige Zukunft von Nunavut wohl aussehen mag.

Sonntag, 2. Juli

Beim Frühstück erzählen wir Ralph unsere Abendimpressionen. Er hat statt dessen einen ihn positiv beeindruckenden Festabend mit einem Auftritt der aus Arviat stammenden Inuit-Sängerin Susan Aglukark im Fernsehen erlebt. Susans Name ist uns nicht unbekannt. Sie lebt jetzt in Rankin Inlet, und in unserem Gepäck haben wir bereits mehrere CDs und Musikkassetten untergebracht, die mit ihr aufgenommen wurden. Wir diskutieren über Nunavut und die Illusionen, die sich viele Inuit hinsichtlich des Funktionierens des neuen Staatsgebildes machen. Ralph gibt uns eine aktuelle Pressenotiz zu lesen:

„Der Nunatsiaq-Parlamentsabgeordnete Jack Anawak sagt, einige Inuit sind dem gefährlichen Glauben verfallen, mit der Schaffung von Nunavut würden sie vollkommen unabhängig. ‚Wir fallen zusehends in eine Art umgekehrten Rassismus. Ich werde immer mehr bekümmert, weil Inuit denken, wir seien nicht länger auf Qallunaat angewiesen, da wir Nunavut bekommen.‘ Weiter sagte Anawak, die Leute müßten aufhören zu träumen. Soziale Probleme - Selbstmord, Drogen- und Alkoholmißbrauch und Gewalttätigkeiten in der Familie - würden nicht mit der Abtrennung im Jahr 1999 verschwinden. ‚Wir müssen aufwachen‘, sagte er. ‚Tun wir das nicht, dann wird darin der Grund zu suchen sein, warum Nunavut nicht so erfolgreich sein wird wie wir es uns wünschen.‘“

Wie Ralph dazu anmerkt, sei abzusehen, daß sich mit dem Etablieren von Nunavut die Besitzverhältnisse bei Immobilien- und Wirtschaftsvermögen wesentlich verändern. So sollen selbst kleinere Arbeitsstätten nur dann weiter betrieben werden dürfen, wenn sie zu mindestens 50% in Inuit-Besitz sind oder überführt werden. Die Qallunaat seien daher tief verunsichert und rechneten nicht nur mit dem Verlust ihrer Jobs, sondern auch mit einer Veränderung ihrer gesamten Lebensweise. Schon jetzt herrsche bei den Banken große Zurückhaltung bei der Kreditvergabe an Qallunaat, und die Investitionsneigung sei verständlicherweise rückläufig. Man könne in der Tat nur hoffen, daß Persönlichkeiten mit Weitblick, wie etwa Jack Anawak, die Führung behalten und die weitere Entwicklung in gemäßigte Bahnen steuern können (*wie schon erwähnt ist Jack Anawak inzwischen Minister für Gemeindeangelegenheiten und Transportwesen*).

In diesem Zusammenhang darf man allerdings nicht vergessen, daß die Zukunft des Territoriums Nunavut wesentlich vom allgemeinen Zugewinn an Kompetenz bei den Inuit abhängt. Wie wir beobachtet haben, gilt für viele Inuit noch immer der Ausspruch, über den wir erstmals auf dem Eis nahe Pond Inlet verwundert waren: „Work is only for people who don't know how to hunt - Arbeit ist nur etwas für Menschen, die nichts vom Jagen verstehen." Als Leitsatz darf er für die Verantwortlichen im zukünftigen Nunavut wohl kaum gelten.

Zu Ralph King ist nachzutragen, daß er 1999 (in dem Jahr also, in dem Nunavut etabliert wurde) zum Mayor (Bürgermeister) von Arviat gewählt wurde, nachdem er schon zuvor für seine Gemeinde eine Reihe wesentlicher Projekte angestoßen hatte - nicht nur die nach ihm benannte Sport- und Festhalle. Anfang Januar 2000 sah er sich durch ein Leberleiden zum Rücktritt gezwungen; zwei Wochen später ist er 61jährig in Winnipeg verstorben.

Auch in Arviat findet der katholische Gottesdienst heute ohne Priester statt, weshalb wir die anglikanische Kirche besuchen. Als wir eintreten, werden wir von zwei Meßdienern mit herzlichem Händedruck willkommen geheißen (*eine Geste, die wir übrigens in den kommenden Jahren bei allen anglikanischen und katholischen Gottesdiensten im Norden erleben werden*). Die Kirche ist schon fünf Minuten vor Gottesdienstbeginn bis auf den letzten Platz besetzt, und noch immer strömen Menschen herein. Reverend Jimmy Muckpah wird die Messe

251

feiern. Er händigt uns ein dreisprachiges Gebet- und Gesangbuch zum Mitfeiern aus. Gleich zu Beginn des Gottesdienstes spricht er uns beide vor allen Gläubigen auf Inuktitut an, und eine Gottesdienstteilnehmerin übersetzt ins Englische: Er heißt uns willkommen und bittet uns unter Beifall der Gemeinde, über unser Woher und Wohin zu berichten. Die Meßfeier dauert lang, mehr als eineinhalb Stunden, darauf hatte uns Ralph schon vorbereitet; die angezeigten Lieder singen wir voll Inbrunst mit. Derweil herrscht in der Kirche viel Unruhe, auch ein reges Kommen und Gehen, und in der offenen Seitentür bellt gar ein Hund, doch der Reverend bleibt davon unbeirrt.

2. Juli, nachmittags

Ralph hat den Lunch im Hinblick auf unseren Kirchgang vorsorglich um eine Stunde auf ein Uhr verlegt. Danach unternehmen wir mit Simionie und seiner Frau einen Spaziergang nach Süden entlang der Küste, Richtung Nuvuk Point zu den beiden Friedhöfen der Siedlung, die auf einem jahrhundertealten Gräberfeld eingerichtet wurden. Sie liegen hintereinander gereiht auf dem Rücken eines Eskers und sind streng nach katholischer und anglikanischer Konfession getrennt. Eigentümlicherweise gibt es hier keinen gemeinsamen Friedhof - Ökumene ist offenbar noch nicht überall in den Norden vorgedrungen. Die Begräbnisstätten sind wegen des Permafrosts auch hier in Arviat nur von geringer Tiefe und mit Steinbrocken überdeckt, zuweilen läßt sich zwischen dem Gestein blaue Kunststoffolie erkennen. Da und dort enthält eine hölzerne Kiste mit verglastem Deckel ein paar verblassende Kunstblumen und anderen Grabschmuck. Die Grabkreuze stehen schief, wie eben das Gestein es zuläßt. Die Inschriften zeigen, daß viele Kinder und junge Menschen hier ruhen, Opfer von Unfällen und Naturereignissen und auch Selbstmörder. Am Ende der Grabreihen ragt auf beiden Friedhöfen ein großes Holzkreuz in den Himmel. Eine Holzhütte steht abseits: Hier werden die während des Winters Verstorbenen in natürlicher Kälte verwahrt, bis wärmere Jahreszeit das Bestatten zuläßt. Die Grabstellen müssen zeitweilig rund um die Uhr bewacht werden, damit die Bestatteten nicht dem Fraß durch Bären und Wölfe zum Opfer fallen.

Unweit von hier haben mehrere Familien ihre Sommercamps eingerichtet; schmucke weiße Zelte reihen sich am dunklen Hang des Eskers aneinander. Schlittenhunde begrüßen uns mit Gebell. Im Zelt von Simionies Schwiegermutter, die leider selbst nicht anwesend ist, trinken wir Tee und probieren dazu sehr schmackhaftes getrocknetes Karibufleisch. Danach wandern wir zu einem uns schon von verschiedenen Abbildungen bekannten Wahrzeichen von Arviat, dem Eisengerippe des ehemaligen Küstenversorgungsschiffs „Qulaittuq", das um 1920 am Abhang des Eskers auf den Strand gesetzt worden war. Das Weiterwandern zu archäologischen Fundstätten schenken wir uns, als plötzlich wieder einmal Moskitos über uns herfallen, die von der wärmenden Nachmittagssonne hervorgelockt worden sind. Auch wartet Ralph mit dem Abendessen, einem exzellent zubereiteten Truthahn. Den wollen wir uns nicht entgehen lassen.

2. Juli, abends

Simionie möchte uns heute abend noch seiner Schwiegermutter vorstellen. Als wir uns dem Haus nähern, donnert sie auf einem ATV auf uns zu. Sie will, jetzt um halb neun, noch ein paar Besorgungen erledigen und bald zurück sein. So setzen wir uns eine Weile zu seinem Schwiegervater und unterhalten uns mit ihm, müssen dann aber weiter, ohne die Rückkehr der Frau abwarten zu können.

Uns ist es ein wichtiges Anliegen, noch bei Reverend Jimmy Muckpah vorbeizuschauen. Ralph hat uns erzählt, „Jimmy has married my daughter", worüber wir uns etwas wunderten, waren Jimmy und er doch in den Fünfzigern. Als uns nun die Frau des Reverends begrüßt, geht uns ein Licht auf: Wir hatten „to

marry" als „heiraten" verstanden, nicht im kirchlichen Sinne als „verheiraten".
Wir erzählen diese kleine Story und ernten glucksendes Gelächter. Bei Kaffee
erzählt uns Jimmy dann seine Lebensgeschichte.

Er stammt aus Pond Inlet. Während eines Krankenhausaufenthalts war er,
23jährig, wie auch andere Patienten zum Steinschneiden angeregt worden. Er
schnitzte zwei Polarbären und zwei andere kleine Figuren und erhielt zwei oder
drei Dollar je Stück. Damit begann seine Bildhauerkarriere. Zehn Jahre später
ließ er sich als Christ taufen. Er wurde nach Pangnirtung auf eine anglikanische
Priesterschule geschickt und studierte dort zwei Jahre; er wurde auf diese Weise
einer der ersten Inuit-Priester. Als Seelsorger in seiner Baffin-Heimat tätig zu
werden, dieser Wunsch ließ sich nicht erfüllen. Er kam nach Arviat. Nunmehr
ist er anderen Priestern vorgesetzt und als „fliegender Reverend" auch für die
Gemeinden in Baker Lake, Repulse Bay, Coral Harbour und Whale Cove
(Tikirarjuaq) zuständig. Voller Stolz zeigt er uns das Buch „Carved from the
Land" mit der Abbildung einer Skulpturenszene „Building an Igloo - Bau eines
Iglus", die er 1969 aus Stein, Karibugeweih, Walknochen und Narwal-Elfenbein
in Pond Inlet gestaltet hat. Sie befindet sich heute im Besitz des berühmten
Eskimo Museums in Churchill; das gezeigte Buch gibt einen Überblick über die
dort zusammengetragene Sammlung. Natürlich kennt Jimmy die Geschichte
von Peters Erblindung; sie hat sich offenbar in ganz Keewatin herumgespro-
chen. Dann erzählt auch er eine außergewöhnliche Begebenheit, die Geschichte
von Jesus, der über das Wasser ging.

„Ein Fischer hatte sich beim Angeln zu weit aus seinem Kanu gebeugt. Das
Kanu kenterte, der Fischer stürzte ins Wasser, und das Paddel ging verloren.
Mit großer Mühe zog der Fischer sich auf das kieloben treibende Boot und
begann auf dem Bauch liegend mit den Händen zu rudern. Ein mühsames
Beginnen und erfolglos dazu. In seiner Not begann er zu beten, und der Herr

erhörte ihn. In der Ferne tauchte ein Kanu mit zwei anderen Fischern auf und kam näher. Da richtete sich unser Fischer auf und stellte sich auf den Kiel seines Bootes, mit hochgereckten Armen winkend. Die Näherkommenden erschraken zutiefst und begannen, sich zu fürchten, denn dort über dem Wasser kam unser Herr Jesus mit segnend erhobenen Händen auf sie zu. Sie wandten sich ab und begannen wie von Sinnen davonzurudern. Alles Rufen unseres unglückseligen Fischers half nichts, sie flohen vor dem Herrn. Dann aber besannen sich die Fliehenden. Gott ist doch gütig, warum also sollten sie ihn meiden? Sie nahmen all ihren Mut zusammen und blickten zurück. Und wirklich, noch immer stand die Gestalt hochaufgerichtet über dem Wasser und winkte nach ihnen. Da faßten sie sich ein Herz und ruderten hin. Unser Fischer war gerettet."

Es ist halb elf geworden, als wir Jimmy und seine Familie verlassen. Die Sonne steht tief im Nordwesten und taucht untergehend die Häuser der Siedlung in unwirklich rosa-goldenes Licht. Nachts erwachen wir. Es ist tief dunkel, Sturm tobt ums Haus, und schwere Regenschauer setzen die Wege unter Wasser.

Montag, 3. Juli

Unser letzter Tag in Arviat. Simionie bringt uns durch Regen und heftigen Wind zu Julia Pingushat, einer der bedeutendsten Textilkünstlerinnen in Arviat. Sie hat gerade einen kleinen Wandbehang mit Karibufell-Applikationen fertiggestellt, der uns gut gefällt. Als wir unser Kaufinteresse äußern, treten ihr Tränen in die Augen, und sie gesteht uns anrührend: „Gestern sah ich euch in der Kirche. Ich habe zum Lieben Gott gebetet, er möge mir mit Geld helfen. Und nun kommt ihr hier herein und bringt es mir."

Regen, Regen und Regen. Und Wind. Wir flüchten in unser Hotel zurück.

Auch die Vermessungs- und Röntgenfachleute sind heute nicht draußen. Als wir beim Lunch sitzen, blickt einer von ihnen von seiner Zeitung auf und sieht uns prüfend an: „Da seid ja ihr abgebildet; die schreiben über euch!" Über unseren Nunavut-Aufenthalt kann man offensichtlich auch in Arviat lesen.

Mit dem Taxi zum Flugplatz. Simionie macht uns dort mit David Aglukark bekannt, dem Vater von Susan, der Sängerin. Er nimmt dieselbe Maschine wie wir nach Churchill, um dort Belugas zu jagen. Als der Flieger aus Rankin Inlet landet, stellt er uns zwei seiner mit angekommenen Töchter vor. Sie hatten den Canada Day mit ihrer berühmten Schwester verbracht. Unsere Turbo-Prop-Maschine der Calm Air startet mit einer halben Stunde Verspätung. Wir fliegen ohne Bodensicht über den Wolken.

Subarktis - Tundra, Taiga und boreale Wälder

Churchill, Polarbärenhauptstadt der Welt • Wirtschaftliche Entwicklung • Nanuq, der große wandernde Jäger • Flora und Fauna zwischen Taiga und Tundra • Bummel durch die Stadt • Tundra-Buggy-Tour • Fahrt mit Hindernissen • Belugas • In den Flats

3. Juli, 18 Uhr

„Friendly Manitoba". Pünktlich um 18 Uhr setzt die Maschine auf der Piste von Churchill Airport auf. Es herrscht „Churchill-Wetter": Regen, Nebel, 6° C. Im Flughafengebäude herrscht Hochbetrieb. Als wir längst unser Gepäck ausgeliefert bekommen haben, warten wir noch immer, schließlich gar als einsame letzte Fluggäste darauf, abgeholt zu werden. Am Flugschalter der Calm Air zeigen wir schließlich einer hilfsbereiten jungen Dame unseren Abholgutschein; ein kurzer Anruf genügt, und schon wenig später sitzen wir in einem Van und lassen uns zum Tundra Inn bringen, wo wir in den letzten vier arktischen Nächten schlafen wollen.

Churchill, Polarbärenhauptstadt der Welt

Das Gebiet um Churchill liegt am Südrand der Arktis etwa auf der nördlichen Breite von Oslo und ist knapp 1200 Kilometer Luftlinie von der Provinzhauptstadt Winnipeg entfernt. Hier stoßen die unterschiedlichsten geografischen Verhältnisse aneinander und lassen eine artenreiche und vielfältige Fauna und Flora gedeihen. Im Westen mündet der Churchill River in die Hudson Bay, und nur wenige Kilometer weiter nördlich davon nehmen die Barrenlands ihren

Anfang, im Norden verläuft die Küste der Hudson Bay, im Osten erstreckt sich Tundra und im Süden verläuft die Baumgrenze mit anschließendem dichtem borealem Nadelwald. Bewohnt ist das Gebiet seit nahezu 4000 Jahren von Inuit.

Die ersten Europäer in der Region dürften 1619/20 der dänische Schiffskapitän Jens Munk und seine Schiffsbesatzung gewesen sein, die anläßlich einer erfolglosen Suche nach der Nordwestpassage gezwungen waren, hier zu überwintern. Von 67 Seeleuten kehrten nur Munk selbst und zwei seiner Begleiter in die Heimat zurück. Hundert Jahre später, 1717, errichtete die Hudson's Bay Company hier einen Handelsposten, der von dem in der Mitte des 18. Jh. erbauten Fort Prince of Wales geschützt wurde.

Die subarktische Hafenstadt, die einst als einer der größten Kornhäfen der Welt vor allem dem Getreideumschlag nach Rußland diente, ist nur in kurzen Sommermonaten mit dem Schiff erreichbar. Sonst kann man nach Churchill nur über die 1929 fertiggestellte Eisenbahnverbindung und mit dem Flugzeug gelangen; eine Straßenverbindung mit dem Süden gibt es nicht.

Das Stadtzentrum erstreckt sich auf einer Landzunge zwischen der Hudson Bay und dem unweit in die Bay fließenden Churchill River. Alle Hotels sind zu Fuß von der auf der Flußseite gelegenen Bahnstation aus erreichbar. Auf der anderen Seite des Zentrums, nach Norden zur Bay hin, erhebt sich ein Mehrzweckgebäude, Town Centre Complex, mit Highschool, Erholungseinrichtungen (sogar mit Schwimmbad) und Kinderspielplätzen. Alles wurde aus Sicherheitsgründen wegen der immer wieder in der Stadt auftauchenden Polarbären unter einem Dach untergebracht. Eine Stätte steht rot gekennzeichnet in unserem Besuchsprogramm: das als besonders reichhaltig gerühmte, in unserem Baedeker mit zwei Sternchen gekennzeichnete Eskimo-Museum, das dem hier ansässigen katholischen Episkopat gehört.

Als der Getreidehandel in den siebziger Jahren infolge der veränderten Ost-West-Beziehungen schrumpfte und somit auch der Kornhafen an Bedeutung verlor, durchlebte die Stadt schwere Zeiten wirtschaftlichen Umbruchs. Doch haben sich die Verhältnisse mittlerweile weitgehend stabilisiert, und die etwa 1300, im tiefen Winter nur rund 800 hier lebenden Menschen, Inuit, Indianer und weiße Einwanderer unterschiedlichster Herkunft, haben es verstanden, nunmehr überwiegend die lokalen wirtschaftlichen Ressourcen zu nutzen. Kannte vor zwei Jahrzehnten noch kaum jemand den Ort auch nur dem Namen nach, so erweist sich inzwischen vor allem der Tourismus, der im Jahr durchschnittlich mehr als 10000 Besucher und mit ihnen Millionen Dollar nach Churchill bringt, als stetig wachsende und offensichtlich sichere Einnahmequelle, sicher wegen des ganz allgemein steigenden Interesses der heutigen Menschen an Vorgängen in der Natur. Das zeigt sich nicht zuletzt ja auch in der steigenden Flut von Publikationen und Fernsehfilmen zu solchen Themen.

Neben der Förderung des Tourismus unternehmen die Verantwortlichen jedoch noch weitere Anstrengungen, die Entwicklung der Bay-Region voranzubringen. Einen nicht geringen wirtschaftlichen Impuls erhofft sich die Stadt z.B. von der Einrichtung des Churchill Northern Studies Centre, das viele Kurse u.a. in arktischer Ökologie, Ornithologie, Geologie und Meteorologie anbietet.

„Polarbärenhauptstadt der Welt": Der Gemeinde Churchill kam bei ihrer wirtschaftlichen Entwicklung zugute, daß sie inmitten der natürlichen Wanderroute von Polarbären auf ihrem Weg auf das winterliche Packeis der Hudson Bay liegt. Diese riesigen weißen Tiere sind in der näheren Umgebung und nicht selten sogar innerhalb der Stadt so nahe zu beobachten, daß an vielen Stellen Schilder warnen müssen: „Polar Bear Alert - Stop - Don't Walk in this Area".

Wegen der bedeutenden Rolle, die der Polar- oder Eisbär im gesamten Polargebiet spielt, sei er an dieser Stelle genauer beschrieben: Die Inuit nennen den weißen Bären, der zu den größten Raubtieren der Erde zählt, mit Respekt Nanuq, „den großen wandernden Jäger". Die Männchen können bis 800 kg Gewicht und zwei Meter Schulterhöhe, aufgerichtet sogar über drei Meter Höhe erreichen. Die Weibchen wiegen bis zu 500 kg. Die Könige der Arktis kennen nur einen echten Feind: den Menschen. Nach dem Zweiten Weltkrieg war die Weltpopulation der Tiere rasant auf etwa 5000 zurückgegangen, nachdem sie zuvor wohl über 50000 Tiere gezählt hatte. Doch haben Artenschutzmaßnahmen - vollkommenes Abschußverbot in der russischen Arktis, kontrolliertes Bejagen in Nordkanada und Skandinavien - inzwischen wieder zu einer Erholung geführt. Der Weltbestand wird gegenwärtig auf 10000 bis 40000 Polarbären geschätzt.

Die nur rund eine Woche dauernde Paarungszeit liegt in den Monaten April und Mai. Die Zeit von der Befruchtung bis zur Geburt beträgt etwa acht Monate, doch kommt es erst Ende August, Anfang September zur Einnistung des Eis und damit zur zwei bis drei Monate dauernden eigentlichen Schwangerschaft. Geboren werden die jungen Bären dann im November oder Dezember, also im tiefsten Winter. Etwa einen Monat vor der Geburt beziehen die werdenden Mütter Geburtshöhlen: entweder zwei bis drei Meter lange, bis einhalb Meter hohe und breite Erdhöhlen oder Höhlen aus Schnee oder auch eine Kombination aus beiden. Und sie verlassen diese Geburtshöhlen erst vier Monate später mit ihren Jungen. Die Gegenden, in denen die Weibchen ihre Jungen gebären, werden als Denning Areas (Höhlengebiete) bezeichnet.

Churchill Polar Bear Denning Area, rund 70 Kilometer im Südosten zwischen Nelson River und Cape Churchill, gilt als flächenmäßig größtes Höhlengebiet der gesamten Arktis. Der Wurf besteht aus ein bis vier - üblicherweise jedoch zwei - etwa kaninchengroßen, bei der Geburt schon behaarten, aber zunächst noch blinden und tauben Jungen von 500 bis 900 Gramm Gewicht. Sie werden, je nach Kälteregion, zwar eineinhalb bis zweieinhalb Jahre gesäugt, doch sammeln sie gleichzeitig Jagderfahrung bis sie selbständig sind und die Mutter verlassen. Mit etwa vier Jahren sind sie geschlechtsreif. Die Lebenserwartung von Polarbären ist noch nicht genau bekannt. Man schätzt, daß die männlichen Tiere infolge von Verwundungen bei Kämpfen um die Weibchen fünfzehn, allenfalls zwanzig Jahre alt werden; das höchste bekannte Alter liegt in einem Einzelfall immerhin bei knapp dreißig Jahren. Die Weibchen erreichen dagegen höhere Lebensalter. Sie sind mit zwanzig Jahren noch gebärfähig, und man kennt bis vierzig Jahre alte Zootiere.

Ihrer arktischen Umgebung sind die Tiere ausgezeichnet angepaßt. Gegen die Unbilden der Natur schützt sie ihr dichtes weißes bis cremefarbenes Fell, dessen Haare hohl und transparent sind, so daß das Sonnenlicht durch dringt und auf der darunter angelegten schwarzen Decke aufgefangen wird; eine mehr als zehn Zentimeter dicke Speckschicht ergänzt die „Polarausrüstung". Der Geruchssinn der Polarbären ist extrem gut ausgebildet. Gehör und Sehkraft bleiben zwar dahinter zurück, doch dürften sie hinsichtlich der Leistung durchaus entsprechenden Werten beim Menschen gleichkommen. Polarbären sind ausgezeichnete Schwimmer; die Robben sind ihnen in dieser Kunst jedoch im offenen Wasser überlegen, weshalb die Bären diesen Beutetieren im Sommer vom Land aus nur schwer nachstellen können. Ganz anders im Winter: In dieser Zeit bieten sich ihnen auf den Packeisfeldern, zum Beispiel der Hudson Bay, die besten Bedingungen für die Robbenjagd an den durch Wind und Strömung in der Eisfläche offengehaltenen Spalten. Hierbei hilft ihnen ihr Geruchssinn, die Robben in einer Entfernung von mehr als einem Kilometer oder unter einen Meter dicken Eis- oder Schneeschichten aufzuspüren; manche Autoren berichten sogar davon, Polarbären könnten 30 Kilometer weit wittern.

Während der Wintermonate setzen die Polarbären dicken Speck an (bis zu 30 Zentimetern), von dem sie in der wärmeren, für sie vom Nahrungsangebot her ungünstigeren Zeit zehren müssen. Beginnt im Frühsommer, also in den

Monaten Juni und Juli, das Packeis zu zerbersten und zu schmelzen, dann driften die Polarbären von der Nordküste zwischen der Stadt und Cape Churchill auf Eisschollen nach Südosten bis in die James Bay, stranden dort und kehren in das Gebiet zwischen Nelson River und Cape Churchill zurück. Wieder beginnt das Warten auf den nächsten Winter.

In den Sommermonaten lassen sich allenfalls Mäuse, Erdhörnchen, Lemminge, junge Vögel, Tierkadaver, Kräuter, Gräser und Beerenfrüchte als Nahrung auftreiben. In der Zeit bis zur Eisbildung wird der Hunger immer größer. Um Energieverluste möglichst gering zu halten, bewegen sich die Tiere daher nur träge und verschlafen oder verdösen ihre Tage. Im Herbst - im Oktober und November - wandern die Polarbären dann wieder in immer größerer Zahl von Süden nach Norden zum Cape Churchill und auch in das Gebiet um die Stadt Churchill, dabei die Hintertatze immer in die Spur der Vordertatze setzend, um Kräfte zu sparen. Sie harren auf das Zufrieren der Bay, ein Vorgang, der sich je nach Außentemperatur binnen weniger Tage bis zwei Wochen vollzieht. Während der Zeit des langen Wartens bilden die Tiere nunmehr auch die Hauptattraktion von Churchill, eine bei Fehlverhalten allerdings nicht ungefährliche Angelegenheit sowohl für Bevölkerung wie Besucher. Um Gefährdungen der Menschen zu minimieren, sah sich Stadt gezwungen, einen Polarbären-Alarmdienst einzurichten.

Die touristische Hochsaison Churchills liegt verständlicherweise in den Monaten Oktober und November. Fahrten in die eingeschneite und überfrierende Tundra mit extra hierfür gebauten Spezialfahrzeugen („Tundra Buggy" genannt) zählen dann zu den wichtigsten touristischen Anziehungspunkten. Dies ist die Zeit, in der die Polarbären den Tundra Buggys greifbar nahekommen. Waren es zunächst allerdings nur die Bären, die das Augenmerk von Touristen auf sich zogen, so ist längst auch das Interesse am sonstigen Naturgeschehen an der

Hudson Bay hinzugetreten. Das Beobachten von Polarfüchsen, Schnee-Eulen und Schneehühnern in ihrem weißen Winterkleid gilt als nahezu gleich großes Erlebnis wie die „Begegnung mit Polarbären". Atemberaubend ist in Churchill überdies das prächtige, den ganzen Winter über während Schauspiel der Aurora borealis, des Polarlichts.

Seit dem werbenden Herausstellen von Attraktionen der Bay-Region bleiben Touristenbesuche nicht mehr nur auf den Herbst beschränkt. Eine ganze Reihe von Reiseunternehmen bieten vielmehr dem Besucher auch in den Sommermonaten Ausflüge an, um die typische Tundrenflora und subarktische Fauna kennenzulernen: Robben von Mitte Mai bis Ende August, Karibus im Juli und August, Belugas von Mitte Juni bis Ende August, dazu von Mitte Mai bis Anfang Juli über fünfzig Vogelarten während ihres Wanderzuges und der Brutzeit. Für den unvoreingenommenen Besucher bleibt jedoch erkennbar, daß die Verantwortlichen in Churchill sich bei aller wirtschaftlichen Aktivität durchaus der Zweischneidigkeit einer Tourismusförderung bewußt sind: einerseits der Notwendigkeit, neue ökonomische Quellen zu erschließen, andererseits der Verpflichtung, die Landschaft in ihrer ursprünglichen Struktur zu erhalten und Tier- und Pflanzenwelt zu schützen.

Der Sommer beginnt hier an der Südwestküste der Hudson Bay ab Mitte Juni. Weiß, rot und ockerfarben blühende Flechten und Moose überziehen die Felsen. Flechten sind auch der Grund dafür, daß die Luft in Churchill einen höheren Sauerstoffgehalt hat als in dem südlichen Nachbarort Gillam. Überall brechen aus dem kargen Boden Blumen hervor und verlocken den Pflanzenliebhaber zum Botanisieren. Der rote Steinbrech ist dann bereits verblüht; die Lappland-Alpenrose charakterisiert nun das Erscheinungsbild der Tundra. Zu dieser Zeit blühen zudem Netzweide, Arnika und subarktische Orchideen. Ab Mitte Juli brechen dann auch die Knospen des nordischen Frauenschuhs zu wunderschönen Blüten auf.

Jetzt ist auch die Zeit gekommen, die hiesige Vogelwelt zu beobachten: Kanada- und Schneegänse, verschiedene Greifvogel- und Eulenarten, Merline, Steinwälzer, Watvögel, Schnepfenarten, dazu die verschiedenen arktischen Möwen wie Bonapartemöwen, Raubmöwen und Schwalbenmöwen, Küstenseeschwalben, Eider-, Spieß-, Krick-, Stock- und Eisenten, Seetaucher und Säger. Als etwas ganz Besonderes gilt, die sehr seltene Rosenmöwe zu Gesicht zu bekommen. Sie ist ein „Irrgast" aus Nordost-Sibirien und wurde erstmals am 10. Juni 1980 in Churchill beobachtet. Man schätzt, daß heute jährlich 3000 „Birder" (Vogelliebhaber) einzig wegen der Rosenmöwe an die Hudson Bay reisen. Daß in dieser kurzen Sommerzeit auch Myriaden von Stechmücken zum Leben erwachen, sei zwar nur am Rande, aber dennoch sehr nachdrücklich vermerkt.

Bei den Touristen besonders beliebte Sommergäste in der Hudson Bay sind die Weißwale oder Belugas, die in den Gewässern rund um den Nordpol beheimatet sind; ihre heutige Zahl wird auf 70000 bis 82000 geschätzt. Die wie der Narwal zu den Gründelwalen gehörenden Meeressäuger werden drei bis fünf Meter lang und eineinhalb Tonnen schwer. Bei der Geburt ist die Farbe der Belugas braun oder tief schiefergrau, doch wandelt sich die Farbe bald in ein helleres Blaugrau, das sich mehr und mehr zu lichteren Farben verändert und nach etwa sechs Jahren ein elfenbeinartiges Weiß annimmt. Wegen ihrer vielfältigen gesangartigen Gespräche unter Wasser, die der Kommunikation und der Echopeilung dienen, haben sie die Bezeichnung „Singvögel der Meere" erhalten. Sie leben von Lachsen, Tintenfischen und kleineren Meerestieren. Während sie sich im Winter an den Rändern offen gebliebener Wasserstellen im Eis, den Polynyas, aufhalten, wandern sie im Frühjahr zu flacheren und wärmeren Gestaden, in kleinerer Zahl sogar bis in die Nordsee. Einige größere Gruppen bleiben auch den Sommer über im Lancaster Sound und im Eclipse Sound nördlich von Baffin Island. An der Südküste der Hudson Bay, vor allem in den Mündungsgebieten von Seal River und Churchill River erscheinen die Tiere ab

Mitte Juni zu Tausenden nach dem Eisaufbruch. Hier, in den flachen, aus der Mischung von Salz- und Süßwasser bestehenden Küstengebieten bringen sie ihre Jungen zur Welt und nehmen auch ihren jährlichen Hautwechsel vor.

Die Umgebung von Churchill bietet einige sehr interessante Ausflugsziele: Im Nordwesten, kaum drei Kilometer außerhalb der Stadt, ist das felsige Ende der Landzunge, auf der Churchill liegt, zu Fuß erreichbar - Cape Merry mit einer alten Verteidigungsanlage aus dem Jahr 1746. Auf der gegenüberliegenden Seite des Churchill River kann man das teilweise restaurierte Fort Prince of Wales mit dem Boot besuchen und auch Sloop's Cove, vom Fort aus drei Kilometer flußaufwärts gelegen und früher von Walfängern als schützende Bucht genutzt. Der Churchill River ist an seiner Mündung zwischen Cape Merry und Fort Prince of Wales fast zwei Kilometer breit. Nicht selten sind hier noch Anfang Juli aus der Hudson Bay hereingeschwemmte Eisberge zu sichten. Mit dem Auto kann man sich zur 16 Kilometer im Osten der Stadt gelegenen Bird Cove bringen lassen, einer großen Vogeloase, wie schon der Name ausdrückt. Abschließend sei angemerkt, daß auf dem Weg dorthin das Wrack des an der Westkante der Bucht im September 1961 gestrandeten, einst dem italienischen Diktator Benito Mussolini gehörenden Frachters „Ithaca" weithin zu sehen ist; er hatte Nickel von Rankin Inlet geladen und war auf dem Weg nach Montréal.

Ein kurzer Rückblick - 6. Oktober 1994

Wir waren im Herbst des vorangegangenen Jahres mit der Eisenbahn zu einem Tagesaufenthalt an die Hudson Bay gekommen. Unter dem 6. Oktober hatten wir dazu notiert:

> „Ein Bus holt uns ab, am Steuer ein zunächst recht einsilbig wirkender junger Mann; er bringt uns ein Stück Wegs nach Osten zu unserem vorbestellten

„Tundra Buggy", einem großen Spezialgefährt mit sehr breiten, den welchen Boden schonenden Niederdruckreifen, mit dem wir einen schwer zu beschreibenden, erlebnisreichen Tagesausflug zu den Tieren und Pflanzen hier an der Grenze der Arktis unternehmen. Unser Buggy durchquert rumpelnd und ächzend die weglose Tundra und selbst flache Seen. Wally, unser Führer, steuert das Gefährt exzellent und erweist sich auf einmal als gar nicht mehr einsilbig. Kenntnisreich weist er uns auf viele Einzelheiten hin, demonstriert auf einer Tafel die Wanderungsbewegungen der Polarbären und erklärt die Verformung niedriger Tundragehölze - etwa der hier nur geringes Wachstum zeigenden Weißfichte oder der oft jahrhundertealten, nur einige Zentimeter großen Zwergweide. Als wir mit dem englischen Wort „ptarmigan" Schwierigkeiten haben, stellt sich heraus, daß seine Eltern Deutsche sind: Er übersetzt für uns - „Schneehuhn". Wir sehen viele für die Arktis typische Vögel: Schnee-Eulen, Schneehühner, einen Arktis-Regenpfeifer, einen Tundraschwan, Kanadagänse, Schneesperlinge und auch ein (dort üblicherweise kaum vorkommendes) Perlhuhn. Außerdem beobachten wir ein Karibu, einen unseren Tundra Buggy umrundenden Polarfuchs und die ersten zwei Polarbären.

Den Lunch nehmen wir in einem als „Arctic Station" bezeichneten rollenden Hotel aus fünf miteinander verbundenen Tundra-Buggy-Wagen mit Aufenthalts- und Schlafräumen ein. Die Wagengruppe wird von drei Polarbärinnen umlagert, welche die Zeit des Wartens hier verdösen und vergeblich hoffen, es falle ein Bissen für sie ab; großartigere Foto- und Filmgelegenheiten lassen sich nicht denken! Durchgerüttelt, etwas abgekühlt und durchnäßt, aber glücklich und voll großartiger Eindrücke kehren wir nach Churchill zurück.

Hier ist das Eskimo Museum um diese abendliche Zeit leider schon geschlossen - ein wichtiger Grund zum Wiederkommen. Den schneeregenreichen, windigkalten Abend des „Churchill Train Day" (Tag, an dem der fahrplanmäßige Zug eintrifft) verbringen wir im Trader's Table und kosten den vorzüglich mundenden, uns zuvor sehr empfohlenen „Arctic Char", eine nur in der Arktis vorkommende Fischart mit zwischen Lachs und Forelle liegenden Eigenschaften (*nachträgliche Anmerkung: Damals suchten wir vergeblich im Wörterbuch und lernten erst später, daß es sich um den arktischen Wandersaibling handelte*). Spät abends besteigen dann wieder unseren Zug zur Rückreise nach Winnipeg, auf der Fahrt von quer über den Himmel flammenden Nordlichtern, der Aurora borealis, begleitet; sie lassen uns erst nach Mitternacht zur Ruhe kommen."

Dienstag, 4. Juli

Diesmal ist unser Ziel, den beginnenden Sommer in der Tundra zu erleben. Am gestrigen Abend waren wir nach dem Dinner bei einem Bummel noch auf den Naturfotografen Norbert Rosing gestoßen, der uns, unerkannt, in Arviat begegnet war, und hatten mit ihm und einem Freund eine nettes kleines Fachgespräch vor dem Hotel geführt. Wie Lynne Rollin hatte er uns in Arviat für US-Amerikaner gehalten. Spätabends hatten wir noch das laute Heulen einer Sirene vernommen, Zeichen für die Kinder, jetzt bei Einbruch der Dunkelheit das vor Polarbären schützende Zuhause aufzusuchen.

Nun also ist Dienstag und mithin wieder einmal „Train Day": Der Zug aus Winnipeg befährt die 1700 Kilometer lange Strecke nach Churchill nur dreimal in der Woche, kommt dienstags, donnerstags und samstags morgens um 8:20 Uhr an, und die Rückfahrt beginnt abends um 21:00 Uhr; an diesen drei Train-Tagen bleiben die Geschäfte bis zur Abfahrtzeit des Zuges geöffnet. Der uns wohlvertraute Zug rollt langsam und mit fast einstündiger Verspätung ein. Ob wir wohl Mark Collins, unseren Attendant während der Bahnreise im vergangenen Oktober, wiedertreffen würden? Nein, heute wird der Zug von jungen Damen begleitet, von Studentinnen, die sich in den Ferien etwas hinzuverdienen wollen; Mark kennen sie nicht.

Wir schlendern durch Churchill. Wichtig ist uns ein Besuch in der römisch-katholischen Bischofskirche, Holy Canadian Martyr's Church, wird von hier aus doch die flächenmäßig größte Diözese der Welt geleitet, eine Region, die 2,3 Millionen Quadratkilometer groß ist und von Gjoa Haven im Westen bis Iqaluit auf Baffin Island und von den hocharktischen Inseln im Norden bis Churchill an der Hudson Bay reicht. Wir betreten eine schlichte, durch keinerlei Besonderheiten auffallende Kirche, wie sie überall in der Arktis zu finden sein könnte. Keinerlei Besonderheiten? Das Außerordentliche finden wir in einem Gebäude neben der Kirche; ein Inuksuk weist uns den Weg in das weltbekannte Eskimo Museum. Im letzten Kriegsjahr von der Diözese eingerichtet feierte es am 24. Mai 1994 sein 50jähriges Bestehen. Es ist sehr gut geführt und gewährt einen weit gespannten und beeindruckenden Überblick über Tradition und Geschichte der Menschen in der Diözesan-Region. Das schon erwähnte Skulpturenszenario von Jimmy Muckpah, dem Reverend in Arviat, nimmt hier einen angemessenen Platz ein.

4. Juli, nachmittags

Nach dem Lunch erwartet uns eine Fahrt mit dem Tundra Buggy zur Bird Cove, quer durch die Tundra. Im Tourbüro fragen wir nach Wally, unserem Betreuer im Vorjahr, und erfahren: Er nimmt ausgerechnet heute wieder seine saisonale Tätigkeit auf und wird erst unseren Zubringer-Van, dann den Buggy steuern. Die Wiedersehensbegrüßung ist kurz, aber herzlich. Das Wetter erscheint uns im Vergleich mit dem vergangenen Oktober nahezu unverändert: näßlich, dunstig-nebelig, 6° C. Erstaunlich, wie viele Details wir wiedererkennen, vor allem aber, wieviel besser wir heute Einzelheiten der Landschaft verstehen und Entfernungen abschätzen können. Die nachmittägliche Fotoausbeute kann sich auch sehen lassen: zwei Seetaucher, ein Tundraschwan, brütende Möwen, Schnee- und Kanadagänse, drei Polarbären (einer einen größeren See durchschwimmend).

Irgendwann im Laufe des Nachmittags taucht ein Hubschrauber am Horizont auf, dreht über uns eine Runde und entschwindet nach Osten. Sogleich beginnt bei uns der Plan zu reifen, das Gebiet um Churchill ebenfalls von oben zu besichtigen. Unser Zeitplan läßt diesmal jedoch einen solchen Flug leider nicht zu; wir werden also bald wiederkommen müssen.

In der Tat konnten wir uns bei unseren späteren Aufenthalten in Churchill den Wunsch, mit Steve Millers Hubschrauber weit nach Osten zum Cape Churchill und über das südlich gelegene Taigagebiet mit den Geburtshöhlen der Polarbären zu fliegen, mehrfach erfüllen. Einmal wurden wir sogar eingeladen, einen Suchflug nach einem vermißten Fischerboot zu begleiten.

Als wir einen der vielen Wassertümpel durchrollen, geraten wir offensichtlich in die Fluchtdistanz einer brütenden Silbermöwe, die uns gleich näher kennenlernen soll. Sie hat ihr Nest mitten im See auf einem bis unter die Wasseroberfläche ragenden Felsbrocken angelegt. Beim Nahen unseres ratternden Ungetüms hebt sie ab, und eine anrollende Welle schwemmt das jetzt unbeschwerte Nest vom Felsen; es schwimmt nun ohne Halt auf dem Wasser. Wally hat das Unglück nicht bemerkt. Unser Rufen aber läßt ihn sofort anhalten: „Das habe ich nicht gewollt, nein, wirklich nicht!" Er steuert den Buggy nahe an das Nest zurück, steigt ungeachtet naß werdender Füße auf einen Unterwasserfelsen hinaus, ergreift das Nest und reicht es Ricky, die ihm, über den Fahrersitz gebeugt, die Hände entgegenstreckt. Ricky legt das triefende Nest mit seinen drei Eiern vorsichtig auf den Fahrzeugboden. Wally bringt nun den Buggy längsseits des Brutfelsens und setzt das Nest wieder auf, während uns eine laut jammernde Möwe umkreist. Wir entfernen uns ein Stück und warten. Da läßt sich die Möwe auf ihr Nest nieder, als wäre nichts geschehen. Wir klatschen Wally Beifall.

Zurück zur Buggy-Station. Wir machen es uns im Van bequem, der uns wieder in die Stadt bringen soll, doch ein müdes „Wao-wao" zeigt an: die Batterie ist leer. Ricky und ich schauen uns an: „Arktis!" Mit Hilfe einer Buggy-Batterie gelingt Wally dann aber doch das Anwerfen des Motors; gegen sechs Uhr sind wir zurück.

Mittwoch, 5. Juli

Strahlender Sonnenschein. Frühmorgens erreicht uns ein Anruf von Paul Ratson von Adventure Walking Tours. Mit krächzender Stimme bittet er uns, für die geplante Landpartie heute mit Doug statt seiner vorlieb zu nehmen, er werde seit Wochen von einer Pneumonie geplagt. Doug ist als Lehrer tätig, bezeichnet sich überdies aber als „Belugologen" und verfügt allgemein über sehr gute Faunakenntnisse. Mit Pauls Van bringt er uns zunächst zum Cape Merry, von wo aus wir weit draußen erstmals Belugas zu sehen bekommen; die Mündung des Churchill River wimmelt von diesen Meeressäugern. An der Felsenküste liegen noch dicke Eisblöcke, durch Ausschmelzen bizarr verformt. Die Felsflächen tragen charakteristische Zeichnungen und Schrammen, Spuren verschiedener Eiszeiten: größere sich westöstlich erstreckende Bögen aus 45000 Jahre zurückliegender Zeit und kleinere nordsüdlich ausgerichtete Wellenlinien als Zeugen der letzten Eiszeit von vor 8000 Jahren.

Ein Schneehase im Sommerpelz beäugt uns neugierig. Just als ich ihn fotografieren will, ist mein Film zu Ende. Ricky amüsiert sich. Ihr gelingt ein Foto, das mich beim Filmwechsel und den Hasen beim Zusehen zeigt. Er ist ein höflicher Hase, der unbeeindruckt wartet, bis ich fertig bin. Geduldig läßt er sich fotografieren und trollt sich erst jetzt von dannen.

Doug fährt uns mit dem Van an den ältesten Häusern Churchills vorbei zum Hafen mit dem Kornspeicher und einigen zum Auslaufen bereiten Frachtkähnen, den Transportschiffen der Arktis. In einem der Tümpel tauchen Thorshühnchen nach Futter und wirbeln den Schlamm auf. Dann gelangen wir quer durch die Stadt zur Tundra am anderen Ortsende.

Drei, vier Kilometer weit draußen liegt ein „Akudlik Marsh" genanntes Areal, das als Paradies auch seltener Vogelarten bekannt ist und wo sich die einzigartige Rosenmöwe aufhält. Die Temperatur steigt auf sommerliche Höhen, und Moskitos umschwirren uns wild; diesmal jedoch empfangen wir sie gut vorbereitet mit Netzhut und Mückenschutzmitteln. Um uns herum beobachten wir eine Vielzahl von Vögeln: Bonapartemöwen, Küstenseeschwalben, Raubmöwen, Seetaucher, Trauerenten, Hudsonschnepfen, Felsenzaunkönige und am Ende auch Rosenmöwen. Küstenseeschwalben sind unsere besonderen „Freunde"; sie waren uns überall auf unserer Reise begegnet. Sie sind elegante Flieger und ziehen regelmäßig vom antarktischen zum arktischen Sommer jeweils fast 20 000 Kilometer hin und zurück; in einem 30jährigen Vogelleben bewältigen sie so 1,2 Millionen Flugkilometer. Unser Weg ist gesäumt von einer blühenden Pflanzenvielfalt, wie wir sie bis dahin nirgends beobachten konnten; wir erleben den Übergang von der Arktis zur Subarktis, die Grenze von Tundra und Taiga.

Mit dem Van weiter nach Osten an der Küste entlang: Brian Ladoon gilt als einer der bekanntesten Maler der Arktis, in der Region aber ist er vor allem bekannt durch seine Schlittenhundezucht, der Canadian Eskimo Dogs, und nicht zuletzt durch seine vielfältige Geschicklichkeit beim Bau von Mauern mit an der Küste ausgesuchten Steinen und Felsbrocken. Wir wollen ihm einen guten Tag wünschen, doch ist er nicht zu Hause. So fahren wir weiter und stellen das Fahrzeug ein Stück weit östlich der „Ithaca" ab, wandern zu den Küstenfelsen der Bird Cove und nehmen auf einem Felsplateau sitzend unser Mittagspicknick ein - mit Blick auf das Meer, treibende Eisschollen und das hier irgendwie fremd anmutende Schiffswrack.

5. Juli, nachmittags

Danach kehren wir in weitem Bogen durch die Tundra zu unserem Van zurück. Doug möchte uns die Twin Lakes zeigen. Der Weg führt durch eine Forschungsstation (National Research Council Launch Site) hindurch und dann auf recht ordentlicher Schotterstraße nach Süden durch die Taiga: niedriges Nadelgehölz erwartet uns hier, durchbrochen von morastigem Sumpf und kleinen aufgestauten, in der Sonne blinkenden Gewässern. Nach etwa sechs Kilometern bewegt sich etwas rechts voraus durch den Morast - zwei Kanadagänse im „Gänsemarsch" zu Fuß mit einer Schar Jungen. Doug hält an, stellt den Motor ab, und wir beobachten die Vögel, bis sie zwischen moosigen Inseln im Moor verschwinden.

Motor anlassen: nichts rührt sich; die Batterie streikt wieder einmal. Ricky und ich denken an gestern: „Arktis!" seufzen wir. Allerdings hatten wir gestern noch eine Anlaßhilfe in der Buggy-Station gefunden, doch heute mitten in der Taiga, fernab jeglichen Verkehrs? Schon denken wir an einen langen Rückmarsch in subarktischer Sommersonne, von gierigen Moskitos begleitet. Doug beruhigt uns; er hat einen Zwölf-Volt-Generator dabei. Der funktioniert sogar! Wir schließen ihn an, Doug betätigt den Anlasser, und der Motor erwacht zu neuem Leben. Wollen wir weiter zu den Twin Lakes? Ich rate ab, denn ich glaube, wir sollten das Schicksal nicht herausfordern und froh sein, nicht zurückwandern zu müssen. Doug ist seine Erleichterung deutlich anzumerken. Also Wendemanöver auf schmalem Pfad: Fuß vom Gaspedal, der Motor stottert, stirbt ab - Stille. Wir versuchen die Wende schiebend zu schaffen - aussichtslos, der Van ist zu schwer. Wieder nimmt der Generator seinen Dienst auf, wird der Motor lebendig. Zentimeterweise bewegt Doug den Van vor und zurück, während ich mit dem Generator in den Händen die Bewegungen schrittweise mit vollziehe. Endlich - die Wende ist geschafft!

Canada Day 1995 in Arviat: Festversammlung der Siedlungsbewohner

Reverend Jimmy Muckpah und hinter ihm Mayor David Alagalak
beim gemeinsamen Gebet (Canada Day 1995 in Arviat)

Bannock-Backwettbewerb (Canada Day 1995)

Friedhof auf dem Rücken eines Eskers bei Arviat

Eisengerippe des Küstenversorgungsschiffs „Qulaittuq":
Das Schiff wurde in den Zwanzigerjahren des letzten
Jahrhunderts nahe Arviat auf den Strand gesetzt.

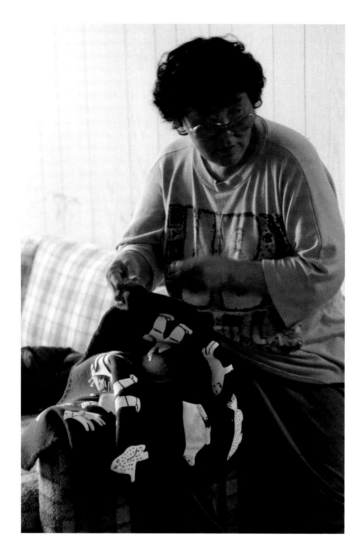

Julia Pingushat „signiert" uns
einen kunstvollen Wandbehang.

Churchill (Manitoba): Residenz des römisch-katholischen Bischofs,
Holy Canadian Martyr's Church und Eskimo Museum (von links)

Vom Tundra Buggy aus beobachten wir einen Polarbären,
der sich neugierig aus dem Gebüsch erhebt. (nahe Birds' Cove)

Höflich wartet der Schneehase (Lepus americanus),
bis ich einen neuen Film eingelegt habe.

Unter uns taucht ein Beluga (Delphinapterus leucas) weg. (Churchill River)

Beluga (Weißwal)

Neugierig blickt einer der drei Polarbären zu unserem
laut knatternden Hubschrauber empor. (Cape Churchill)

Karibuherde und Schneegänse
(in der Nähe von Cape Churchill aus dem Hubschrauber aufgenommen)

Das Schiffswrack der „Ithaca" (bei Ebbe)

Von Lady Jane Franklin gestiftetes Kirchenfenster
in der anglikanischen Kirche von Churchill

Churchill: Malerischer Winkel im Ortsteil The Flats

Während Doug den hilfreichen Generator versorgt, halte ich den Motor mit der Hand am Gaspedal solange bei Laune, bis Doug wieder auf dem Fahrersitz angekommen ist.

Als wir endlich wieder die Forschungsstation durchfahren, legt sich unsere Spannung; wir sind wieder in zivilisiertere Gefilde zurückgelangt. Kurze Zeit später kommt uns ein Straßenbaufahrzeug entgegen. Der Fahrer winkt uns zu, und wir halten an: Einen Kilometer weiter in unserer Fahrtrichtung wurde ein Polarbär gesehen. Begegnet sind wir ihm dann (leider?) doch nicht. Dafür kommen wir an einer in allen Videofilmen über Churchill gezeigten Polarbärenfalle vorbei und werfen von fern einen Blick auf „Miss Piggy", ein Flugzeug, das 1979 beim Anflug wegen Motorschadens kurz vor der Landebahn mitten im Felsenfeld der Küste einigermaßen unbeschädigt „aufsetzen" mußte - nun ein für Mitternachtpartys populärer Platz. Am Rande unseres nahe der Küste entlang führenden Wegs sehen wir ein Transportgefährt stehen, mit Steinen beladen; es gehört Brian, der irgendwo im felsigen Gelände nach Baumaterial sucht. Wir wollen ihn bei seiner Arbeit nicht stören.

Donnerstag, 6. Juli

Denise heißt die attraktive junge Dame, die uns auf einer North Star Bus-Tour durch die Stadt und die nähere Umgebung führt. Wir treffen sie (und auch Paul Ratson, der sich heiser und hustend für die gestrigen Probleme mit seinem Van entschuldigt) am Bahnhof, wo sie - heute ist wieder Train Day - Tourteilnehmer vom Zug abholt. Für uns wiederholt sich zwar vieles auf dieser Stadtrundfahrt, doch vertiefen sich die Eindrücke. Neu entdecken wir, das bedarf der ausdrücklichen Erwähnung, „Gipsy's Bakery" mit diversen Köstlichkeiten.

6. Juli, nachmittags

Der Tag wird heiß; die Temperatur steigt auf 30° C. Auf den nachmittäglichen Ausflug mit einem schnellen Aluminiumkreuzer der Sea North Tours zum Fort Prince of Wales nehmen wir vorsorglich unsere Moskitonetzhüte mit. Sie erweisen sich als überaus hilfreich, und wir werden von moskitogeplagten Tourteilnehmern beneidet, vor allem von einem älteren Basler Ehepaar, das während fünf Monaten mit dem Leihwagen kreuz und quer durch Kanada reist. Wie sich herausstellt: ohne nennenswerte englische Sprachkenntnisse; wir bewundern ihre Courage.

Wieder besteigen wir unseren Aluminiumkreuzer, der, mächtige Bugwellen aufwerfend, mit uns den Churchill River aufwärts zu Stellen, wo sich Belugas tummeln, fährt. Maschine stopp! Der Bootsführer - Mike Macri, u. a. ein bekannter Fotograf, der wie wir auf Nikon-Kameras eingeschworen ist - läßt ein Unterwassermikrofon in die Tiefe gleiten; aus Lautsprechern hallen die Gesänge der Meeressäuger über das Wasser. Da nahen sich die weißen Körper in Rudeln, drängen zur Oberfläche, tauchen ab, umrunden unser Schiff. Ein überwältigendes Schauspiel. Doch wer beobachtet wen? Dann fahren wir zurück - in der festen Absicht, eines Tages wieder zu kommen und die Wale mit einem Schlauchboot, „inflatable", aus noch größerer Nähe zu beobachten.

1996 und vor allem 1999 realisierten wir diesen Plan und unternahmen stundenlange Schlauchbootfahrten im Churchill River-Mündungsgebiet. Einmal legte ich mich breit auf den Bootsrand und griff tief ins Wasser, um einen jungen Beluga zu streicheln. Er zeigte keinerlei Abwehr. Ich wunderte mich, wie warm sich seine Haut anfühlte. Da schwamm er weg, schlug einen weiten Bogen und kehrte an den Bootsrand zurück. Offenbar war er von meinem Streicheln angetan. So habe ich ihn gern nochmals gestreichelt, bis er in der Tiefe verschwand.

6. Juli, abends

Der Himmel hat sich wieder eingetrübt. Es wird kühl. Noch haben wir Zeit vor dem Dinner, die blendend weiß gestrichene anglikanische Kirche aufzusuchen und ein rechts vom Chor eingefügtes schönes Glasfenster zu bewundern. Lady Jane Franklin, die Witwe des 1845 verschollenen Leiters einer Expedition zur Suche der Nordwestpassage Sir John Franklin, stiftete es für die 240 Kilometer entfernt im Südosten an der Hudson Bay gelegene York Factory. Als dieser Ort aufgegeben wurde, hat man das Fenster nach Churchill gebracht. Die Kirche gilt als erste Holzkirche des Nordens. Sie wurde vorgefertigt mit dem Schiff hierher gebracht und faßt längst nicht mehr alle Gläubigen. Bei größeren kirchlichen Festen wird deshalb der Platz vor der Kirche mit in den Gottesdienst einbezogen.

Noch einmal gehen wir durch das Ortszentrum, vorbei am Town Centre Complex, an der Bischofskirche und am Eskimo Museum. Ein Informations- und Ausstellungszentrum von Parks Canada zur Geschichte der Region lassen wir für diesmal aus. Wir schlendern weiter zum Arctic-Trading-Company-Gebäude am Kelsey Boulevard. Wie im vergangenen Herbst verbringen wir den weiteren Abend des heutigen Train Day im Trader's Table; seither wurde allerdings vieles modernisiert, und dabei ging leider auch die rustikale Gemütlichkeit von ehedem etwas verloren. Unsere Basler Bekannten vom Fort Prince of Wales waren unserem Rat gefolgt und sind schon vor uns eingetroffen, haben in der Raucherregion des Restaurants Platz genommen, weil sie den Kellner nicht recht verstehen. Weitere Fragen sind offen geblieben, und wir dolmetschen. Dann lassen wir uns vom Kellner zu einem Platz in dem für die nicht rauchen- den Gäste reservierten Speiseraum geleiten. Wieder nehmen wir Wandersaibling als Hauptgericht und trinken dazu kanadischen Wein aus dem Okanagan Valley. Abschied von der Arktis: Ein bißchen wehmütig sind wir an diesem Abend schon.

Freitag, 7. Juli

Wieder haben wir einen letzten Vormittag zur freien Verfügung und wandern zu The Flats, den Niederungen am Fluß jenseits der Bahngleise. Knapp über dem Flutniveau wohnen hier vierzig bis sechzig Inuit in einfachsten und doch recht malerischen Holzhäusern, „scenic houses", gewollt ohne Fließwasser, um sich möglichst viel Ursprünglichkeit zu bewahren. Früher lebten sie vom Einfangen lebender Belugas, die sie an Großaquarien verkauften; heute sind sie überwiegend auf dem Tourismussektor tätig. Vor einem der originellsten Häuser fotografiere ich einen prächtigen Hund und werde dabei von einem Inuk aus dem Fenster scherzhaft darauf angesprochen, dem Hund stehe doch nun ein Honorar zu. Wir kommen ins Gespräch, als sich neben unserem Gesprächspartner ein wohlbekanntes Gesicht im Fenster zeigt: Denise, unsere gestrige Tourleiterin. Sie lädt uns zu sich und Goldie, ihrem Partner, ins Haus ein, eine Tasse Tee mit ihnen zutrinken. Goldie besitzt einige Inuit-Steinskulpturen, u. a. von George Arluk, vom dem auch wir stolze Besitzer der Skulptur eines Trommeltänzers sind und den wir vergeblich in Rankin Inlet, Baker Lake und Arviat zu treffen hofften. „His address is planet earth - seine Anschrift lautet Planet Erde!" hatte uns Peter Tapatai verraten. Nun hören wir, daß George Arluk oft den Sommer in Goldies Haus mit Steinschneiden verbringt und in den nächsten Tagen erwartet wird. Vor dem Fenster zwitschert ein Vogel: „It's a northern horned lark", verrät uns Goldie, eine nördliche Ohrenlerche. Unsere Blicke gleiten hinaus auf die Wasserfläche des Churchill-Mündungsgebiets, auf der Belugas auf- und untertauchen. Es ist schön, hier zu sein, doch müssen wir aufbrechen, ein Wiederkommen gelobend. Auf dem Weg zum Hotel werden wir auf unsere Moskitonetzhüte angesprochen: „Ihr seid wohl die Terroristen von Churchill? Doch Spaß beiseite - wo kann man eigentlich solche Hüte kaufen?"

Im Hotel warten wir auf den Van, der uns zum Flughafen bringen soll. Ein gut aussehender sportlicher jüngerer Mann gesellt sich zu uns. Wir kommen ins Gespräch über Fotomotive, tauschen schließlich Visitenkarten aus: Er ist Wayne Lynch, promovierter Mediziner und ehemals Notfallarzt, doch nun erfolgreicher Naturfotograf und u. a. Autor eines großartigen Fotobandes über Bären. So lernen wir nach Norbert Rosing den zweiten international renommierten Bärenfotografen kennen – natürlich in der Polarbärenhauptstadt der Welt.

Auf dem Flughafen müssen wir uns erstmals seit Montréal wieder einer gründlichen Sicherheitsprüfung unterziehen. Wir besteigen gegen zwei Uhr nachmittags den Flieger; es ist eine Boeing 737 der Canadian North Lines, die uns, mit einer kurzen Zwischenlandung in Gillam, innerhalb von gut zwei Stunden nach Winnipeg bringt. Wir sind wieder im Süden, doch die Arktis wird uns nicht mehr loslassen.

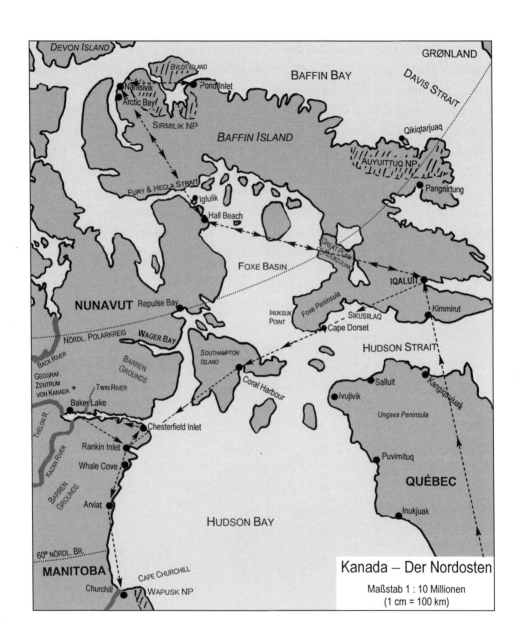

Kanada – Der Nordosten

Maßstab 1 : 10 Millionen
(1 cm = 100 km)

TEIL 2
NUNAVUT, DAS LAND DER INUIT

DAS DRITTE TERRITORIUM KANADAS

Bevölkerung • Bodenfläche • Territorialhauptstadt • Transportwege in den Norden • Tourismus, Unterkunft und Verpflegung • Permafrost • Geologischer Aufbau • Klimatische Verhältnisse • Pflanzen- und Tierwelt

Bevölkerung

Als wir erstmals 1995 den Nordosten Kanadas besuchten, gehörte dieses Gebiet noch zu den Nordwest-Territorien. Seit dem 1. April 1999 haben die Inuit es jedoch als Territorium Nunavut in Selbstverwaltung übernommen.

Heute, im Jahr 2002, leben etwa 30000 Menschen, darunter 25500 Inuit (~85%) in Nunavut. Die Bevölkerungsdichte dieses Areals liegt rechnerisch bei 1,5 Einwohnern je 100 Quadratkilometern. Anders gesehen: Ein Mensch lebt zwar im Durchschnitt auf 66,7 Quadratkilometern, doch ist die Bevölkerung auf wenige Siedlungen konzentriert. Als Territorialhauptstadt wurde Iqaluit gewählt, die an der Frobisher Bay im Südosten von Baffin Island gelegene größte Stadt des Territoriums (und kürzlich erst in den Rang einer „City" erhoben). Schon vor der Hauptstadtwahl war allerdings entschieden worden, daß das Land der Inuit dezentral, von verschiedenen Siedlungen aus, verwaltet werden soll - wegen der Verkehrs- und Wetterverhältnisse ein nicht ganz unproblematisches Unterfangen, denn Nunavut umfaßt 28 Siedlungen, von denen mehr als die Hälfte kaum 500 Einwohner zählt. Alle Gemeinden sind erst in den vergangenen 100 Jahren entstanden, als letzte Nanisivik (1974), bekannt durch seine Vorkommen von Blei und Zink.

Bodenfläche

Das Territorialgebiet, dessen genaue fotografische Vermessung, übrigens durch die kanadische Luftwaffe, erst 1953 abgeschlossen war, bedeckt ein Fünftel der kanadischen Landmasse und ist vergleichsweise fast sechs Mal so groß wie die Bundesrepublik Deutschland. Es erstreckt sich auf einer etwa zwei Millionen Quadratkilometer großen Fläche von der Siedlung Kugluktuk (ehemals Coppermine), genauer: vom 121. Grad westlicher Länge, bis zum Cape Dyer an der Ostküste von Baffin Island (62° w. L.) und im Süden vom 60. nördlichen Breitengrad bis Cape Columbia auf Ellesmere Island im Norden (83° n. Br., weniger als 800 Kilometer südlich des Nordpols gelegen). Insgesamt beträgt die West-Ost-Ausdehnung von Nunavut etwa 2500 Kilometer, die Süd-Nord-Ausdehnung fast 3000 Kilometer.

Territorialhauptstadt

Die Hauptstadt des Territoriums, Iqaluit, liegt über 2000 Kilometer von der kanadischen Bundeshauptstadt Ottawa und der Wirtschaftsmetropole Toronto entfernt; zur Hauptstadt der benachbarten Nordwest-Territorien, Yellowknife, beträgt die Entfernung fast 2500 Kilometer. Zum Vergleich: Die Strecke Hamburg - München ist etwa 800 Kilometer lang. Derartige Entfernungen, dazu noch in unwirtlicher Landschaft, wirken sich trotz technischen Fortschritts im Verkehrswesen auch heute noch extrem behindernd auf die wirtschaftliche Entwicklung des Nordens aus.

Transportwege in den Norden

Der nördlichste mit der Eisenbahn erreichbare Ort Kanadas ist die an der Hudson Bay - noch in Manitoba - gelegene Stadt Churchill (58,5° n. Br.). Die am weitesten nach Norden führende (Schotter-)Straße liegt im westlichen Kanada: der überwiegend im Yukon-Territorium verlaufende Dempster Highway, der in Inuvik (68,5° n. Br.) nahe des Mackenzie-Deltas (Nordwest-Territorien) endet. Diese Eisenbahn- und Straßenverhältnisse verleihen der Versorgung der arktischen Küstenregionen durch Seetransport, also dem Transport mit dem Frachter („sealift"), besondere Bedeutung. Heizöl, Benzin und Baumaterialien, aber auch Last- und andere Fahrzeuge wie Schneemobile und die vielseitig verwendbaren vierrädrigen ATVs werden auf diese Weise herangeschafft. Die Lieferung ist jedoch wesentlich von den saisonalen klimatischen Verhältnissen abhängig und erfolgt daher meist nur einmal jährlich während der eisfreien Zeit.

Für den normalen Personentransport ist der Seeweg nicht geeignet. Wir hatten zum Beispiel ursprünglich überlegt, mit einem Frachtschiff aus der Keewatin-Region nach Churchill zu reisen, doch war keinerlei Buchung möglich.

Die wichtigste Rolle für die Versorgung spielt der Lufttransport. Die Siedlungsgebiete besitzen daher im allgemeinen sehr gute Flugverbindungen, meist sogar ganzjährig im Linienverkehr. Seit der kürzlich erfolgten Übernahme von Canadian Airlines International ist die Fluggesellschaft Air Canada mit ihren Beteiligungsgesellschaften NWT Air und Calm Air infolge ihrer Finanzkraft zwar marktbeherrschend, doch werden nach wie vor die meisten Linienflüge in den Norden von der in Inuit-Besitz befindlichen Fluggesellschaft First Air durchgeführt. Daneben halten auch kleinere Linien- und Charterfluggesellschaften wie Kenn Borek Air wichtige Verbindungen zwischen den Siedlungen aufrecht.

Straßen gibt es fast nur innerorts. Es sind, wie übrigens auch die Flugzeuglandebahnen, zwar allgemein Schotterpisten, doch befinden sie sich meist in erstaunlich gutem Zustand.

Tourismus, Unterkunft und Verpflegung

Klimatische Bedingungen und der noch geringe Stand der Erschließung haben in der Arktis bislang noch keinen allgemeinen Tourismus aufkommen lassen - allenfalls die drei Nationalparks „Auyuittuq", „Sirmilik" und „Quttinirtaaq" üben eine gewisse Anziehungskraft aus. Dabei sind die Inuit ein überaus gastfreundliches Volk, entgegenkommend und doch unaufdringlich. Nähert man sich ihnen nicht zu fordernd, sondern wahrt einen gewissen zurückhaltenden Abstand, dann kommen langsam gute Gespräche zustande. Englisch reicht meistens aus, vor allem bei den Jüngeren.

Dringend empfiehlt es sich auch hier im Norden, vor dem Fotografieren von Personen diese um Erlaubnis zu bitten.

Das 1999 aktualisierte „Nunavut Handbook", das man unter diesem Stichwort über das Internet bestellen kann, enthält eine umfassende Übersicht über die in Nunavuts Siedlungen verfügbaren offiziellen Unterkünfte. Erwartungsgemäß gibt es recht unterschiedliche Hotels, und ihre Zahl hängt natürlich von der Größe der Siedlung ab. In den größeren Ortschaften läßt sich mitunter eine recht komfortable Übernachtungsmöglichkeit finden, die den Vergleich mit Hotels in den Südprovinzen keineswegs scheuen muß; in den kleinen Gemeinden des höheren Nordens ist ein Hotelaufenthalt jedoch eher dem Gewinn von Erfahrung über den Alltag und das kulturelle Leben in der Arktis zuzuordnen. Man erfährt auch viel darüber, wie die Menschen mit den Unbilden des Klimas fertig werden. Die Logispreise sind verhältnismäßig hoch; nicht selten stellen sie jedoch Vollpensionskosten dar, da es in den meisten Orten keine Speiserestaurants gibt. Beim Preisvergleich ist überdies zu bedenken, daß nahezu alle Materialien mit hohen Kosten per Flugzeug oder Frachtschiff von weit her transportiert werden müssen. Dieser Umstand spiegelt sich übrigens auch im allgemeinen Angebot und selbst in der Größe der Hotelzimmer wider. Während des Sommers sind bei einem beabsichtigten Besuch kleinerer Siedlungen Reservierungen unbedingt zu empfehlen, will man nicht Überraschungen erleben. Man konkurriert in dieser Zeit zwar nach wie vor kaum mit Touristen, dafür aber mit Baukolonnen und Regierungs- oder Verwaltungsvertretern. Es soll einem sogar passieren, daß man sein Zimmer mit Fremden teilen muß; wir selbst erlebten das allerdings nie. Doch trifft man in den Übernachtungsstätten allemal faszinierende Menschen aus aller Welt mit interessanten Aufgaben, und das dürfte manche Einschränkung aufwiegen.

Das meist reichhaltige und schmackhaft zubereitete Essen wird nicht selten im Cafeteriastil serviert. Die Tischzeiten sind verhältnismäßig kurz und streng festgelegt. Man bekommt sie schon beim Check-in mitgeteilt und sollte sie unbedingt einhalten, weil das Küchenpersonal nur für eine bestimmte Zeit zur Verfügung gehalten wird. Nicht wenige Hotels sind bemüht, typisch arktische Mahlzeiten und Spezialitäten (native food) anzubieten. So kann man sicher sein, den in dieser Region reichlich vorkommenden Wandersaibling oder Seeforellen als Steak oder Filet, pochierte Äsche und Karibu als Braten, Stew oder Steak serviert zu bekommen – alles sehr zu empfehlende Leckerbissen.

In manchen Siedlungen ist es möglich, in Bed & Breakfast-Unterkünften, kurz: B & B, zu übernachten. Hierbei handelt es sich um kleine Pensionen mit für alle zugänglichen Wohnräumen und einem Speiseraum für die Gäste. Nicht selten nimmt man das Essen sogar gemeinsam mit der gastgebenden Familie ein, eine gute Gelegenheit, mit den hier lebenden Menschen in direkten persönlichen Kontakt zu treten. Zuweilen wird auch nur das Frühstück gereicht, und man kann sich andere Mahlzeiten in der Küche selbst zubereiten. Bei von

301

Inuit geführten Überland- oder Bootstouren ist Übernachtung im Zelt oder in einer Holzhütte (cabin) üblich.

Die praktisch in allen Siedlungen vorhandenen Supermärkte bieten meist ein sehr breites Warenangebot. Nicht selten konkurriert der Northern Store (ehemals zur Hudson's Bay Company gehörig, jetzt gelegentlich auch als North-mart Store firmierend) mit dem Co-op Supermarkt der örtlichen Inuit-Kooperative.

Die Wasserver- und -entsorgung der Gebäude erfolgt - mit wenigen Ausnahmen, z. B. Resolute Village - mit Hilfe von Tankfahrzeugen.

Permafrost

Ein Faktor, der wesentlichen Einfluß auf die gesamte Infrastruktur der Arktisregion ausübt, ist der Permafrost, eine der bemerkenswertesten Folgen des arktischen Klimas. Man versteht darunter das ständige Gefrorensein des Bodens, „permanently frozen ground", wobei zwischen diskontinuierlichem, sich allmählich auflösendem und kontinuierlichem Permafrost unterschieden wird. Kontinuierlicher Permafrost ist in Kanada auf etwa drei Millionen Quadratkilometern, diskontinuierlicher Permafrost auf etwas über einer Million Quadratkilometern ausgebreitet. Seinen Ursprung hat der Permafrost noch in der Eiszeit. Der gefrorene Untergrund reicht zum Beispiel auf Melville Island bis in eine Tiefe von mehr als 500 Metern. Geringe, weil tangentiale, Sonneneinstrahlung in den Sommermonaten und extreme Wintertemperaturen bei wenig Schnee lassen den Boden während der kurzen sommerlichen Erwärmungsphase nur oberflächlich auftauen; die Auftautiefe beträgt vielerorts allenfalls 50 Zentimeter oder ein wenig mehr. Permafrost wirkt sich infolgedessen sowohl auf die Struktur von Wohnsiedlungen und deren Ver- und Entsorgung als auch auf den wirtschaftlich wichtigen Bergbau und nicht zuletzt auf die Verkehrsmöglichkeiten aus.

Die südliche Grenze zusammenhängenden Permafrosts und des als arktische

Klimazone bezeichneten Bereichs, also des Gebiets baumloser Tundra, ist weitgehend deckungsgleich; sie verläuft von Nordwesten (nahe der Nordpolarmeerküste) quer durch die heutigen Nordwest-Territorien nach Südosten zur Südküste der Hudson Bay und von dort nach Nordosten zum Atlantik (nahe der Südküste von Baffin Island).

Geologischer Aufbau

Der arktische Norden Kanadas wird nicht nur durch die klimatischen Verhältnisse charakterisiert. Eine bedeutende Rolle spielt auch der geologische Aufbau. Im äußersten Nordwesten, das heißt in der Region des Mackenzie-Deltas, und in den nördlichen Teilen der Inseln Banks, Prince Patrick, Borden und Ringnes, ist eine schmale, vom Hinterland deutlich abgesetzte arktische Küstenebene ausgebildet.

An die Ebene auf Banks Island schließt sich unter Ausdehnung nach Südosten über den nordkanadischen Archipel (vor allem über Victoria Island, Prince of Wales Island, Somerset Island und den Nordwestteil von Baffin Island) das „Arktische Tiefland" an, das nach Süden durch den Kanadischen Schild begrenzt wird. Dieses Arktische Tiefland wird von flachem Sedimentgestein aus dem älteren Paläozoikum beherrscht. Es ist verhältnismäßig eben und senkt sich von rund 700 Metern ü. d. M. im Norden auf etwa 100 Meter ü. d. M. im Süden ab.

Im Westen steigen auf Victoria Island die vulkanisch bestimmten Shaler Mountains wieder auf etwa 700 Meter an. Im Nordosten, wo sich die Küstenebene nicht mehr fortsetzt, erhebt sich die Gebirgsregion der Innuitians; sie erstreckt sich über alle Inseln nördlich des Parry Channels, also der Nordwestpassage. Die Innuitians, durch Faltung im Paläozoikum entstanden und auf mehr als 1 000 Meter ü. d. M. ansteigend, bilden mit Ellesmere Island und den Parry- und Sverdrup-Inseln den Nordabschluß zum Arktischen Ozean. Höchste Erhebung ist der Barbeau Peak im Nordteil von Ellesmere Island mit 2616 Metern. Die einzelnen Bergspitzen ragen nackt aus den dortigen weiten Eisfeldern als sog. Nunataks (wörtlich: Landspitze) in die Höhe.

Ganz allgemein bezeichnet man das Gebiet nördlich des Polarkreises, im wesentlichen also den dem Festland nördlich vorgelagerten Archipel, als Hohe Arktis.

Die arktische Landschaft ist geologisch noch sehr jung. Vor rund 20000 Jahren, während des Pleistozäns, hatte der Norden Kanadas ein Vereisungsmaximum erreicht und war bis auf wenige eisfreie Rückzugsgebiete noch ganz mit Gletschern bedeckt. Mit dem Ende der Eiszeit (etwa 8000 v. Chr.) ging das Eis langsam zurück; die Nordregionen wurden mithin erst vor wenigen Jahrtausenden, teilweise sogar erst vor einigen Jahrhunderten weitgehend eisfrei. Dies ist neben den ohnehin rauhen Wachstumsbedingungen der wesentliche Grund für die Artenarmut der dortigen Flora.

Infolge des wechselnden Auftauens und Gefrierens der Bodenoberfläche entstehen durch lockeres Steinmaterial besondere Frostmuster unterschiedlichster Ausformung. Andere Formen bilden sich durch das Hochpressen von Wasser, vor allem Erdhügel mit Eiskernen, die von den Eingeborenen als eine Art Tiefkühltruhe genutzt werden; zu den merkwürdigsten Formen dieser Art zählen die im Mackenzie-Delta, aber auch auf vielen hocharktischen Inseln vorkommenden Pingos, deren kegelförmige Hügel auf über 50 Meter Höhe und 300 Meter Durchmesser anwachsen können.

Klimatische Verhältnisse

Die Niederschlagsmengen sind außerordentlich gering. In der sog. „Hohen Arktis", also nördlich des Polarkreises, fallen im Jahr nur 200 mm oder weniger Niederschlag auf den Quadratmeter, weshalb man diese Region als Polarwüste bezeichnet; in den übrigen Teilen Nunavuts und der Nordwest-Territorien werden 400 mm kaum überschritten, nur die Gegend um Iqaluit auf Baffin Island erreicht 600 mm im Jahr; zum Vergleich: Die Niederschlagsmenge in St. John's auf Neufundland beträgt durchschnittlich 1500 mm im Jahr. In der Region Keewatin werden im Winter gegen 75 cm, in Teilen von Baffin Island jedoch bis zu 200 cm Schneehöhe gemessen.

Trotz der geringen Niederschlagsmengen befinden sich auf dem Gebiet von Nunavut und der Nordwest-Territorien rund 9% der Süßwasservorräte der Erde.

Während der langen Polarnacht bilden sich in der arktischen Region extrem niedrige Temperaturen aus, nicht selten um -50° C. Die durchschnittlichen Januartemperaturen liegen im Territorium Nunavuts und in den Nordwest-Territorien unter -20° C.

In der Übergangszeit von April bis Mitte Juni nimmt zwar die Sonneneinstrahlung zu, doch werden über 50%, ja bis zu 80% der Strahlen vom Schnee reflektiert und gehen der Umsetzung in Wärme verloren. Erst nach der Schneeschmelze oder der Kälteverdunstung des Schnees erhöht sich die Wärmeaufnahmefähigkeit des Bodens; in der kurzen Sommerperiode von Mitte Juni bis August erreichen so die Bodentemperaturen den positiven Bereich.

Durchschnittliche Julitemperaturen von +10° C werden allerdings nur im Südteil Nunavuts und der Nordwest-Territorien überschritten.

Für alles Leben ist besonders schwer erträglich, daß häufig starke Winde zu den hohen Kältegraden hinzukommen. Dadurch wird die Körperwärme bei Mensch und Tier viel rascher abgeleitet. Man bezeichnet diese durch Wind verursachte, einer viel tieferen als der gemessenen Temperatur entsprechende Kältewirkung als Windchill: -12° C und eine Windgeschwindigkeit von 40 Stundenkilometern wirken sich beispielsweise wie eine Temperatur von -34° C aus und können daher zu schwersten Erfrierungen führen. Allgemein wird der Windchillfaktor mit Hilfe von Erfahrungswert-Tabellen ermittelt. Während acht Monaten im Jahr herrscht in der Arktis Kaltluft aus dem Nordmeer vor, doch ist auch in den übrigen Monaten überall mit plötzlichem Temperatursturz und zusätzlich auftretenden auskühlenden Winden zu rechnen.

Pflanzen- und Tierwelt

Arktisches Klima, also nur drei Monate währende Sommer mit verhältnismäßig niedrigen Temperaturen und lange Winter mit extremer Kälte und scharfen Winden, dazu ziemliche Trockenheit und Permafrost wirkten sich negativ auf die Entwicklung des Bodens aus. Mineralböden entstanden fast nur an wasserdurchlässigen Abhängen, sogenannte arktische Braunerden mit geringer Humusschicht. Auf den Ebenen hat sich dagegen überwiegend flachgründiger Tundraboden über gefrorenem Untergrund gebildet, auf dem sich im Sommer die Nässe staut und zur Ausbildung von Morast beiträgt. Auch tritt auf weiten Flächen felsiger Untergrund hervor oder bleibt ewiges Eis bestehen.

Unter solchen Bedingungen konnte sich nur verhältnismäßig artenarme Vegetation entwickeln. Die Region westlich der Hudson Bay wird deshalb als Barren Grounds oder Barrenlands, als unfruchtbares Ödland bezeichnet. Die extreme Kälte verlangsamt Wachstum und Verwesung; bestimmte arktische Flechten vergrößern ihren Durchmesser pro Jahrhundert nur um etwa einen halben Zentimeter, und auch die zur Verwesung notwendigen Bakterien in der trockenen Kälte nur sehr eingeschränkt aktiv. Die Vegetationsdichte und -vielfalt nimmt von Süden nach Norden ab. Sind auf dem südlichen Festland noch bunt blühende Pflanzengesellschaften, vor allem aus Gräsern, Schmetterlingsblütlern, Steinbrecharten, zwergwüchsigen Weiden und Heidekräutern, zu finden, so gibt es auf Baffin Island und den übrigen nördlichen Inseln nur wenige für höheren Pflanzenwuchs günstige Standorte; Flechten und Moose überwiegen. An südwärts ausgerichteten Hanglagen mit Mineralböden und zeitiger

Schneeschmelze wachsen u. a. Löwenzahn, verschiedene Steinbrecharten wie der Purpur-Steinbrech („Blume von Nunavut"), sowie Tragant, Berufskraut, Silberwurz („Blume der Nordwest-Territorien") und Arktischer Mohn.

Für die in den Tundragebieten beheimateten Menschen spielte die Tierwelt eine entscheidende Rolle für das Überleben. Land- und Meerestiere lieferten Nahrung, Kleidung und Ausrüstungsmaterialien. Von Ausrottung durch die Ureinwohner der Arktis war dennoch keine Tierart bedroht; eine solche Bedrohung entstand erst als Folge des Vordringens von Qallunaat, also der „Weißen aus dem Süden". Allerdings ist das ein ziemlich komplexes Thema, das nicht selten ideologischen, die Tatsachen verfälschenden Argumenten ausgesetzt ist und sich daher leider einer sachlichen Diskussion häufig entzieht.

Von besonderer Bedeutung waren für die Inuit seit jeher Karibus und auch Moschusochsen; teilweise gilt das noch heute.

Die Gesamtzahl der Karibus ist im Laufe des 20. Jahrhunderts infolge starken Bejagens, vermehrten Auftretens von Wölfen und zunehmender Waldbrände, nicht zuletzt aber auch infolge vermehrter wirtschaftlicher und technischer Aktivitäten enorm zurückgegangen. Schätzte man die Zahl in den dreißiger Jahren des 20. Jahrhunderts noch auf über zwei Millionen, so lag sie 40 Jahre später nur noch wenig über einer halben Million.

Ähnliches gilt für die Moschusochsen: Wegen übertriebenen Bejagens - auch durch Inuit - waren die Tiere fast ausgestorben, weshalb 1917 ein Jagdverbot unumgänglich wurde, das erst 1969 wieder vorsichtig gelockert werden konnte; man schätzt den heutigen Bestand auf etwa 15 000 Tiere.

Neben Karibus und Moschusochsen leben in der Tundra Polarbären, arktische Wölfe, Vielfraße, Polarfüchse, Schneehasen, Lemminge und verschiedene Hörnchenarten. Erstaunlicherweise wurde keines dieser Tiere als territoriales Symbol ausgesucht; die gesetzgebende Versammlung wählte vielmehr als „Tier von Nunavut" den kanadischen Inuit-Hund (Canadian Inuit Dog oder Husky).

Hinzu kommen riesige Vogelscharen, darunter die selteneren Ger- und Wanderfalken; in den Sommermonaten dürften etwa 80 Vogelarten in der Arktis nisten, vor allem im Mackenzie-Delta und auf Bylot Island.

Fische treten in nur wenigen Arten auf - vor allem Wandersaiblinge und Seeforellen. Es herrscht jedoch großer Fischreichtum sowohl in den Seen und Flüssen als auch in den Küstenregionen, wo überdies viele Meeressäuger - Wal- und Robbenarten - anzutreffen sind.

Abriß der Geschichte der Inuit

Inuit (Eskimos) und ihre Sprache • Anmerkungen zu Mythen und Legenden der Inuit • Frühzeit • Dorset-Kultur • Thule-Kultur • Historische Periode

Inuit (Eskimos) und ihre Sprache

Die Ureinwohner der kanadischen Arktis zählen zu einer Gruppe von Menschen, die üblicherweise unter dem traditionellen Begriff Eskimos zusammengefaßt ist. Sie sind eng verwandt mit den Aleuten auf den gleichnamigen Inseln; auch zu den Tschuktschen im Osten Sibiriens bestehen verwandtschaftliche Beziehungen. Zwar zeigen die Inuit ein leicht mongolisches Erscheinungsbild, und die Inuit-Babys weisen bei ihrer Geburt über dem unteren Ende der Wirbelsäule einen (bei allen mongolischen Rassen, auch bei Indianern, üblichen) bläulichen „Mongolenfleck", Naevus caeruleus, auf. Ihre charakteristischen Rassenmerkmale unterscheiden sich jedoch in wesentlichen Einzelheiten, etwa der Schädel- und Nasenform, von denen der asiatisch-mongolischen und der indianischen Menschen; sie sind also keineswegs den Indianern zuzurechnen. Anthropologisch bilden die Eskimos vielmehr einen selbständigen arktisch-mongolischen Rassenzweig. Die Bezeichnung „Eskimo", d. h. Rohfleischesser, stammt von den Algonkin- und Cree-Indianern - mit Blick auf die Ernährungsweise ihrer nördlichen Nachbarn. Selbst nennen sich die nordkanadischen Eskimos jedoch - wie schon im Vorwort kurz erwähnt - Inuit, d. h. Wesen mit Seele oder beseelte Menschen. Manche von ihnen empfinden den Ausdruck Eskimo als Herabsetzung, während andere die historische Bedeutung dieses Begriffs durchaus erkennen und sich mit Stolz Eskimo nennen. Sie sprechen Inuktitut, die „Sprache der Menschen", die sich in mündlicher Überlieferung entwickelte, denn die Inuit verfügten über keine eigene Schrift. Doch haben sich im Laufe des vergangenen 20. Jahrhunderts zwei Schreibsysteme durchgesetzt: das syllabische Schriftzeichensystem und daneben das lateinische Alphabet in phonetischer Schreibweise.

Zur Entwicklung der Syllabismen sei angemerkt: Das von dem Missionar James Evans aus englischen Stenografiezeichen entworfene syllabische (silbenweise) System war 1840 von ihm selbst bei den Cree-Indianern eingeführt worden. 1865 wandten dann erstmals die anglikanischen Missionare John Horden und E. A. Watkins die Cree-Syllabismen beim Niederschreiben von Inuktitut an. Der anglikanische Reverend Edmund Peck begann dann 1876, die Inuit im Norden Québecs in dieser Inuktitut-Schreibweise zu unterrichten. In der Folgezeit breitete sich das System über den ganzen Norden Kanadas aus.

Anmerkungen zu Mythen und Legenden der Inuit

Das Leben in der Arktis brachte es wie gesagt mit sich, daß die Inuit über keine Schrift verfügten, sondern ihr Wissen und ihre Mythen, Legenden und Lieder über viele Jahrhunderte hinweg mündlich überlieferten. Selbstverständlich führte diese Art der Weitergabe dazu, daß die Inhalte von Geschichten nicht deckungsgleich sind, sondern in vielerlei Einzelheiten voneinander abweichen - etwa in der Darstellung der Entstehung von Lebewesen. Mythisch geprägt ist die Überlieferung jedoch immer. Ganz allgemein war das religiöse Denken der Inuit dadurch gekennzeichnet, daß sie praktisch jedem Gegenstand geistigen Inhalt zuschrieben. Verschiedenen Tierarten, doch auch geophysikalischen Phänomenen wurden bestimmte Geister zugeordnet. Geister konnten Menschen Nutzen und Schaden zufügen, weshalb das Leben der Inuit durch vielfältige Tabus beeinflußt war.

ᐃᓄᒃᑎᑐᑦ ᑎᑎᕋᐅᓯᖅ
Inuktitut Titirausiq

Inuktitut-Syllabismen

Eine wichtige Rolle spielte das Schamanentum: Nur Schamanen galten als befähigt, ohne Vermittler Kontakt zu überirdischen Wesen oder Geistern aufzunehmen. Wer sich mit den Inuit, ihrem Leben, ihrem Denken und ihrer Kunst näher beschäftigt, wird einer besonders wichtigen mythischen Gestalt immer wieder begegnen: Sedna, der Meeresgöttin, der Herrscherin über die Tiere des Meeres, bekannt auch unter den Namen Talilayuk und Nuliayuk. Wenn Sedna zürnt, ist den Inuit das Glück bei der Jagd auf Meerestiere versagt. Sedna wird aus diesem Grunde von den Schamanen angefleht, gnädig zu sein. In vielen Inuit-Erzählungen flicht der Schamane, in Inuktitut der Angakkuq, Sedna das Haar, um sie zu besänftigen: Sie gibt dann die unter ihrer Herrschaft lebenden Meerestiere zur Jagd durch den Menschen frei.

Frühzeit (3000 bis 500 v. Chr.)

Die Eskimos bewohnen trotz ihrer verhältnismäßig geringen Zahl von insgesamt etwa 100 000 Menschen das Millionen von Quadratkilometern umfassende Gebiet der Tundren und der eisigen Küsten im Norden des amerikanischen Kontinents, Sibiriens und Grönlands; diese Besiedelung der Arktis ist allgemein als eine der außergewöhnlichsten menschlichen Leistungen anerkannt.

Aus vielerlei Gründen vermutet man heute, daß sich die Eskimos ursprünglich im Gebiet um die Bering-Straße, die Amerika und Asien trennt, entwickelt haben. Aus Überresten von Camps läßt sich ableiten, daß erste Eskimogruppen, die Paläo-Eskimos, um 3000 v. Chr. die Bering-Straße - vermutlich auf dem Wintereis - überquerten und erst nach den ersten Indianern auf den amerikanischen Kontinent einwanderten. Archäologische Funde lassen ferner darauf schließen, daß diese Paläo-Eskimos offensichtlich recht plötzlich um 2000 v. Chr., als das arktische Klima um einige Grade wärmer als heute war, vom Südwesten Alaskas in die Hohe Arktis bis zum Nordosten Grönlands, etwa zum

Independence Fjord, vordrangen und dort als Nomaden lebten („Independence-Kultur"). Die Paläo-Eskimos mußten unter wesentlich schwierigeren Bedingungen als die späteren Eskimos überleben - ohne Boote, ohne Harpunierausrüstung, ohne Schlittenhunde, ohne stabilere Behausungen als fellbedeckte Zelte, ohne andere Wärmequellen als kleine Feuerstellen mit wenig geeignetem Brennmaterial. Auf den Inseln und im nördlichen Teil des Festlands setzten sich Paläo-Eskimos fest, die dem Kulturkreis des Prä-Dorset (2500 bis 500 v. Chr.) angehörten. Die Bezeichnungen „Prä-Dorset" und „Dorset" leiten sich vom Namen der Insel und Siedlung Cape Dorset ab, nachdem der Anthropologe Diamond Jenness 1925 dort Überreste einer Kultur auffinden konnte, die seither als „Dorset-Kultur" bezeichnet wird. In der zentralen Arktis lebten die Prä-Dorset-Eskimos überwiegend von der Jagd mit Bogen und Speer auf Moschusochsen und Karibus und vom Fischfang in Flüssen und Seen; im engeren Küstenbereich lebende Volksgruppen jagten Robben, Walrosse und kleinere Wale mit Handharpunen, die sie von der Küste oder vom Meereseis aus schleuderten.

Dorset-Kultur (500 v. Chr. bis 1000 n. Chr.)

Aus der Zeit zwischen 500 v. Chr. und 500 n. Chr. liegen Nachweise einer bemerkenswerten technischen und kulturellen Weiterentwicklung der in der Dorset-Region lebenden Menschen vor. Die in alten Sagen als mächtige, in Steinhäusern lebende Menschen oder gar Riesen erwähnten Tuniit, Tornit oder Tunirjuat sind wohl identisch mit den oben genannten Dorset-Menschen; sie gelten bei den heutigen Inuit zwar als dumm, dabei jedoch als so stark, daß sie mühelos gewaltige Felsblöcke versetzen und tonnenschwere Walrosse heimschleppen konnten. Ihre Jagdmethoden waren wesentlich verbessert. Vermutlich erfanden sie auch das Schneehaus, Iglu. Als festes Winterdomizil diente ihnen eine halbunterirdische Behausung mit Wänden aus Felsbrocken und Grasstücken, Vorläufer des später üblichen Qarmaqs. Wärme spendete ihnen eine kleine Specksteinlampe, in der sich Öl entzünden ließ, das Qulliq. Bemerkenswert ist, daß sich die Dorset-Kultur mit ihren stilistischen Merkmalen zwischen 500 und 1000 n. Chr. auf einem Gebiet von Victoria Island im Westen bis Grönland im Norden und Neufundland im Osten ausbreitete, was auf eine intensive Kommunikation über Tausende von Kilometern hinweist.

Schon aus der frühen Dorset-Periode liegen geschnitzte Darstellungen von Menschen und Tieren als Nachweis künstlerischer Aktivitäten vor; in der späteren Dorset-Zeit nimmt solche künstlerische Tätigkeit jedoch deutlich zu. Menschliche Masken, die Gestaltung von Tieren (besonders Bären und Vögel), aber auch geschnitzte Amulette lassen vermuten, daß diese Kunst vor allem schamanistischen, magischen oder auch jägerischen Ritualen diente. Man vermutet, dieser kulturelle Schub resultiert aus sozioökonomischem Druck, dem die Dorset-Eskimos ausgesetzt waren. Solch kulturfördernder Druck konnte sowohl durch die zu jener Zeit erfolgende klimatische Erwärmung und dadurch bedingte Veränderung der traditionellen Jagdbedingungen vom Eis aus als auch durch das Eindringen neuer Volksgruppen in angestammte Gebiete entstanden sein. Ungewöhnlich sind derartige Vermutungen keineswegs: Soziale und ökonomische Belastungen und Nöte suchen nicht selten Ventile in spirituellen, also transzendentalen Bereichen und fördern dabei die Entwicklung künstlerischer Ausdrucksmittel. Die klimatischen Verhältnisse jener Zeit hatten übrigens zur Folge, daß die Wikinger die beiden Inseln Grönland, „Grünland", und Island, „Eisland", mit Namen belegten, die uns heute paradox erscheinen.

Thule-Kultur (1000 bis 1800 n. Chr.)

In Alaska, der Urheimat der Dorset-Eskimos, war die Entwicklung in den 3000 Jahren zwischen 2000 v. Chr. und 1000 n. Chr. deutlich weiter fortgeschritten. Bei den verschiedenen Völkern an der amerikanischen Nordwestküste wurden neue Techniken für die Jagd und den Fischfang entwickelt, Erfindungen, die auch das Leben der dort verbliebenen Verwandten der Dorset-Eskimos wesentlich beeinflußten und veränderten. Hautbespannte Boote wie der Einmann-Kajak (Qajaq) und der bis zu 20 Personen aufnehmende Umiaq (großes, meist von Frauen benutztes Boot), neuartige Lanzen und mit Gewichten und Schwimmern ausgestattete Harpunen eröffneten erfolgreichere Jagdmöglichkeiten. Verbesserte Wohnformen in winterfesten Behausungen förderten das Entstehen neuartigen sozialen Zusammenlebens und setzten rituelle, religiöse und künstlerische Impulse.

Wie gesagt erfuhr das Klima des amerikanischen Nordens in den Jahrhunderten um 1000 n. Chr. eine deutliche Erwärmung (wie übrigens auch in Europa, wo sich ein „mittelalterliches Wärmeoptimum" bildete). Offensichtlich änderten sich hierdurch die Lebensbedingungen in der Arktis und zogen wahrscheinlich ein stärkeres Bevölkerungswachstum nach sich. Man vermutet, daß diese Entwicklung, vielleicht zudem auch die Suche nach Eisen aus Meteoriten, der Grund für eine neuerliche Wanderung von Eskimos, von „Neo-Eskimos", aus Alaska in den Norden Kanadas und nach Grönland waren. Wie Legenden der Inuit erzählen, wurden die in jenen Gebieten ansässigen Paläo-Eskimos des Dorset-Kulturkreises von den technisch überlegenen Neo-Eskimos in Gebiete abgedrängt, in denen sie auf Dauer nicht überleben konnten. Die Folge war: Gegen 1000 n. Chr. erlosch die Dorset-Kultur fast in der ganzen Arktis innerhalb kurzer Frist. Nur wenige Jahrhunderte länger hielt sie sich noch im Norden Labradors und in der Ungava-Region (bis etwa 1300 n. Chr.).

Die neuen Eindringlinge sind die direkten Vorfahren der heutigen Inuit. Ihre nachweislich rund um die Bering-Straße herausgebildete Kultur erhielt die Bezeichnung „Thule-Kultur" (1000 bis 1800 n. Chr.), nachdem ihre Siedlungsrelikte erstmals in der Gegend um Thule im nordwestlichen Grönland entdeckt wurden. Eine Periode warmer Sommer ermöglichte den Thule-Menschen das Beibehalten der aus Alaska tradierten Lebens- und Verhaltensmuster: die Land- und Meerestierjagd, der Aufenthalt in dauerhaften Wintersiedlungen. Auch konnten sie quer über Nordkanada mit seltenen Rohstoffen wie Eisen, Kupfer und Serpentin eine Art Handel treiben, wobei ihnen die Nutzung der damals aufkommenden Hundeschlitten zu Hilfe kam. Waren die künstlerischen Aktivitäten der Dorset-Menschen nahezu ausschließlich durch rituelle oder mythische Bräuche geprägt, so sind solche Impulse in der Thule-Kunst kaum nachweisbar. Die vielfältigen Funde von Gebrauchsgegenständen in ihren vom Eis konservierten Winterhäusern zeigen vor allem dekorative Elemente; in verhältnismäßig geringer Zahl entstanden kleine figürliche Schnitzarbeiten in Form von weiblichen Gestalten, Walen und Wasservögeln, zuweilen mit Frauenköpfen und -körpern. Bei der künstlerischen Gestaltung von Bären läßt sich ein bemerkenswerter Unterschied zwischen Paläo- und Neo-Eskimos erkennen:

In der Dorset-Kunst finden sich Bären ebenso in realistischer wie in stilisierter Darstellung, die heute als Amulette und Wiedergaben von geisterhaften Helfern gegen äußere Bedrohung interpretiert werden. Die Thule-Kunst beschränkte sich auf die Darstellung von Bärenköpfen zum Anbringen an Harpunenstricken; ob dies dekorativen oder funktionalen Zwecken diente, ist noch nicht geklärt (vermutlich gilt beides). Als Amulette, Schmuck oder auch nur als Jagdtrophäen dienten den Thule-Menschen Eckzähne von Bären. Allgemein läßt sich aus den Zeugnissen der Thule-Kultur schließen, daß diese Menschen besser als ihre Vorgänger mit den Einflüssen ihres natürlichen Umfelds zurechtkamen und sogar Zeit und Muße fanden, Gegenstände des persönlichen Lebens künstlerisch zu verzieren. Für diese Art von Kunst war offensichtlich kein sozio-ökonomischer, kulturfördernder Druck notwendig.

Etwa ab 1300 n. Chr. kühlte sich das Klima allmählich wieder ab („Übergangsphase") - mit Auswirkungen vor allem auf dem kanadischen Archipel und entlang der mittleren Polarmeerküste des Festlands. In der Zeit zwischen 1550 und 1850, der sog. Kleinen Eiszeit, herrschten im Norden Amerikas wie in Europa wesentlich niedrigere Temperaturen als heute (mit einem kurzzeitigen Wärmehoch um 1800); in England gingen zum Beispiel die Reben ein, die Themse vereiste, und auch in Deutschland schrumpften die Weinbaugebiete.

Kleine Eiszeit zwischen 1550 und 1850: In diesem Zusammenhang scheint uns bemerkenswert, daß die Suche nach der Nordwestpassage, also des kurzen Seewegs von Europa nach China entlang der Nordflanke Amerikas, noch zu einer verhältnismäßig günstigen Zeit begonnen wurde - durch Martin Frobisher (1576), John Davis (1585/87), Henry Hudson (1610/11), William Baffin (1615), Jens Munk (1619/20), Luke Foxe und Thomas James (1631). Die neuzeitliche Phase dieser Suche - sie lag am Ende der Kleinen Eiszeit - wurde dagegen durch die zu jener Zeit noch bestehende Temperaturerniedrigung beeinflußt: John Ross und William Edward Parry brachen auf der Suche nach der Nordwestpassage erstmals 1818 in die kanadische Arktis auf; die glücklose Expedition von John Franklin begann 1845.

Der Einfluß des Temperaturrückgangs auf die von den Jagdbedingungen abhängigen Lebensverhältnisse der Thule-Menschen war erheblich. Ganze Gebiete der Hohen Arktis wurden entvölkert, teils durch Abwanderung, teils aber auch infolge des Aussterbens von Bevölkerungsgruppen durch Verhungern. Nur in klimatisch günstigeren Gebieten der südlichen Arktis, so in Südwestgrönland, auf dem südlichen Baffin Island und in Labrador, ließ sich die traditionelle Lebensweise aufrechterhalten.

Historische Periode (ab 1800)

Das 19. Jahrhunderts gilt als Beginn der „Historischen Periode" der Inuit, den Nachfahren der Thule-Eskimos. Bei ihnen hat sich zwar die Thule-Tradition mit Einschränkungen erhalten, doch verschlechterten sich die Überlebensbedingungen im Vergleich mit denen ihrer Vorfahren zu Beginn des 2. Jahrtausends wesentlich. Die technischen Standards und die Art, sich künstlerisch auszudrücken (um diesen bedeutsamen Parameter heranzuziehen) entwickelten sich rückläufig. So sind z.B. Schnitz- und Dekorationsarbeiten seltener geworden und deutlich weniger differenziert. Durch Klimaveränderung bedingt änderte sich das Vorkommen jagdbarer Tiere, und die damit veränderte Nahrungssuche führte dazu, daß die in den Wintermonaten bislang relativ seßhafte Lebensweise aufgegeben werden mußte. Als Nomaden bauten die Inuit nun weniger aufwendige Winterbehausungen, nämlich zeltartige Hütten mit Windschutz aus Steinen, Grasstücken und Schnee, Qarmaq genannt. Die Kenntnis über den Bau von kuppelförmigen Schneehäusern, den Iglus, fand immer größere Verbreitung und zunehmende Perfektion.

Eine weitere bedeutende Ursache für Veränderungen der Inuit-Kultur ist die Berührung mit Europäern. Frühe Kontakte mit Wikingern und später mit Forschungsreisenden, Fischern und Walfängern wirkten sich, allgemein gesehen, weniger tiefgreifend und eher lokal aus, da jene nicht mit der Absicht kamen, hier dauernd seßhaft zu werden. Allerdings hatten solche Kontakte verheerende Folgen für die Inuit: die Verbreitung von Geschlechtskrankheiten, Tuberkulose und sonstiger Infektionen. Ganz anders verhielt es sich mit dem Auftreten von Händlern, Missionaren und Repräsentanten der kanadischen Staatsverwaltung, die hier auf Dauer Fuß faßten und unmittelbar Einfluß auf das Leben der Ureinwohner ausübten. Die ersten Verwaltungs- und Polizeiposten wurden 1903 nahe wichtigen Walfangstationen in Fullerton Harbour an der Hudson Bay und auf Herschel Island im Mackenzie-Delta errichtet; es ist das Jahr, in dem der Norweger Roald Amundsen mit seinem Schiff „Gjøa" aufbrach, die berühmte Nordwestpassage auf einer südlicheren Route als seine Vorgänger zu durchschiffen, dem kanadischen Festland entlang.

Die gesellschaftliche Grundstruktur bestand im 19. Jahrhundert aus schätzungsweise 50 Gruppen mit jeweils 200 bis 800 Mitgliedern auf, die auf freiwilligem Zusammenschluß von weitgehend unabhängigen Großfamilien basierten und ohne Ordnungsmacht ausübende Institutionen auskamen. Diese Großfamilien setzten sich ihrerseits aus den eigentlichen, Großeltern, Eltern und Kinder umfassenden Familien zusammen. Eine derart solidargemeinschaftliche Gesellschaftsstruktur, die den einzelnen Familien autarkes Handeln zubilligte, trug in Zeiten verminderten Nahrungsangebots wesentlich dazu bei, die Überlebenschancen zu erhöhen. Sie versetzte die Inuit in die Lage, Land- und Meeressäugetiere, Vögel und Fische aller Größen zu erlegen - vom 20 Kilogramm schweren Seehund bis zum 50 Tonnen wiegenden Grönlandwal, vom Kleinwild bis zum Polar- und Grizzlybären. Die Jagdbeute lieferte eine ausgewogene Nahrung und nahezu alle wesentlichen Rohstoffe für Kleidung, für Wohnung, Haushalt und Heizung, für Boots- und Schlittenbau, Jagdwaffen, Spielzeug und künstlerische Gegenstände. Ausgesuchte und entsprechend zugerichtete Felsmaterialien dienten zur Herstellung von nur wenigen, allerdings wichtigen Gegenständen: Pfeil, Lanzen- und Harpunenspitzen, Schabern, Beilen und Messern. Steatit (Speckstein) eignete sich als relativ weiches, gut zu bearbeitendes Mineral für die Herstellung von Öllampen und Kochgefäßen.

Dagegen spielten pflanzliche Rohstoffe nur eine untergeordnete Rolle. Holz war in der Arktis nur selten verfügbar; allenfalls als gelegentliches Treibholz. An seine Stelle traten Knochen, Geweihe und Stoßzähne gejagter Tiere. Beeren wurden im Spätsommer intensiv gesammelt; als Vitaminquelle waren sie jedoch bei weitem nicht ausreichend, weshalb der hauptsächliche Vitaminbedarf durch

319

den Verzehr von rohem Fleisch und Fisch gedeckt wurde.

Das Wohnen in Zelten während des Sommers sowie in Iglus und warmen, halb unterirdischen Häusern aus Felsblöcken, Walknochen und Grasabstichen (Qarmaqs) im Winter folgte noch ganz der Thule-Tradition. Wichtiges Prinzip aller Hauskonstruktionen, seien es Iglu- oder Winterhausbau, waren tiefer liegende Eingangstunnel, wodurch der innere Wohnbereich höher lag und die schwerere Kaltluft weniger leicht in den Wohnraum eindringen konnte (Windfang und Kältefalle).

Die Winterkleidung war so konstruiert, daß die Körperwärme möglichst gut genutzt wurde; praktisch gab es kaum Öffnungen, durch welche die Luft nach außen entweichen konnte. Als Material bevorzugt wurden neben Robbenfellen in erster Linie Karibufelle. Sie wurden zum Erhalten einer Warmlufthülle weit geschnitten und fast überall in zwei Schichten getragen - innen mit der Haarseite nach innen, außen mit der Haarseite nach außen; im Sommer trug man nur die innere Schicht. Charakteristisch war auch eine an der Innenschicht befestigte Kapuze, die das Austreten von Warmluft am Hals verhinderte; den Müttern diente ein besonderer Kapuzenteil überdies als Transportsack für die Kleinkinder.

Übergang ins 21. Jahrhundert

Grundlegender Umbruch der Lebensbedingungen • Wandel von nomadischer zu seßhafter Lebensweise • Umstellung auf Lebensbedingungen in einem modernen Industriestaat • Erfolgsrezept: Kooperativen • Zeitgenössische Inuit-Kunst • Der schwere Wege vom Traum zur Wirklichkeit

Grundlegender Umbruch der Lebensbedingungen

In den 150 Jahren zwischen 1800 und 1950 haben sich Kultur und Lebensweise der Inuit, die zuvor keinerlei monetäres System kannten, grundlegend verändert. Völlige Selbständigkeit und Unabhängigkeit waren in weitgehende Abhängigkeit von nahezu allen Gütern westlicher Industrienationen umgeschlagen: von Kleidung, vielen Arten von Nahrungsmitteln, Waffen, Werkzeugen und technischer Ausrüstung. Wesentlich hat hierzu beigetragen, daß sie als Jäger und Fallensteller nur einen geringen Produktivitätsgrad entwickeln konnten, der die ihnen oktroyierte neue Lebensweise finanziell nicht deckte; ihre aus der Jagdbeute gewonnenen Produkte unterlagen überdies viel zu sehr konjunkturellen und modischen Schwankungen, von Artenschutz- und Umweltproblemen ganz zu schweigen.

Die späten vierziger Jahre des 20. Jahrhunderts sind durch solchen Umbruch besonders gekennzeichnet. Seit jener Zeit wurde der Norden in steigendem Maße in ein strategisches Verteidigungskonzept einbezogen; es entstanden militärische Stützpunkte und Radarstationen des militärischen Fern-Frühwarnsystems DEW („**D**istant **E**arly **W**arning System"). Dies förderte zwar die Infrastruktur und ließ moderne Arbeitsplätze entstehen, führte zugleich aber auch zu einer plötzlichen und nicht überall verkrafteten Verstädterung. Traditionelle Lebensweise wurde zunehmend durch „American Way of Life" eingeschränkt und verdrängt, ohne daß die notwendigen Voraussetzungen zum Übergang auf neue Lebensformen vorlagen - ausreichende Einkünfte und berufliche Bildung, um nur zwei Beispiele zu nennen. Die Übergangsschwierigkeiten wurden noch dadurch gesteigert, daß z. B. über den Keewatin-Distrikt Ende der vierziger Jahre wegen des Auftretens schwerer Infektionskrankheiten wie Kinderlähmung eine Quarantäne verhängt werden mußte, und daß zur selben Zeit der Karibubestand westlich der Hudson Bay nahezu völlig zugrunde ging und somit die dort lebenden Inuit ihre Ernährungsgrundlage verloren. Eine nicht unwesentliche Rolle spielte auch die zunehmende Bedrohung der meist noch in Camps Lebenden durch Tuberkulose; viele daran Erkrankte mußten in Sanatorien im Süden untergebracht werden. Bei dieser Situation bleibt um so mehr zu bewundern, mit welcher Energie viele Inuit sich bemühten, ihr traditionelles Leben in den angestammten Gebieten unter Anpassung an die neuen Lebensbedingungen fortzusetzen. Dennoch wurden sie immer mehr von staatlicher Sozialhilfe abhängig.

Waren die Interessen des kanadischen Staates an den Nordgebieten in der ersten Jahrhunderthälfte überwiegend wissenschaftlicher Art, so entstanden zu Beginn der fünfziger Jahre drei neue Schwerpunkte: Militärische Sicherheitsbedürfnisse, das Entdecken wichtiger natürlicher Ressourcen für wirtschaftliche Belange und zunehmende Sensibilität für die besonderen Belange der Inuit. Sie verstärkten die Notwendigkeit zur Ausübung staatlicher Hoheitsrechte. So läßt die Bildung eines Department of Indian Affairs and Natural Resources im Jahr 1953 erkennen, welchen Rang der Staat seiner Verantwortung für Menschen und „Rohstoffe" einräumte.

Die Einrichtung sozialstaatlicher Versorgung, wie Arbeitslosenhilfe, Sozialfürsorge, Kranken- und Altersversorgung, Kindergeld, ausgedehnte Erziehungs- und Wohlfahrtsprogramme der Industriegebiete Kanadas kamen nunmehr auch den Inuit (und übrigens gleichermaßen den Indianern) zugute und sollten den Sprung aus der Vergangenheit in die Gegenwart erleichtern.

Wandel von nomadischer zu seßhafter Lebensweise

Für die Inuit begann schließlich Mitte der fünfziger Jahre ein einschneidender, bis in die sechziger Jahre dauernder Prozeß: der weitgehende Wandel von der nomadischen zur seßhaften Lebensweise, das unter dem Druck sich verschlechternder Lebensbedingungen oft freiwillige, manchmal aber auch erzwungene Wegziehen der Inuit aus ihren Camps in Siedlungen mit festen Häusern. Das Bewahren der eigenen Identität und das Rückbesinnen auf Geschichte und Vorfahren erwiesen sich bei solcher Veränderung der Lebensweise als außerordentliche Herausforderung, der viele nicht gewachsen waren. Als besonders gravierend erwies sich, daß (wie übrigens in allen nordpolnahen Gebieten) verlorenes Selbstbewußtsein zu Alkohol- und Drogenproblemen führte. Die Selbsttötungsrate stieg bei den Inuit auf das Vierfache der übrigen kanadischen Bevölkerung.

Obwohl selbst heute die Sterberate noch immer hoch und die Lebenserwartung verhältnismäßig gering ist, nahm die Bevölkerung in den vergangenen 40 Jahren deutlich zu. Heute (2002) leben in ganz Kanada ungefähr 50 000 Inuit (~1,6‰ der kanadischen Gesamtbevölkerung) in rund 70 Siedlungen, die teilweise kaum mehr als ein paar hundert Einwohner zählen.

Moderne Technik trat in kürzester Zeit an die Stelle der seit Jahrhunderten überlieferten Methoden, das tägliche Leben zu meistern: Schußwaffen ersetzten die Lanzen und Harpunen; Schneemobile, vorwiegend vom Typ Polaris, Skidoo und Yamaha, traten zunehmend an die Stelle von Hundegespannen (der Name Skidoo wird oft für die ganze Gattung verwendet - 1922 baute Joseph-Armand Bombardier das erste Schneemobil Ski-dog, das durch einen typografischen Fehler zu Skidoo wurde); die erwähnten ATVs, „all terrain vehicles" (motorradähnliche vierrädrige Fahrzeuge mit Allradantrieb, überwiegend der japanischen Marke Honda), setzten sich allgemein als Fortbewegungsmittel durch.

Vor allem aber erfolgt nunmehr die tägliche Versorgung über die Anlieferung von käuflichen Lebensmitteln und Konsumartikeln anstelle der Selbstversorgung durch Jagdbeute; das Holzhaus mit Wasser-, Strom- und Wärmeversorgung ersetzt das Iglu, das Qarmaq und das (ursprünglich) aus Häuten gefertigte Zelt.

Inuit wurden zu Verbrauchern, die ihren Lebensunterhalt durch Fischen, Jagen, Fallenstellen und Produzieren von Kunst und kunsthandwerklichen Erzeugnissen, daneben auch durch Lohnarbeit bestreiten und häufig durch zusätzliche Sozialhilfe subventioniert werden müssen. Nicht selten ist staatliche Sozialhilfe sogar die einzige Einkommensquelle; die Zahl der Fürsorgeempfänger liegt weit über dem Landesdurchschnitt. Auch ist der Anteil der im öffentlichen Dienst Beschäftigten mit 20 - 30% gegenüber 7% im kanadischen Landesdurchschnitt noch immer außerordentlich hoch und seit der Einrichtung von Nunavut sogar steigend. Heutzutage gibt es nur noch wenige Gebiete, wo traditionelle Jagd- und Fischfangmethoden in ihrer ursprünglichen Form erhalten sind.

Umstellung auf Lebensbedingungen in einem modernen Industriestaat

Den Inuit Kanadas (und auch Alaskas) bereitete die kapitalistische Denkweise des Südens größere Probleme. Einschneidend war für diese aus einer homogenen Lebensgemeinschaft stammenden Menschen die Erfahrung, daß sich die Akzente in einer auf Verdienst ausgerichteten Leistungsgesellschaft hinsichtlich Autorität, Macht und Wohlstand wesentlich verschieben. Waren sie zuvor in ihrer Lebensweise unabhängig, so fühlten sie sich jetzt in die Fesseln eines monetären Systems gezwungen. In der Folge bildeten sich neue Verhaltensmuster heraus, welche die familiären Bindungen besonderen Belastungen aussetzten. Die Umstellung auf völlig andere Lebensbedingungen, dazu noch in neuartigen Verwaltungszentren, die von ortsfremden kanadischen Staatsangestellten nach industriestaatlichen Regeln organisiert wurden, fiel den Inuit verständlicherweise schwer, und viele Menschen haben die Veränderungen bis heute nicht bewältigt: Sie sind weder in der neuen Kultur noch in der ihrer Vorfahren heimisch.

Nicht unerwähnt bleiben darf in diesem Zusammenhang die Bedeutung, welche die (in mancher Hinsicht nicht unkritisch zu betrachtende) Missionierung durch die anglikanische und die römisch-katholische Kirche für die kulturelle Entwicklung der Inuit hatte. Gilt die Arktis heute zwar als weitgehend christianisiert, so scheint sich unterschwellig dennoch manches aus dem Schamanentum trotz seiner Verdammung durch die Missionare recht gut neben christlichem Gedankengut zu behaupten.

Am leichtesten fällt die Umstellung auf das Leben in einem modernen Industriestaat natürlich den jungen Menschen, denen sich ganz neuartige Chancen eröffnen, freilich auch mit all den Problemen gepaart, die sich mit dem Schlagwort Fernsehkultur umschreiben lassen. An die Stelle des traditionellen Meister-Lehrling-Verhältnisses zwischen Eltern und Kindern, das ohne Lesen und Schreiben auskam, ist die allgemeine Schulpflicht getreten. Inuit wurden als Lehrer und Geistliche ausgebildet - allerdings in noch viel zu geringer Zahl. Grundschulerziehung erfolgt heute in nahezu allen Siedlungen; während der ersten drei Schuljahre ist Inuktitut die maßgebliche Unterrichtssprache, und in vielen Schulen der Arktis vermitteln „Elders", d. s. als erfahren anerkannte ältere Siedlungsbewohner, auf eigens dafür geplanten Veranstaltungen Kenntnisse über Lebensweise und Gebräuche aus der Vorsiedlungszeit. Negative Erfahrung: Trotz aller Anstrengungen ist generell die Zahl der Schulabbrecher u. a. wegen fehlender Motivation recht hoch.

Weiterführende Schulen zu besuchen ist in der Arktis nicht in jeder Siedlung möglich und verlangt daher meist ein Verlassen der Heimatorte während des Schuljahres, was vielen außerordentlich schwerfällt. Aus diesem Grund verfügen bislang auch nur wenige Inuit über Hochschulbildung; auch sie müßten ja während der Studienzeit ihre Heimat verlassen. Allgemeine Berufsausbildung wird erst seit kurzem angeboten, jedoch von den jungen Menschen oft nicht angenommen, da sie häufig Berufe und Fertigkeiten vermittelt, die in der Arktis scheinbar (noch) nicht benötigt werden.

Es hat nicht an intensiven Bemühungen gefehlt, den Inuit Wege in eine weitgehend selbst gestaltete Zukunft zu ebnen und ihnen bei der Rückbesinnung auf die eigenen Werte, auf die persönliche Identität zu helfen. Wichtig war es dabei, zwischen Mann und Frau ein neues Rollenverständnis zu vermitteln: In der Vergangenheit war der Mann als Jäger für das (Über-)Leben der Familie verantwortlich, während der Frau die Aufgabe der Kinderbetreuung im Camp zufiel. Nunmehr sind oft beide (anders als dieser Prozeß in unserem europäischen Kulturraum verlief), ganze Entwicklungsstufen überspringend, mit für sie neuartigen Aufgaben befaßt. Nicht selten fällt auch der Frau allein die Rolle des Ernährers zu, während der Mann arbeitslos ist.

Erfolgsrezept: Kooperativen

Große Hoffnungen wurden auf die Einrichtung von Kooperativen gesetzt, mit deren Hilfe den Inuit die Fähigkeit vermittelt werden sollte, wertschöpfende Tätigkeiten zu organisieren und sich so eigenverantwortlich wieder selbst zu versorgen. In der Tat erwiesen sich diese Kooperativen, meist unter dem Management von Qallunaat, als sehr erfolgreich, verknüpften sie doch wirtschaftliches Denken mit überlieferten Tätigkeiten und Werten.

Die Kooperativen entwickelten Aktivitäten auf den unterschiedlichsten Gebieten. Sie betätigten sich bei der Versorgung mit Waren und Dienstleistungen, etwa dem Handel mit Öl, Gas, Benzin und Baumaterialien, dem Betrieb von Supermärkten mit Nahrungsmitteln, Kleidung und technischen Gütern, von

Hotels und Restaurants, der Errichtung und Organisation von Freizeit- und Tourismuseinrichtungen. Überörtlich betrieben die Kooperativen kommerziell organisierten Pelzhandel und Fischfang sowie die Gewinnung von Daunen und Vogelfedern.

Bemerkenswerten Erfolg erzielten sie mit der Förderung künstlerischer Neigungen bei den Inuit, was zur Herstellung von Kunstobjekten und kunsthandwerklichen Gegenständen führte, vor allem aus Serpentin und Steatit (Speckstein), aber auch aus Marmor. Wie ich bei vielen Gelegenheiten, über die ich im Reisetagebuch berichtet habe, und nicht zuletzt bei Begegnungen mit Inuit-Künstlern selbst beobachten konnte, steht dieser Geschäftszweig inzwischen weit vor dem Handel mit Jagderzeugnissen, wie Fellen, Geweihen oder Stoßzähnen, deutlich an erster Stelle - mit dem Problem einer Überproduktion. Lag der Umsatz des durch Inuit-Kooperativen betriebenen Handels mit kunsthandwerklichen Gegenständen und echter Kunst 1965 noch unter 100 000 (kanadischen) $, so war er in den folgenden zwei bis drei Jahrzehnten bereits auf 5 Millionen $ gestiegen - jeweils zu Grossopreisen; nicht erfaßte Umsätze werden zusätzlich auf einige Millionen $ geschätzt. Trotz mannigfacher Versuche, die Tätigkeitsfelder auszuweiten, findet jedoch eine echte Wertschöpfung auch heute noch überwiegend auf dem Konsumgütersektor und kaum im eigentlichen Produktionsbereich statt.

Zeitgenössische Inuit-Kunst

Die Inuit konnten sich als nomadisch lebendes Volk nur künstlerische Aktivitäten erlauben, die keine Transportprobleme nach sich zogen. Sie schufen daher keine Kunstgegenstände nur um der Kunst willen, sondern versahen Gegenstände des täglichen Lebens mit kunstvollen Dekorationen.

Die zeitgenössische Bildhauerkunst der Inuit nahm ihren Anfang erst gegen Ende der vierziger Jahre des 20. Jahrhunderts, zunächst vor allem in Cape Dorset. Wer sich mit dieser Kunst auseinandersetzt, ist fasziniert von der Ursprünglichkeit und Ausdrucksbreite der Kunstwerke. Inuit haben ein fast unbegrenztes, auf Erfahrung gründendes Vertrauen in ihre schöpferischen Fähigkeiten; ihre Einfühlsamkeit in technische Strukturen und Abläufe ist für Außenstehende verblüffend. Man mag mit einem gewissen Recht bedauern, daß sich die Lebensweise der Inuit in den vergangenen Jahrzehnten unter eurokanadischem Einfluß wesentlich verändert hat und dabei kaum Zeit für abfedernde Anpassung blieb. Man mag überdies beklagen, daß viele Menschen bislang weder in der neuen Kultur noch in der ihrer Vorfahren heimisch sind. Etwas Außergewöhnliches hat jedoch das Aufeinandertreffen der traditionellen Kultur der Inuit mit der einer westlichen Industrienation bewirkt: eine ungeheure Dynamisierung kultureller Prozesse, einen künstlerischen Aufbruch der Inuit mit ungeahnter Kraft.

Ende der fünfziger Jahre, etwa zehn Jahre später als die Bildhauerkunst, finden die Inuit Zugang zur Technik grafischen Arbeitens, wieder zunächst in Cape Dorset, doch breitet sich deren Kenntnis rasch in den Nordwest-Territorien und im Arktischen Québec aus. Ein Name ist in diesem Zusammenhang besonders hervorzuheben: James A. Houston. Er hat die Bewohner von Cape Dorset als Regierungsbeauftragter (in Zusammenarbeit mit der Canadian Art Guild, Québec) unter unermüdlichem persönlichem Einsatz vor allem mit Verfahren des Steindrucks, also einer importierten Technik, vertraut gemacht. Neben den ehedem als Fischer und Jäger tätigen männlichen Künstlern beschäftigen sich nun auch viele Frauen mit dieser Kunstform. In den bearbeiteten Themen schlägt sich oftmals der ganze Schatz der mündlich überlieferten Erzählungen und Legenden nieder; Grafik wird so zum Kulturdokument.

Das wachsende Kaufinteresse an künstlerischen Arbeiten mit eskimotypischem Charakter führte rasch zu Bemühungen politischer, insbesondere aber an deren Vermarktung interessierter Kreise, künstlerische Talente in möglichst allen Inuit-Siedlungen zu entdecken und zu fördern. Im Laufe der Zeit bildeten sich infolge der verhältnismäßig isolierten Lage der einzelnen Siedlungsgebiete regionale künstlerische Charakteristika heraus, die vor allem vom Vorhandensein bestimmter Rohmaterialien, aber auch von der Schulung und Beratung, vom Geschmack und Verkaufserfolg der Künstler geprägt wurden. Den Bedürfnissen folgend entstand funktionsgebundene Kunst, vorzugsweise als Design traditioneller Gebrauchs- und kunstgewerblicher Gegenstände. Daneben entwickelte sich jedoch bald auch „echte" Kunst, vor allem Steinskulpturen und grafische Arbeiten, die ihre Entstehung der Begegnung der Inuit mit der westlichen Kultur verdankt. Diese Kunst der „Post-Kontakt-Zeit" dient, wie Bernadette Driscoll es ausdrückt, „als Mittel der Kommunikation und des Tauschhandels zwischen Inuit und Qallunaat, als Souvenirkunst für den Käufer und Erinnerungskunst für den Künstler und als Kunstform des Übergangs, welche die Lücke zwischen der konventionsgebundenen Gestaltung traditioneller Kunstgegenstände und dem unkonventionellen, höchst individuellen Ansatz zeitgenössischer Künstler schließt."

Eine besonders hervorzuhebende Rolle bei der eruptiven Entwicklung künstlerischen Gestaltens in der Arktis spielt (wie schon angedeutet) Cape Dorset. Diese Ortsbezeichnung gilt schlechthin als Synonym für eine Gruppe von Künstlern, welche die Geschichte der zeitgenössischen Inuit-Skulptur und Inuit-Grafik nicht unwesentlich beeinflußt hat. Kaum eine andere Siedlung läßt sich so intensiv von der neuen Kunst gefangen nehmen, gibt so starke Impulse an andere Kommunen weiter. Hier kann man die visuell wohl faszinierendsten Beispiele heutiger Inuit-Kunst finden. Cape Dorset-Kunst ist – jedenfalls anfangs – durch formal dramatische Arbeiten charakterisiert, die heroische, elegante und spielerische Züge annehmen können.

Neben Cape Dorset nimmt Baker Lake und allgemein die Keewatin-Region einen hervorragenden Rang in der Gestaltung von Kunstobjekten ein. Die Förderung der Künstler und die Entwicklung spezieller Projekte hatte hier etwas später, Mitte der sechziger Jahre, begonnen, sich dann aber rasch sehr breit durchgesetzt. Typisch für Keewatin-Skulpturen ist neben grauem Material harter schwarzer Stein, der als Ausgangsmaterial Formen und Motive bestimmt. Diese zeigen eher archaische Designs und zeichnen sich durch Dynamik und charakteristische figurative Strukturelemente aus; überflüssige Details sind kaum zu finden. Sehr verbreitet ist das Moschusochsen-Motiv. Grafisches Arbeiten nahm 1970 seinen Anfang. Zu dieser Zeit begannen auch Jack und Sheila Butler Textilkunst zu fördern, wofür Baker Lake heute besonders bekannt ist. Auch unmittelbar an der Hudson Bay, vor allem in Rankin Inlet und Arviat, werden archaische Formen bevorzugt; anders als in Baker Lake tendiert die künstlerische Darstellung aber, wie verschiedene Autoren meinen, mehr zur Abstraktion. Wir haben das nicht so empfunden – vor allem nicht bei Textilarbeiten (Wandbehängen).

Ein drittes in Nunavut gelegenes Kunstzentrum hat sich in Pangnirtung (östliches Zentral-Baffin Island) entwickelt, wo im Uqqurmiut-Zentrum für Kunst und Kunsthandwerk vor allem ausdrucksreiche Wandteppiche gewebt werden, aber auch sehr eindrucksvolle grafische Arbeiten neben kunsthandwerklichen Gegenständen entstehen.

Neben den beschriebenen drei großen Kunstzentren sind aber auch die Siedlungen Arctic Bay (Ikpiarjuk), Arviat, Gjoa Haven (Ursuqtuq), Iglulik, Iqaluit, Kimmirut, Kugaaruk (ehem. Pelly Bay), Kugluktuk (ehem. Coppermine), Pond Inlet (Mittimatalik), Rankin Inlet (Kangiqliniq), Repulse Bay (Naujat), Sanikiluaq (auf den Belcher Islands) und Taloyoak (ehem. Spence Bay) an dieser Stelle aufzuführen, denn auch dort arbeiten namhafte Inuit-Künstler. Überdies ist in diesem Zusammenhang noch die in den Nordwest-Territorien gelegene

Siedlung Holman (Uluqsaqtuuq) zu erwähnen. Und nicht zuletzt nimmt Inuit-Kunst auch im Arktischen Québec einen bedeutenden Platz ein, insbesondere in den drei Siedlungen Inukjuak, Puvirnituq (ehem. Povungnituk) und Salluit (ehem. Sugluk).

Der schwere Weg vom Traum zur Wirklichkeit

Bei allen Anstrengungen, kulturelle Werte aus der Vergangenheit zu bewahren und zu pflegen, wünschen sich die Inuit den Fortschritt, den die moderne Industriegesellschaft bietet. Sie zeigen sich besorgt über Umweltgefährdungen durch technische Prozesse bei der Erschließung von Rohstoffen, sind aber zugleich interessiert an einer Zukunft nach westlichem Modell. Sie haben erkannt, daß sie ihre Lebensbedingungen wesentlich besser nach eigenen Vorstellungen gestalten können, wenn sie sich auf gemeinsam zu verfolgende Ziele einigen. Nicht anders als bei den kanadischen Indianern wuchs so bei den Inuit Kanadas das Verlangen nach kollektiven ethnischen Rechten und einem eigenen Territorium mit einer aus ihren Reihen gebildeten Regierung und Inuktitut als einer der Amtssprachen. Schließlich erhob im Jahr 1976 die Organisation Inuit Tapirisat (Inuit-Bruderschaft) erstmals die Forderung zur Einrichtung eines eigenen Territoriums. Inzwischen verfügen die Inuit über nennenswerte lokale Kontrollrechte, und wichtige Verwaltungspositionen, darunter auch Polizei und Sozialhilfefunktionen, werden durch sie mit wahrgenommen. Die meisten Siedlungen wählen heutzutage einen Gemeinderat und haben den offiziellen Verwaltungsstatus „Hamlet", wobei die übliche deutsche Übersetzung mit „Weiler" den Verwaltungsgrad nur ungenau umschreibt; zutreffender ist „Gemeinde".

Auf Bundesebene erhielten die Inuit 1962 das Wahlrecht; 1979 wurde erstmals ein Inuk, Peter Ittinuar, zum Parlamentsabgeordneten gewählt. Nach über

15jährigen Verhandlungen wurde am 12. November 1992 zwischen Inuit, Bundes- und Territorialregierung schließlich eine Vereinbarung, der sog. Nunavut-Vergleich, getroffen, der festlegte, daß ab 1. April 1999 der Norden Kanadas aus drei Territorien bestehen wird: Yukon Territory, Northwest Territories und Nunavut Territory. Nunavut wird von diesem Zeitpunkt an wie die beiden anderen Territorialgebiete direkt der kanadischen Bundesregierung unterstellt und erhält danach zunehmend verwaltungstechnische Eigenständigkeit. Als offizielle Regierungssprache gelten Englisch und Inuktitut.

Ein wichtiges Kapitel der kanadischen Arktispolitik spiegelt sich in den Abkommen wieder, mit denen Landansprüche der Inuit gegenüber dem kanadischen Staat geregelt werden. Die offizielle Verlautbarung der Kanadischen Botschaft in Deutschland führt dazu aus:

„Im Zuge der fortschreitenden Erschließung des Nordens und seiner Bodenschätze war es unvermeidlich, daß sich die Konflikte über Landbesitz und Eigentumsrechte häuften. Normalerweise gehört zwar Land, das keinen Privateigentümer hat, der kanadischen Regierung. Doch die Inuit erheben seit jeher einen Besitzanspruch auf große Gebiete, die sie seit so vielen Jahrhunderten bewohnen und nutzen.

So haben die Mittel, die aufgrund einer 1984 getroffenen Vereinbarung über Landansprüche der Inuvialuit in der westlichen Arktis zur Verfügung gestellt wurden, die Situation der in dieser Region lebenden Inuit verbessert. Das Abschlußabkommen sicherte den 2 500 Inuvialuit 91 000 Quadratkilometer Land zu sowie eine finanzielle Entschädigung, Mittel für die Verbesserung der Sozialstruktur, Jagdrechte und mehr Einflußnahme auf den Umgang mit der Tierwelt, auf Natur- und Umweltschutz.

Das 1993 mit der Tungavik Federation of Nunavut erzielte Abschlußabkommen ist das größte und umfassendste, das es jemals in Kanada gegeben hat. Es sieht vor, daß rund 17500 Inuit 350000 Quadratkilometer Land erhalten, eine finanzielle Entschädigung, einen Anteil an den Einnahmen, die durch die Erschließung der Bodenschätze erzielt werden, Jagdrechte sowie ein größeres Mitspracherecht beim Umgang mit Land und Umwelt.

Auch im Norden der Provinz Québec wurden Landansprüche von Inuit-Gruppen erfolgreich geregelt. Derzeit laufen Verhandlungen mit der Vereinigung der Inuit von Labrador, die etwa 3800 Inuit vertritt, die im Landesinnern und an der Küste von Labrador (einem Teil der Provinz Newfoundland) leben." (www.kanada-info.de/Canada/FirstNations/g_dinuit.htm)

Der schwere Weg vom Traum zur Wirklichkeit: Zur Zeit unserer ersten Reise im Jahr 1995 war für Nordostkanada Jack Anawak als Abgeordneter ins Bundesparlament gewählt; er ist inzwischen einer der acht Minister von Nunavut. Wir begegneten ihm seinerzeit in Cape Dorset, im Jahr darauf an der Wager Bay und lernten ihn durch all seine Äußerungen als einen klugen und weitblickenden Vertreter der Inuit-Interessen kennen. In der Nähe von Rankin Inlet waren wir mit einem seiner engsten Mitarbeiter (Louis Taparti) über Nacht in dessen Camp; auch er hat uns als starke, den neuen Herausforderungen gewachsene Persönlichkeit beeindruckt. Wenn es den für Nunavut Verantwortlichen gelingt, ausreichend viele Führungskräfte unter den Inuit für die immensen Aufgaben zu schulen, welche die Schaffung des neuen Territoriums mit sich bringt, dann eröffnet sich auf diesem Wege eine einmalige Chance: Der kanadische Anspruch, eine Nation zu sein, die mannigfaltige Kulturen gleichwertig in einem modernen Industriestaat zusammenfaßt, läßt sich dann nämlich in die Tat umsetzen.

TEIL 3
ANHANG

In diesem Buch verwendete Inuktitut-Wörter

Die Schreibweise der nachstehenden, in diesem Buch vorkommenden Wörter orientiert sich an den syllabisch-phonetischen Formulierungen der Sikusiilarmiut sowie an den Wörterbüchern von Lucien Schneider, „Ulirnaisigutiit, an Inuktitut-English Dictionary of Northern Québec, Labrador and Eastern Arctic Dialects"; Québec 1985, und von Alex Spalding, „Inuktitut, a Multi-dialectal Outline Dictionary", Iqaluit 1998.

Amautiq, pl. Amautit = Frauenparka mit Kapuze (auch zum Tragen von Babys)

Angakkuq = Schamane

Iglu, pl. Igluit = Schneehaus

Inuk, pl. Inuit = Mensch („Wesen mit Seele")

Inuksuk, pl. Inuksuit = Steinmännchen („wie ein Inuk")

Inuktitut = Sprache der Inuit

Kamik, pl. Kamit = Stiefel (üblicherweise Fellstiefel)

Maktaaq = Walhaut mit dem darunter liegenden Speck

Nunatsiaq = „Das schöne Land"

Nunavut = „Unser Land", d. h. das Land der Inuit

Qallunaaq, pl. Qallunaat = Nicht-Inuk, d. i. Weißer und Andersfarbiger

Qajaq = Kajak (einsitziges Boot)

Qamutik, pl. Qamutinik = Schlitten

Qarmaq = Zelthütte

Qulliq = Steinlampe der Inuit

Siksik = Erdhörnchen

Sikusiilaq = „wo kein Eis ist", d. h. Polynya, „wo das Wasser nicht zufriert"

Sikusiilarmiut = Leute von Sikusiilaq

Ulu = Frauenmesser (halbrundes Messer)

Umiaq, pl. Umiat = Familienboot (für bis zu 20 Personen)

KURZE GESCHICHTSÜBERSICHT

~ 28000 v. Chr.	Paläo-Indianer: Überquerung der Beringstraße	
~ 12000 v. Chr.	Athapasken-Indianer: Überquerung der Beringstraße	
~ 10000 v. Chr.		Ende der letzten Eiszeit
~ 3000 v. Chr.	Inuit: Überquerung der Beringstraße	
~ 2000 v. Chr.	Wanderung von Paläo-Eskimos von Alaska bis nach Grönland: „Independence-Kultur" und „Prä-Dorset-Kultur"	Klima der Arktis wärmer als heute
500 v. Chr. – 1000 n. Chr.	„Dorset-Kultur" (500 n. Chr. – 1000 n. Chr. = „Späte Dorset-Zeit")	
2000 v. Chr. – 1000 n. Chr.	Weiterentwicklung zur „Neo-Eskimo-Kultur" (in Alaska)	
~ 1000 n. Chr.	Ausbreitung der Alaska-Eskimos bis Grönland; „Thule-Kultur" (1000 – 1800)	Klima der Arktis wärmer als heute
ab ~ 1200		Klimaabkühlung
vor 1500	„Prä-Kontakt-Periode" (vor Berührung mit Weißen); „Post-Kontakt-Zeit" ab 1500	

~ 1500	erste Forschungsreisende	
1600 – 1850		„Kleine Eiszeit"
1500 – 1900	„Inuit-Frühgeschichte"	
~ 1750	erste Walfänger	
ab 1800	„Historische Periode"	
1800 – 1950	„Historische Inuit-Kultur" (Forschungsreisende, Händler, Missionare, Polizisten; Walfänger bis ~ 1910)	
18./19. Jh.	Zunehmender Handel (Beginn der Verbreitung europäischer Waren)	
19. Jh.	Erste Missionare	
ab ~ 1900	Errichtung von Handels- und Missionsstationen (bis ~ 1950 nahezu nur röm.-kath. u. anglikan.)	
ab 1903	erste Polizeistationen	
~ 1950 – 1965	Wandel von nomadischer zu seßhafter Lebensweise	
1. April 1999	Einrichtung des Territoriums „Nunavut" (Selbstverwaltung)	

Wissenschaftliche Namen von in Nunavut häufiger vorkommenden Tieren und Pflanzen

Säugetiere

Deutsch	Englisch	Lateinisch
Arktischer Wolf	arctic wolf	Canis lupus arctos
Bartrobbe	bearded seal	Erignathus barbatus
Eis-, Polarbär	polar bear	Ursus maritimus
Eishase	arctic hare	Lepus arcticus
Erd-, Bodenhörnchen	arctic ground squirrel	Spermophilus parryii
Grönlandwal	bowhead whale	Balaena mysticetus
Karibu	caribou	Rangifer tarandus
Lemming	lemming	Lemmus sibiricus
Moschusochse	musc ox	Ovibos moschatus
Narwal	narwhal	Monodon monoceros
Polarfuchs	arctic fox	Alopex lagopus
Ringelrobbe	ringed seal	Phoca hispida
Schnee(schuh)hase	northern hare	Lepus americanus
Seehund	harbour seal	Phoca vitulina
Vielfraß	wolverine	Gulo gulo
Walroß	walrus	Odobenus rosmarus
Weißwal, Beluga	beluga	Delphinapterus leucas

Fische

Deutsch	Englisch	Lateinisch
Arktische Äsche [Fisch der Nordwest-Territorien]	arctic grayling	Thymallus arcticus
Neunstachliger Stichling	ninespine stickleback	Pungitius pungitius
Polardorsch	polar cod	Arctogadus glacialis
Seeforelle	lake trout	Salmo trutta lacturis
Seehase (Lump)	lumpfish	Cyclopterus lumpus
Wandersaibling	arctic char	Salvelinus alpinus
Weißlachs (Renke)	whitefish	Stenodus leucichthys

Vögel

Deutsch	Englisch	Lateinisch
Alpenschneehuhn [Vogel des Territoriums Nunavut]	rock ptarmigan	Lagopus mutus
Bairdstrandläufer	Baird's sandpiper	Calidris Bairdii
Bindenstrandläufer	stilt sandpiper	Calidris himantopus
Birkenzeisig	common redpoll	Carduelis flammea
Bonapartemöwe	Bonaparte's gull	Larus philadelphia
Dickschnabellumme	thick-billed murre	Uria lomvia
Dreizehenmöwe	black-legged kittiwake	Larus tridactyla
Eiderente	common eider	Somateria mollissima
Eisente	oldsquaw	Clangula hyemalis
Eismöwe	glaucous gull	Larus hyperboreus
Eissturmvogel	northern fulmar	Fulmarus glacialis

Deutsch	Englisch	Lateinisch
Eistaucher	common loon	Gavia immer
Elfenbeinmöwe	ivory gull	Pagophila eburnea
Falkenraubmöwe	long-tailed jaeger	Stercorarius longicaudus
Felsenzaunkönig	rock wren	Salpictes obsoletus
Gänsesäger	common merganser	Mergus merganser
Gelbschnabel-Eistaucher	yellow-billed loon	Gavia Adamsii
Gerfalke [Vogel der Nordwest-Territorien]	gyrfalcon	Falco rusticolus
Goldregenpfeifer	American golden plover	Pluvialis dominicus
Große Raubmöwe (Skua)	great skua	Catharacta skua
Gryllteiste (Schwarzlumme)	black guillemot	Cepphus grylle
Kanadagans	Canada goose	Anser canadensis
Kanadakranich	sandhill crane	Grus canadensis
Kiebitzregenpfeifer	black-bellied plover	Pluvialis squatarola
Knutt (Isländ. Strandläufer)	red knot	Calidris canutus
Kolkrabe	common raven	Corvus corax
Krabbentaucher	dovekie	Alle alle
Küstenseeschwalbe	arctic tern	Sterna paradisaea
Moorschneehuhn	willow ptarmigan	Lagopus lagopus
Odinshühnchen	red-necked phalarope	Phalaropus lobatus
Ohrenlerche	horned lark	Eremophila alpestris
Prachteiderente	king eider	Somateria spectabilis
Prachttaucher	arctic loon	Gavia arctica
Rauhfußbussard	rough-legged hawk	Buteo lagopus
Regenbrachvogel	whimbrel (curlew)	Numenius phaeopus

Deutsch	Englisch	Lateinisch
Regenpfeifer	semipalmated plover	Charadrius semipalmatus
Ringelgans	brant	Branta bernicla
Rosenmöwe	Ross' gull	Larus roseus
Rotbrustsäger	red-breasted merganser	Mergus serrator
Sandstrandläufer	semipalmated sandpiper	Calidris pusilla
Schmarotzerraubmöwe	parasitic jaeger	Stercorarius parasiticus
Schneeammer	snow bunting	Plectrophenax nivalis
Schnee-Eule	snowy owl	Nyctea scandiaca
Schneefink	snow finch	Montifringilla nivalis
Schneegans	snow goose	Anser caerulescens
Schwalbenmöwe	Sabine's gull	Larus sabini
Seetaucher	pacific loon	Gavia pacifica
Silbermöwe	herring gull	Larus argentatus
Spornammer	Lapland longspur	Calcarius lapponicus
Steinadler	golden eagle	Aquila chrysaetos
Steinwälzer	ruddy turnstone	Arenaria interpres
Sterntaucher	red-throated loon	Gavia stellata
Strandläufer	sanderling	Calidris alba
Thayermöwe	Thayer's gull	Larus Thayeri
Thorshühnchen	red phalarope	Phalaropus fulicarius
Trauerente	black scoter	Melanitta nigra
Tundraschwan	tundra swan	Cygnus columbianus
Wanderfalke	peregrine falcon	Falco peregrinus
Weißwangengans	barnacle goose	Branta leucopsis

Pflanzen

Deutsch	Englisch	Lateinisch
ALGEN, MOOSE & FLECHTEN	ALGAE, MOSSES & LICHENS	ALGAE, MUSCI & LICHENES
Grünalgen	green seaweed	Chlorophyceae
Tang (Braunalgen)	brown seaweed (kelp)	Phaeophyceae
Moos	peat moss	Sphagnum ssp.
Blutstropfenflechte	blood spot lichen	Haematomma lapponicum
Felsenflechte	rock tripe	Umbilicaria virginis
Fingerflechte	finger lichen	Dactylina arctica
Juwelenflechte	jewel lichen	Xanthoria elegans
Landkartenflechte	map lichen	Rhizocarpon geographicum
Rentierflechte	caribou lichen	Cladonia rangiferina
Sonnenflechte	sunburst lichen	Arctoparmelia centrifuga lapponicum
Wurmflechte	worm lichen	Thamnolia subuliformis [vermicularis]
BÄRLAPPGEWÄCHSE	CLUB -MOSES	LYCOPODIACEAE
Bärlapp	mountain club-moss	Lycopodium selago
BIRKENGEWÄCHSE	BIRCH FAMILY	BETULACEAE
Erle	green alder	Alnus crispa
Zwergbirke	dwarf-birch	Betula glandulosa

Deutsch	Englisch	Lateinisch
DIAPENSIEN		**DIAPENSIACEAE**
Diapensie	diapensia	Diapensia lapponica
GLOCKENBLUMEN	**BLUEBELL FAMILY**	**CAMPANULACEAE**
Glockenblume	bluebell	Campanula uniflora
GRASNELKEN-GEWÄCHSE	**LEADWORT FAMILY**	**PLUMBAGINACEAE**
Grasnelke	thrift	Armeria maritima
HAHNEN-FUßGEWÄCHSE	**BUTTERCUP FAMILY**	**RANUNCULACEAE**
Gmelins Hahnenfuß	yellow water crowfoot	Ranunculus Gmelinii
Nördlicher Hahnenfuß	birdfoot buttercup	Ranunculus pedatifidus
Richardsons Anemone	Richardson's anemone	Anemone Richardsonii
Sumpf-Dotterblume	marsh-marigold	Caltha palustris
Weiße Anemone	northern white anemone	Anemone parviflora
Zwerg-Hahnenfuß	pygmy buttercup	Ranunculus pygmaeus
HEIDEKRAUTGEWÄCHSE	**HEATH FAMILY**	**ERICACEAE**
Alpenbärentraube	black bearberry	Arctostaphylos alpina
Arktische Glockenheide	arctic bell heather	Cassiope tetragona
Lappland-Alpenrose	Lapland rose-bay	Rhododendron lapponicum
Moorbeere	blueberry	Vaccinium uliginosum

Deutsch	Englisch	Lateinisch
Porst	Labrador tea	Ledum decumbens
Preiselbeere	mountain cranberry	Vaccinium vitis-idaea
Rosmarinheide	bog rosemary	Andromeda polifolia
KNÖTERICHGEWÄCHSE	**BUCKWHEAT FAMILY**	**POLYGONACEAE**
Knöllchen-Knöterich	bistort	Polygonum viviparum
Säuerling	mountain sorrel	Oxyria digyna
KORBBLÜTER	**DAISY FAMILY**	**ASTERACEA [COMPOSITAE]**
Arktische Margerite	arctic daisy	Chrysanthemum integrifolium
Arnika	alpine daisy	Arnica alpina
Beifuß	wormwood	Artemisia borealis
Feuerwerksblume	fireworks flower	Saussurea angustifolia
Katzenpfötchen	pussy-toes	Antennaria ssp.
Kreuzkraut	mastodon flower	Senecio congestus
Löwenzahn	lacerate dandelion	Taraxacum lacerum
Pestwurz	coltsfoot	Petasites sagittatus
Schafgarbe	yarrow	Achillea nigrescens
Sibirische Aster	Siberian aster	Aster sibiricus
Ufer-Kamille	sea-shore chamomile	Matricaria ambigua
KRÄHENBEERGEWÄCHSE	**CROWBERRY FAMILY**	**EMPETRACEAE**
Schwarze Krähenbeere	crowberry	Empetrum nigrum

Deutsch	Englisch	Lateinisch
KREUZBLÜTER	**MUSTARD FAMILY**	**BRASSICACEAE** [**CRUCIFERAE**]
Blasenschote	arctic bladderpod	Lesquerella arctica
Löffelkraut	scurvy-grass, spoonwort	Cochlearia officinalis
Weißes Felsenblümchen	white whitlow-grass	Draba nivalis
LILIENARTIGE GEWÄCHSE	**LILY FAMILY**	**MELANTHIACEAE**
Simsenlilie	false bog asphodel	Tofieldia pusilla
Mohngewächse	Poppy Family	Papaveraceae
Arktischer Mohn	arctic poppy	Papaver radicatum
Cornwallis-Mohn	white poppy	Papaver cornwallisensis
NACHTKERZENGEWÄCHSE	**WILLOWHERB FAMILY**	**ONAGRACEAE**
Zwerg-Weidenröschen [Blume des Territoriums Yukon]	dwarf fireweed	Epilobium latifolium
NELKENGEWÄCHSE	**PINK FAMILY**	**CARYOPHYLLACEAE**
Hornkraut	mouse-ear chickweed	Cerastium alpinum
Knoten-Mastkraut	knotted pearlwort	Sagina nodosa
Nachtnelke	arctic bladder-campion	Melandrium affine
Polsternelke (Leimkraut)	moss-campion	Silene acaulis
Purpur-Nachtnelke	purple bladder-campion	Melandrium apetalum
Sternmiere	star chickweed	Stellaria longipes
Strand-Salzmiere	seabeach sandwort	Honckenya peploides

Deutsch	Englisch	Lateinisch
RACHENBLÜTLER	**FIGWORT FAMILY**	**SCROPHULARIACEAE**
Arktisches Läusekraut	arctic lousewort	Pedicularis arctica
Haariges Läusekraut	hairy lousewort	Pedicularis hirsuta
Labrador-Läusekraut	Labrador lousewort	Pedicularis labradorica
Lappländer Läusekraut	Lapland lousewort	Pedicularis lapponica
Purpur-Malpinsel	purple paintbrush	Castilleia raupii
Sudeten-Läusekraut	Sudetan lousewort	Pedicularis sudetica
Woll-Läusekraut	woolly lousewort	Pedicularis lanata
RAUHBLATTGEWÄCHSE	**BORAGE FAMILY**	**BORAGINACEAE**
Meeresglöckchen	sea bluebell	Mertensia maritima
RIEDGRÄSER	**SEDGES**	**CYPERACEAE**
Scheiden-Wollgras	cotton grass	Eriophorum vaginatum
Scheuchzers Wollgras	arctic cotton	Eriophorum scheuchzeri
Segge	sedge	Carex ssp.
ROSENGEWÄCHSE	**ROSE FAMILY**	**ROSACEAE**
Frucht-Fingerkraut	shrubby cinquefoil	Potentilla fruticosa
Gänse-Fingerkraut	silverweed [cinquefoil]	Potentilla anserina
Moltebeere	cloudberry	Rubus chamaemorus
Schnee-Fingerkraut	snow cinquefoil	Potentilla nivea
Silberwurz [Blume der Nordwest-Territorien]	mountain-avens	Dryas integrifolia
Sumpf-Fingerkraut	marsh cinquefoil	Potentilla palustris

Deutsch	Englisch	Lateinisch
SCHACHTELHALME	HORSETAILS	EQUISETACEAE
Acker-Schachtelhalm	horsetail	Equisetum arvense
SCHMETTERLINGSBLÜTLER	PEA FAMILY	FABACEAE [PAPILIONACEAE]
Alpen-Süßklee	liquorice-root [Eskimo potato]	Hedysarum alpinum
Alpentragant	alpine milk-vetch	Astragalus alpinus
Arktische Lupine	arctic lupine	Lupinus arcticus
Arktis-Spitzkiel	arctic oxytrope	Oxytropis arctica
Blauer Spitzkiel	blue oxytrope	Oxytropis arctobia
Gelber Spitzkiel	yellow oxytrope	Oxytropis maydelliana
Mackenzie-Süßklee	sweet vetch	Hedysarum Mackenziei
Strand-Platterbse	beach pea	Lathyrus japonicus
STEINBRECHGEWÄCHSE	SAXIFRAGE FAMILY	SAXIFRAGACEAE
Bach-Steinbrech	brook saxifrage	Saxifraga rivularis
Dreispitz-Steinbrech	prickly saxifrage	Saxifraga tricuspidata
Gelber Sumpf-Steinbrech	yellow marsh saxifrage	Saxifraga hirculus
Gepunkteter Steinbrech	heart-leaf saxifrage	Saxifraga punctata
Knöllchen-Steinbrech	bulblett saxifrage	Saxifraga cernua
Milzkraut	golden saxifrage	Chrysosplenium tetrantrum
Purpur-Steinbrech [Blume des Territoriums Nunavut]	purple saxifrage	Saxifraga oppositifolia
Sumpf-Herzblatt	grass of Parnassus	Parnassia palustris

Deutsch	Englisch	Lateinisch
SÜSSGRÄSER	GRASSES	POACEAE [GRAMINEAE]
Ähren-Goldhafer	spike trisetum	Trisetum spicatum
Reitgras	reed-bentgrass	Calamagrostis lapponica
Rispengras	bluegrass	Poa alpina
Strandroggen	sea lyme-grass	Elymus arenarius
TÜPFELFARNE	FERNS	POLYPODIACEAE
Wohlriechender Wurmfarn	fragrant shield fern	Dryopteris fragrans
WASSERSCHLAUCHPFLANZEN	BLADDERWORT FAMILY	LENTIBULARIACEAE
Fettkraut	butterwort	Pinguicula vulgaris
WEIDENGEWÄCHSE	WILLOW FAMILY	SALICACEAE
Arktis-Weide	arctic willow	Salix arctica
Flachblättrige Weide	flat-leaved willow	Salix planifolia
Kraut-Weide	least willow	Salix herbacea
Kriechende Weide	trailing willow	Salix arctophila
Netz-Weide	net-veined willow	Salix reticulata
WINTERGRÜNGEWÄCHSE	WINTERGREEN FAMILY	PYROLACEAE
Großblütiges Wintergrün	large-flowered wintergreen	Pyrola grandiflora
Mehrblütiges Wintergrün	side-flowered wintergreen	Pyrola secunda

LITERATURAUSWAHL

Arctic Traveller's Nunavut Vacation Planner;
  Nunavut Tourism, POB 1450, Iqaluit, NU, X0A 0H0
Burt, Page: Barrenland Beauties – Showy Plants of the Arctic Coast; Yellowknife 2000
Canada's Northwest Territories Explorers' Guide;
  NWT Tourism Information, POB 2107, Yellowknife, NT, X1A 2P6
Finckenstein, Maria von (Hrsg.): Celebrating Inuit Art 1948 - 1970; Hull 1999
Forsyth, Adrian: Mammals of the Canadian Wild; Camden East, ON 1985
Hessel, Ingo & Dieter: Inuit Art; New York 1998
Hoffmann, Gerhard (Hrsg.): Im Schatten der Sonne –
  Zeitgenössische Kunst der Indianer und Eskimos in Kanada; Stuttgart 1988
Houston, Alma (Introduction): Inuit Art – An Anthology; Winnipeg 1988
Kaufman, Kenn: Birds of North America; New York 2000
Lenz, Karl: Kanada; Darmstadt 2001
Lopez, Barry Holstun: Arktische Träume; München 1989
McGhee, Robert: Ancient People of the Arctic; Vancouver 1996
Mitchell, Marybelle: From Talking Chiefs to a Native Corporate Elite; Montréal 1996
Morrison, David & Germain, Georges-Hébert: Inuit – Glimpses of an Arctic Past;
  Hull, QB 1995 & München 1996
Pielou, E. C.: A Naturalist's Guide to the Arctic; Chicago 1994
Purich, Donald: The Inuit and Their Land; Toronto 1992
Schischke, Beate: Die Arktis entdecken – Reiseziele rund um den Nordpol; Berlin 1994
Seidelman, Harold & Turner, James: The Inuit Imagination; Vancouver 1993
Soublière, Marion (Hrsg.): The Nunavut Handbook; Iqaluit 1998
Swinton, George: Sculpture of the Inuit;
  Revised and Updated Edition, Toronto 1992 (Paperback 1994)
Walk, Ansgar: Der Polarbär kam spät abends – Skizzen von der Wager Bay; Bielefeld 1997
Walk, Ansgar: Kenojuak –
  Lebensgeschichte einer bedeutenden Inuit-Künstlerin; Bielefeld 1998
Walk, Ansgar: Nordflug; Bielefeld 2000
Walk, Ansgar: Land des Großen Bären – Impressionen aus der Arktis; Bielefeld 2001

Nunavut in Zahlen

	Kanada, gesamt	Nunavut Territory	Anteil
Fläche[1]	9,97 Mio. km²	1,9 Mio. km²[2]	19%
Bevölkerung[3]	30,3 Mio. (= 3 je km²)	30 000 (= 1 je 65 km²)	0,1%
- davon Inuit	50 000	25 500	

[1] zum Vergleich:
Rußland: 17,1 Mio. km² (1.); USA: 9,8 Mio. km² (3.); China: 9,6 Mio. km² (4.);
Deutschland: 0,36 Mio. km² (61.)
[2] zum Vergleich: Grönland: 2,2 Mio. km²
[3] zum Vergleich:
China: 1,2 Mrd. = 124 je km² (1.); USA: 261 Mio. = 27 je km² (3.);
Rußland: 150 Mio. = 9 je km² (6.); Deutschland: 82 Mio. = 228 je km² (12.)

Über den Autor

Ansgar Walk (Jahrgang 1929) studierte Naturwissenschaften, außerdem Philosophie und Literatur. Sein Interesse gilt sowohl wissenschaftlichen Aspekten der Arktis als auch Fragen zur gesellschaftlichen Entwicklung und zur bildenden Kunst der Inuit. In den bei Pendragon erschienenen Arktisbüchern „Im Land der Inuit", „Der Polarbär kam spät abends", „Kenojuak – Lebensgeschichte einer bedeutenden Inuit-Künstlerin", „Nordflug" und „Land des Großen Bären" setzte er sich jeweils mit Themen auseinander, welche die Inuit und ihr Dasein zwischen Gegenwart und traditioneller Vergangenheit zum Inhalt haben.